Ein edler Freund der Welt

Gedenkschrift zum 100. Geburtstag
des Ehrwürdigen Nyāṇaponika Mahāthera

Nyāṇaponika Mahāthera *(Bhikkhu Sumedha, 1995)*

Ein edler Freund der Welt

Nyāṇaponika Mahāthera
(1901-1994)

Gedenkschrift
zum 100. Geburtstag

herausgegeben von
Matthias Nyāṇacitta Scharlipp

Jhana Verlag

Die Deutsche Bibliothek – CIP-Einheitsaufnahme

Ein edler Freund der Welt – Nyāṇaponika Mahathera 1901-1994: Gedenkschrift zum 100. Geburtstag / Matthias Nyāṇacitta Scharlipp (Hrsg.). - 1. Aufl. - Uttenbühl : Jhana-Verl., 2002
ISBN 3-931274-21-7

Fotos: Detlef Kantowsky, Kurt Onken, Martin Onken,
Anila Li Gotami Govinda, Klaus Daheim.
Aquarelle: Bhikkhu Sumedha, Kandy, Sri Lanka.

1. Auflage 2002

Umschlagfoto: Rohana Wijetunge
Umschlaggestaltung: EOS Druck, St. Ottilien
Satz: Claudia Wildgruber
Druck: EOS Druck, St. Ottilien
ISBN 3-931274-21-7

Inhaltsverzeichnis

Dritter Teil – Wirkungen einer Begegnung II

Vierter Teil – Die Kultur des Geistes

Fünfter Teil – Ausklang

Anhang

Vorwort

Wir sprechen von Freundesliebe.
Ein Blatt, eine Handvoll Samen – damit beginne,
und lerne ein wenig, was es heißt, zu lieben.
Erst einmal ein Blatt, ein Regenschauer,
und dann jemanden, der das empfängt,
was das Blatt dich gelehrt hat,
was der Regenschauer reifen ließ.
Kein einfacher Vorgang, versteh mich recht;
es kann die Zeit eines ganzen Lebens hingehen,
es hat die meine gebraucht, und dennoch,
ich kann es noch immer nicht meistern.
Ich weiß nur, wie wahr das ist:
dass Freundesliebe eine Kette von Freundesliebe ist
wie Natur eine Kette von Leben.

(aus 'Die Grasharfe' von Truman Capote)

Liebe Leserin, lieber Leser,

mit großer Dankbarkeit und Freude über das kostbare Geschenk des *Buddha-Dhamma* und des vor 100 Jahren geborenen edlen Freundes Nyāṇaponika Mahāthera, der uns diese zeitlose Wahrheit mit seinen Schriften bis heute nahe bringt, senden wir Ihnen anlässlich seines 100. Geburtstages am 21. Juli 2001 vom hellen

Licht seiner tiefen Einsichten, das Sie im Alltag und in der Meditation begleiten und Ihnen den Weg erhellen möge, in guten und in schwierigen Zeiten.

Draußen vor den Fenstern liegen die farbenfrohen Wälder des Hochlandes bei Kandy mit ihren blättersegelnden Götterboten, die der Ehrwürdige liebte, weil sie so leuchtend und wahrhaftig sind. In aller Stille fallen ihre Farben nieder und beglücken mit ihrer Nähe durch alle Jahrhunderte und über alle Entfernungen hinweg. So ist es auch mit wahrer Freundesliebe. Ihre stille Kraft verändert uns zum Guten und wärmt, weitet und ermutigt das Herz.

Dieses Herz ist unsere geistige Mitte, der "Teil" von uns, wo wir eins sind, wo wir uns selbst berühren und gleichzeitig von allem anderen berührt werden können, eins in der Verbundenheit und Bedingtheit aller Erscheinungen und Wesen. Dass Menschen sich befreunden, ist eine der großen Tröstungen und Kraftquellen auf dem Übungsweg.

Jemand hat einmal gesagt, dass wir wie Schiffe sind, deren jedes sein Ziel und seine Bahn hat. Wir können uns wohl kreuzen und ein friedvolles Fest miteinander feiern, wie den 100. Geburtstag des Ehrwürdigen Nyāṇaponika. Dann liegen die braven Schiffe so ruhig in einem Hafen und in einer Sonne, dass es scheinen möchte, sie seien schon am Ziel und hätten *ein* Ziel gehabt. Doch die Hingabe an unsere Aufgabe treibt uns wieder auseinander, in verschiedene Meere und Milchstraßen, und vielleicht kommen wir nie wieder zusammen. Vielleicht gibt es aber auch ein "Wiedersehen", aber wir erkennen uns nicht: Die Meere und Milchstraßen haben uns verändert.

Doch zu jeder Zeit, wo auch immer wir sein mögen, kann sich direkt vor unseren Augen die grenzenlose Weite einer überpersönlichen Verbundenheit und Bedingtheit enthüllen: in unseren Körpern, in unseren Gefühlen, in unseren Geistesbewegungen und Denkinhalten – im Fließen der Flüsse, im Flug der Vögel, im Rhythmus der Jahreszeiten und im nächtlichen Funkeln der Sterne.

Die Aufgabe eines Nachfolgers auf dem Weg des Buddha ist es, diese Wirklichkeiten zu untersuchen, mit großer Wachheit, Geduld und Unermüdlichkeit, bis die unveränderlichen und universellen Gesetze der Wahrheit aufgedeckt sind. Ihre Verinnerlichung löscht die Flammen des Leidens und macht aus irdischer Gebundenheit eine wahre Freundschaft, die geteiltes Mitgefühl, Achtsamkeit und Weisheit ist.

Mögen Sie mit der Brise dieses wegweisenden Freundesherzens den Anker lichten und hinaussegeln auf das weithin strömende Meer eines Geistes, in dem es immer weniger Unwissenheit und Orientierungslosigkeit gibt.

Mit den besten Wünschen,
Matthias Nyāṇacitta Scharlipp
(Kandy, Sri Lanka, im Frühling 2001)

* * *

Erster Teil

Wirkungen einer Begegnung

Zum Erwachten gehe ich als meiner Zuflucht,
zur Lehre gehe ich als meiner Zuflucht,
zur Gemeinde der Heiligen gehe ich
als meiner Zuflucht.

Der Ehrwürdige Nyāṇaponika Mahāthera:

Ein deutscher Abgesandter des Dhamma in Sri Lanka

Bhikkhu Bodhi

Einführung

Bei Menschen, die vage mit zeitgenössischer buddhistischer Literatur vertraut sind, hat Sri Lanka (früher Ceylon) den Ruf, die Heimstätte einer langen Tradition deutscher Gelehrter innerhalb des Theravāda-Mönchsordens zu sein. Lässt sich ein neugieriger Leser jedoch nicht von den schwer zu entziffernden Pāli-Namen einschüchtern und untersucht stattdessen sorgfältig ihre Schreibweise, so wird er herausfinden, dass sich diese Namen letztlich auf zwei reduzieren lassen. Diese beiden Namen, die immer und immer wieder in den Annalen der modernen Theravāda-Forschung und -Lehre auftauchen, lauten *Nyāṇatiloka* und *Nyāṇaponika*. Es sind die Mönchsnamen zweier Buddhisten deutscher Herkunft, mit einem Altersunterschied von 23 Jahren, die Sri Lanka zu ihrer Wahlheimat machten und dort den größten Teil ihres Lebens verbrachten.

Die beiden Mönche verband eine Lehrer-Schüler-Beziehung. Der Lehrer, der Ehrw. Nyāṇatiloka Mahāthera, wurde 1878 in Wiesbaden als Anton Walter Florus Gueth geboren. Sein Schüler, der Ehrw. Nyāṇaponika Mahāthera, kam 1901 in Hanau bei Frankfurt/Main als Siegmund Feniger zur Welt. Der eine stammte aus einer katholischen Familie, war Sohn eines Schuldirektors und als Konzertgeiger an den Konservatorien von Frankfurt und Paris ausgebildet worden; der andere kam aus einer jüdischen Familie, war der Sohn eines Ladenbesitzers und arbeitete im Verlagswesen. Keiner von beiden hatte irgendwelche kulturellen oder familiären Verbindungen zum Buddhismus, und beide waren frei von einer romantischen Faszination vom "geheimnisvollen Osten". Dennoch verließen beide ihre Heimat Deutschland – in einer Zeit, bevor Flugzeuge das Reisen zwischen den Kontinenten leicht machten – mit dem Ziel, sich den ungewissen Herausforderungen eines hauslosen Lebens im buddhistischen Asien zu stellen.

Beide folgten damit einem Ruf, den sie tief in ihrem Inneren vernommen hatten und der so laut war, dass sie ihm weder widerstehen noch ihn verneinen konnten. Es war der Ruf, einem Weg der Erlösung von allem Leid zu folgen. Seit er erstmals vor 2.500 Jahren im Ganges-Delta erschollen war, war dieser Ruf durch die Jahrhunderte und über die Kontinente hinweg gehallt. Er lockte sie, Freunde, Familie, weltliche Freuden und Karrieren hinter sich zu lassen für ein Leben des freiwilligen Verzichts, tiefer Reflexion und Besinnung auf einer fernen Insel am Fuße des indischen Subkontinents, die in der Form einer Träne gleicht. Nachdem sie Mitglied der *Bhikkhu Sangha*, des buddhistischen Mönchsordens, geworden waren, trugen beide Männer mehr als 50 Jahre lang die safranfarbene Robe und zum Zeitpunkt ihres Todes – der 37 Jahre auseinander lag – waren sie jeweils der dienstälteste Theravāda-Mönch westlicher Herkunft weltweit. Zusammen genommen umspannte ihr Mönchsleben fast das gesamte 20. Jahrhundert – von der Novizen-Ordination des Ehrw. Nyāṇatiloka in Burma im September 1903 bis zum Tod des Ehrw. Nyāṇaponika in Kandy im Oktober 1994.

Während ihres Lebens in der *Sangha* erfuhren beide Mönche hohes Ansehen seitens der buddhistischen Gelehrtenwelt. Hoch respektiert für ihre Übersetzungen aus dem Pāli-Schrifttum und für ihre Darlegungen der Buddha-Lehren, wird auf sie in der Regel als "die deutschen Mönchsgelehrten" Bezug genommen. Keiner der beiden hatte jedoch eine akademische Ausbildung und keiner von ihnen machte den Aufstieg als wissenschaftlicher Gelehrter zum vorrangigen Ziel seines Lebens. Vielmehr waren sie beide in erster Linie buddhistische Mönche, die ihr Leben der Aufgabe gewidmet hatten, dem Pfad des Buddha in die Freiheit zu folgen, und beide machten die Praxis und die Verbreitung des *Dhamma* zu ihrem wichtigsten Anliegen. Die wissenschaftliche Forschung und Lehre, obwohl an sich wertvoll für die Entwicklung von Wissen, war für sie im Wesentlichen ein Mittel, durch das sie ihr Ziel verwirklichen konnten, das *Dhamma* mit anderen zu teilen.

Angesichts des moralischen und geistigen Vakuums, das sich im Zentrum der westlichen Zivilisation aufgetan hatte, sahen sie in der Lehre des Buddha die wirksamste Medizin gegen das innere Unbehagen des modernen Menschen. Mit ihrer Arbeit als Gelehrte und Kommentatoren versuchten sie, diese Medizin jenen zugänglich zu machen, die für ihre heilende Botschaft aufgeschlossen waren. Auch wenn sie die klösterliche Abgeschiedenheit einem sozialen Engagement oder öffentlichen Amt vorzogen, so trug ihre Arbeit doch im Stillen die Frucht eines umfangreichen Gesamtwerkes an Übersetzungen und Erläuterungen auf Englisch und Deutsch, die für ihre Klarheit, Genauigkeit und Authentizität geschätzt werden. Diese Arbeiten haben nicht nur das wissenschaftliche Studium des Buddhismus in der akademischen Welt vorangebracht, sondern – was vielleicht noch wichtiger ist – eine große Zahl von Menschen in Ost und West zu einem korrekten Verständnis der Buddha-Lehre und auf den richtigen Praxispfad geführt. Deshalb möchte ich die beiden deutschen *Mahātheras* nicht als "Mönchsgelehrte", sondern als "Abgesandte des *Dhamma*" *(dhammaduta)* bezeichnen. Sie waren wirkliche Botschafter des *Dhamma*, die von ihren entlegenen Einsiedeleien in Polgasduwa *(Island Hermitage)* und Udawattakele *(Forest Hermitage)* aus die lebendige Botschaft des *Dhamma* den Weisheitssuchenden bis in die entferntesten Regionen der Welt brachten.

Der Ehrwürdige Nyāṇaponika: eine Lebensskizze

Mit diesem Beitrag möchte ich dem Leben und Werk des Ehrw. Nyāṇaponika Mahāthera nachgehen, der mehr als 20 Jahre lang mein geistiger Mentor und edler Freund *(kalyāṇa-mitta)* war. Obwohl dem Ehrw. Nyāṇatiloka alle Ehre gebührt, die einem Pionier zusteht, der den Pfad zu einem korrekten Verständnis des *Dhamma* eröffnete, glaube ich, dass er als *Interpret* der Lehre von seinem Schüler noch übertroffen wurde.

Die Hauptleistung des Ehrw. Nyāṇatiloka liegt in seinen Übersetzungen, sowohl von vollständigen Pāli-Texten als auch von Auszügen, die in Anthologien zusammengestellt wurden. Er übersetzte die *Aṅguttara-Nikāya* ("Die Lehrreden des Buddha aus der Angereihten Sammlung") komplett in fünf Bänden ebenso ins Deutsche wie die *Visuddhi-Magga* ("Der Weg zur Reinheit"), die *Milindapañhā* ("Die Fragen des Königs Milinda"), das *Puggalā-Paññatti* ("Das Buch der Charaktere"), das *Dhammapada* mit Wortkommentar sowie das *Abhidhammattha-Saṅgaha* ("Handbuch der buddhistischen Philosophie"). Seine beiden Anthologien von Pāli-Texten "Das Wort des Buddha" und "Der Weg zur Erlösung" sind hervorragende Quellentexte zur Lehre des Buddha, während sein "Buddhistisches Wörterbuch" dabei hilft, die Bedeutung buddhistischer Lehrbegriffe der Theravāda-Tradition zu klären.

Der Ehrw. Nyāṇaponika war nicht nur ein Pionier auf dem

Gebiet buddhistischer Studien aufgrund seiner bemerkenswerten Übersetzungen und sorgfältigen Forschungsarbeiten, er war auch ein enormer Brückenbauer im Hinblick auf das Verständnis der Lehre. Als Denker mit tiefer Einsicht in die Grundbefindlichkeit des Menschen, als begnadeter Mittler und meisterhafter Stilist versuchte er in seinen Texten, die Lehren des Buddha auf die existenziellen Probleme des Menschen in der heutigen Zeit zu beziehen. Wie sein Lehrer besaß er ein gründliches und präzises Verständnis der wichtigsten Prinzipien des Dhamma, aber als kreativer Denker ging er weit über die Auslegung der orthodoxen buddhistischen Doktrin und der Klärung technischer Termini hinaus und enthüllte eine Vision und ein *Licht des Dhamma*, das zugleich sein ganz eigenes und doch eines getreu der authentischen buddhistischen Tradition ist.

Die Person, die später der Große Ältere *(Mahāthera)* Nyāṇaponika werden sollte, wurde am 21. Juli 1901 in Hanau als Siegmund Feniger geboren. Er war das einzige Kind eines jüdischen Ehepaares. Er erhielt eine traditionelle jüdische Erziehung, und schon in jungen Jahren zeigte er ein großes Interesse an Religion. Als junger Erwachsener, kurz nachdem er die Schule beendet hatte, begann er im Buchhandel zu arbeiten. Ausgelöst durch religiöse Zweifel, die ihn beunruhigten, begann eine intensive geistige Suche, in deren Verlauf er schließlich auf Bücher über den Buddhismus stieß. Er fand sofort Gefallen an dieser Neuentdeckung, der noch wuchs, je mehr er darüber las. Der Buddhismus erschien ihm als eine ausgewogene Lehre, die sowohl die kritischen Ansprüche seines Intellekts als auch die religiösen Bedürfnisse seines Herzens befriedigen konnte. Obwohl er seine buddhistischen Studien alleine verfolgen musste – ohne Lehrer, mit nicht einmal einem Freund, der sein Interesse geteilt hätte – wurde seine Überzeugung von der Wahrheit der Buddha-Lehre so fest, dass er sich im Alter von 20 Jahren bereits als überzeugten Buddhisten betrachtete.

1922 zog er mit seinen Eltern nach Berlin, wo er andere Buddhisten kennen lernte, einer buddhistischen Gruppe beitrat und Zugang zu einer sehr viel größeren Auswahl buddhistischer Literatur bekam. Hier stieß er auch erstmals auf Schriften und Übersetzungen des Ehrw. Nyāṇatiloka, die bereits in Deutschland veröffentlicht worden waren. Siegmund erfuhr auch, dass der Ehrw. Nyāṇatiloka in Ceylon auf einer Insel in einem See eine Einsiedelei für westliche Mönche gegründet hatte, die den Namen *Island Hermitage* trug. Diese Mitteilung pflanzte eine Idee in seinen Geist, die nach und nach zu einem unwiderstehlichen Drang wurde: nach Asien zu gehen und selbst Mönch zu werden.

Jener Wunsch ließ sich jedoch für längere Zeit nicht in die Tat umsetzen. 1932 starb sein Vater nach langer Krankheit und Siegmund wollte seine verwitwete Mutter nicht allein lassen. Dann kam 1933 Hitler an die Macht und begann seinen grausamen Plan zur Verfolgung der deutschen Juden. Zunächst versuchte Siegmund dem mit der Erwartung zu begegnen, die viele Menschen teilten, dass die Verfolgungen eine Phase ist, die bald vorbei sein wird. Nach einiger Zeit wurde ihm jedoch klar, dass die von den Nazis ausgelösten Wellen des Hasses, der Verblendung und der Gewalt in so alarmierendem Ausmaß in Gang kamen, dass weder er noch seine Mutter in Deutschland mehr sicher waren. So verließ er im November 1935 gemeinsam mit seiner Mutter Deutschland mit dem Ziel Wien, wo sie Verwandte hatten. Nachdem er geregelt hatte, dass seine Mutter dort bei ihren Verwandten bleiben konnte, verließ er 1936 Europa und reiste nach Sri Lanka, wo er sich dem Ehrw. Nyāṇatiloka in der Island Hermitage anschloss.[1)] Nach mehrmonatiger Vorbereitung erhielt er im Juni 1936 die Novizen-Ordination *(pabbajjā)* und im folgenden Jahr die Höhere Ordination *(upasampadā)* als vollordinierter *Bhikkhu*. Sein Lehrer gab ihm den Namen *Nyāṇaponika*, was "zur Erkenntnis geneigt" heißt. Unter der Anleitung seines Lehrers studierte der frisch ordinierte Bhikkhu Pāli und die Doktrin des Theravāda-Buddhismus, während er sich selbst Englisch beibrachte. Der Ehrw. Nyāṇatiloka verband als Lehrer Unterweisungen im *Dhamma* mit Lektionen in Pāli. Er bestand darauf, dass alle seine Schüler diese Sprache der alten Schriften lernten. Sein Standardkurs mit Unterweisungen dauerte zwischen sechs und neun Monaten. Danach ließ er seine Schüler ihre *Dhamma*-Studien und Meditationspraxis selbständig weiterführen, so wie es ihren Neigungen entsprach, während er selbst immer bereitstand, um ihre Fragen zu beantworten und ihnen Rat und Anleitung zu geben.

Als 1939 der Krieg zwischen Deutschland und Großbritannien begann, wurden die beiden deutschen Bhikkhus, so wie alle in britischen Kolonien lebenden deutschen Männer, in Internierungslager überstellt, zunächst in Diyatalawa auf Ceylon und später in Dehra Dun in Nordindien. Trotz der schwierigen äußeren Umstände fuhren die beiden Mönchsgelehrten mit ihrer Arbeit fort. Während dieser Zeit beendete der Ehrw. Nyāṇaponika die deutschen Übersetzungen des *Sutta Nipāta*, des *Dhammasaṅgaṇī* (des ersten Buches des *Abhidhamma Piṭaka*) sowie dessen Kommentars, der *Atthasālinī*. Er stellte auch eine Anthologie mit Texten über *Satipaṭṭhāna*-Meditation zusammen.

Nach Beendigung des Krieges wurden die beiden Mönche 1946 freigelassen und kehrten nach Ceylon zurück, wo sie sich wieder in der *Island Hermitage* niederließen. Anfang 1951 wurden beide Staatsbürger des 1948 unabhängig gewordenen Ceylons, ihrer Wahlheimat. Im selben Jahr wurde dem Ehrw. Nyāṇatiloka eine Einsiedelei im Naturschutzgebiet des Udawattakele Waldes bei Kandy angeboten. Er nahm das Angebot an, weil er in seinem fortgeschrittenen Alter das kühlere Klima des Hochlandes der tropischen Hitze im Tiefland vorzog. Im kommenden Jahr folgte ihm der Ehrw. Nyāṇaponika, und so wurde aus dem ehemaligen Kolonialgebäude im Udawattakele Wald die

Forest Hermitage oder *jarmen pansala* ("deutscher Tempel"), wie das Gebäude bei den Einheimischen heißt.

1952 wurden die Ehrwürdigen Nyāṇatiloka und Nyāṇaponika zur Vorbereitung des Sechsten Buddhistischen Konzils nach Burma eingeladen, das die burmesische Regierung 1954 einberufen wollte, um den gesamten Pāli-Kanon und seine Kommentare neu herauszugeben und zu drucken. Nach dem Vorbereitungstreffen blieb der Ehrw. Nyāṇaponika eine Zeitlang in Burma, um unter dem bekannten Meditationsmeister Mahāsī Sayadaw die Einsichtsmeditation zu üben. Diese Erfahrung, die ihn tief beeindruckte, veranlasste ihn, sein bekanntestes Buch *The Heart of Buddhist Meditation* ("Geistestraining durch Achtsamkeit") zu schreiben, um auch anderen den Nutzen buddhistischen Geistestrainings zugänglich zu machen. 1954 kehrten Lehrer und Schüler für die Eröffnungszeremonie des Konzils nach Burma zurück. Zur Abschlusszeremonie 1956 reiste der Ehrw. Nyāṇaponika allein, weil es seinem Lehrer gesundheitlich schlechter ging. Wenn nicht griechische Mönche beim Dritten Buddhistischen Konzil in Indien vertreten gewesen wären, wären die beiden deutschen Älteren *(Thera)* die ersten und einzigen westlichen Mönche gewesen, die jemals an einer Synode des Theravāda-Buddhismus teilnahmen.

Im Laufe des nächsten Jahres verschlechterte sich der Gesundheitszustand des Ehrw. Nyāṇatiloka weiter, sodass er schließlich nach Colombo übersiedeln musste, weil dort die medizinische Versorgung besser war. Am 28. Mai 1957 starb der große Pionier und am 2. Juni erhielt er ein offizielles Staatsbegräbnis auf dem Independence Square in Colombo, an dem der Premierminister Bandaranaike, zahlreiche andere Repräsentanten des Staates sowie weltliche und religiöse Würdenträger teilnahmen. Als Zeichen der Dankbarkeit gegenüber dem Ehrw. Nyāṇatiloka, überarbeitete der Ehrw. Nyāṇaponika dem Wunsch seines Lehrers entsprechend die deutsche Übersetzung des gesamten *Aṅguttara-Nikāya*, tippte alle fünf Bände komplett neu und stellte zudem 40 Seiten mit verschiedenen Registern zur Erschließung des Werkes zusammen.

Ungefähr sechs Monate nach dem Tod seines Lehrers entwickelte sich die Laufbahn des Ehrw. Nyāṇaponika als Interpret des *Dhamma* in eine neue, nicht vorhergesehene Richtung. Ein bekannter Rechtsanwalt aus Kandy, A.S. Karunaratne, hatte einem Freund, dem pensionierten Lehrer Richard Abeyasekera, vorgeschlagen, eine Gesellschaft zur Veröffentlichung buddhistischer Literatur auf Englisch zu gründen, deren Produkte hauptsächlich im Ausland Verbreitung finden sollten. Beide kamen zu dem Schluss, dass der deutsche Thera aus der *Forest Hermitage* die beste Wahl als geistiger Leiter und Herausgeber sei. Und so wurde am Neujahrstag 1958 die *Buddhist Publication Society (BPS)* geboren. Ursprünglich wollten die drei Gründer nur eine begrenzte Reihe von Heften über die buddhistischen Grundprinzipien herausgeben und diesen Abstecher in die Welt des Verlagswesens dann wieder beenden. Die über Erwarten begeisterte Resonanz auf ihre ersten Veröffentlichungen ermutigte sie jedoch dazu fortzufahren. So bestand und wuchs die *BPS* beständig weiter.

In seinen früheren Schriften hatte der Ehrw. Nyāṇaponika bereits eine Vision der Buddha-Lehren als des lebensfähigsten Auswegs aus der geistigen Krise des modernen Menschen entwickelt. Als Präsident und Herausgeber der neuen Gesellschaft erhielt er nun die Möglichkeit, diese Vision von einer persönlichen Richtlinie seiner eigenen Schriften in die Leitphilosophie eines ganzen Verlagsunternehmens zu überführen, das auf ein beginnendes weltweites Interesse am Buddhismus zielte. Um diese Gelegenheit zu nutzen, verschrieb sich der Mahāthera so sehr der Arbeit in der *BPS*, dass seine persönliche Biographie in deren Geschichte fast verschwindet. Er schrieb selbst Abhandlungen, erwarb Texte von anderen buddhistischen Autoren, sammelte und übersetzte Lehrreden, die von wichtigen Themen handelten, stellte Anthologien zusammen, die die Buddha-Lehre auf zeitgenössische Themen bezogen, legte buddhistische Klassiker neu auf, die lange nicht mehr erhältlich gewesen waren, und suchte nach jungen Autoren, die er ermutigte, ihr Talent zu entwickeln und zur Arbeit der Gesellschaft beizutragen. Das Ausmaß seines Erfolgs zeigte sich am Erfolg der *BPS*, die sich unter seiner Führung zu einem der weltweit führenden Verlage mit Texten des Theravāda-Buddhismus entwickelte. Wenn man den Beitrag des Ehrw. Nyāṇaponika zur Verbreitung des Theravāda-Buddhismus in der heutigen Zeit richtig einschätzen will, darf man nicht nur seine eigenen Schriften und Übersetzungen betrachten, sondern muss auch die 200 Titel der Reihe "The Wheel", die 100 Titel der Reihe "Bodhi Leaves", sowie die zahlreichen umfangreichen Bücher berücksichtigen, die während seiner Zeit als Herausgeber von der *BPS* veröffentlicht wurden.

Als das fortschreitende Alter an seinen Kräften zehrte, trat der Ehrw. Nyāṇaponika 1984 von seinem Amt als Herausgeber der *BPS* zurück. 1988 gab er auch das Amt des Präsidenten auf, akzeptierte aber die Ernennung zu ihrem Ehrenpatron. In seinen letzten Lebensjahren brachte ihm seine Arbeit die wohlverdiente Anerkennung in und außerhalb Sri Lankas: 1978 ernannte ihn die *Deutsche Morgenländische Gesellschaft* zum Ehrenmitglied in Anerkennung der Verbindung von objektiver Forschung und religiöser Praxis in seiner Person als buddhistischer Mönch. 1987 verlieh ihm die *Buddhist and Pāli University of Sri Lanka* bei ihrer konstituierenden Senatsversammlung den ersten Ehrendoktor ihres Fachbereichs Literaturwissenschaften. 1990 erhielt er den Titel eines Ehrendoktors der Literaturwissenschaften von der *University of Peradeniya*. Und 1993 zeichnete ihn der *Amarapura Nikāya*, der Teil des buddhistischen Mönchsordens, in dem er 56

Jahre zuvor ordiniert worden war, mit dem Ehrentitel eines *Amarapura Mahā Mahopādhyāya Sāsana Sobhana* (Großer Mentor des Amarapura Nikāya und Zierde der Lehre) aus.

Trotz kleinerer Beschwerden und zunehmendem Verlust des Augenlichts in den letzten vier Jahren seines Lebens erfreute sich der Ehrw. Nyāṇaponika bis zu seinem 93. Geburtstag am 21. Juli 1994 einer bemerkenswert guten Gesundheit. Sein letzter Geburtstag wurde mit Freunden und dem *BPS*-Personal mit der Veröffentlichung seines Buches *The Vision of Dhamma* ("Im Lichte des Dhamma") gefeiert, einer Zusammenstellung seiner Schriften aus den "The Wheel" und "Bodhi Leaves" Heften. Ende August beschleunigte sich der unbarmherzige Prozess des Alterns jedoch plötzlich, und es trat eine Reihe von Krankheiten auf, die das nahende Ende signalisierten. Am 19. Oktober 1994, dem letzten Tag seines 57. Regenzeit-Retreats als Bhikkhu, nahm er in der Stille der frühen Morgenstunden in der *Forest Hermitage* seinen letzten Atemzug. Der Körper des Ehrw. Nyāṇaponika wurde am 23. Oktober auf dem Mahaiyawa Friedhof in Kandy verbrannt. An der Trauerfeier nahmen Laien und religiöse Würdenträger ebenso teil, wie zahlreiche seiner Freunde und Bewunderer. Am 29. Januar 1995, nach der traditionellen Drei-Monats-Almosenspeise, wurden seine Überreste nahe der *Island Hermitage* auf Polgasduwa beigesetzt, wo er seine entscheidenden Jahre als Mönch verbracht hatte.

Der Vertreter des Dhamma

Mit seinen eigenen Schriften und als Herausgeber der *BPS* spielte der Ehrw. Nyāṇaponika eine entscheidende Rolle dabei, den Theravāda-Buddhismus in einer für die zweite Hälfte des 20. Jahrhunderts angemessenen Form zu präsentieren. Ausgestattet mit einer scharfen Intelligenz, einem gründlichen Verständnis des

Dhamma und einer außerordentlichen Sensibilität gegenüber den Bedürfnissen seiner Mitmenschen, strebte er sowohl in seinen eigenen Texten als auch in seiner Veröffentlichungspolitik danach, eine Vision der Buddha-Lehre zu entwickeln, die ihre kritische Bedeutung für die heutige Zeit unterstrich. Diese Vision entstand vor dem Hintergrund der ersten Jahrzehnte des 20. Jahrhunderts. Er hatte zwei Weltkriege miterlebt (von denen einer die Massenvernichtung des Volkes der europäischen Juden umfasste, dem er selbst angehörte), zahlreiche kleinere Konflikte sowie schließlich in den Nachkriegsjahren den Zusammenbruch der Lebensorientierung bei so vielen nachdenklichen und wohlmeinenden Menschen. Vor diesem Hintergrund versuchte er immer wieder aus verschiedenen Blickwinkeln jene Aspekte der Buddha-Lehre hervorzuheben, welche am direktesten und bedeutungsvollsten zu solchen Männern und Frauen sprechen, die auf der Suche nach einer klaren geistigen Zielsetzung sind.

Seine Originalschriften (ohne die Übersetzungen) sind nicht umfangreich. Auf Englisch umfassen sie seinen Klassiker über den Schulungsweg der Achtsamkeit, *The Heart of Buddhist Meditation* ("Geistestraining durch Achtsamkeit"); *Abhidhamma Studies*, ein Werk mit Essays über die Philosophie des *Abhidhamma*, das aus seiner Übersetzung des *Dhammasaṅgaṇī* entstand; sowie verschiedenen Abhandlungen in den *BPS*-Reihen "The Wheel" und "Bodhi Leaves", die in dem Buch *The Vision Of Dhamma* ("Im Lichte des Dhamma") zusammengefasst wurden. Der bescheidene Umfang seiner eigenen Arbeiten wird jedoch mehr als ausgeglichen durch ihre tiefe Einsicht, die Weite ihres Verständnisses und ihren Reichtum an menschlicher Sympathie. Im Hinblick darauf möchte ich sagen, dass seine Schriften von keinem anderen Repräsentanten des *Dhamma* in unserer Zeit übertroffen werden. Seine Bücher und Essays bleiben auch nach häufigem Lesen anregend, vermögen neue Dimensionen des Verständnisses aufzuzeigen und immer wieder aufs Neue zu inspirieren. Seine Gedanken sind gründlich, systematisch, methodisch und geordnet, doch seine Stimme spricht mit einer warmen und persönlichen Melodie und bietet dem Leser weisen Rat "für rechtes Leben und Denken" und für das Beschreiten des Pfades der Freiheit.

Im Folgenden möchte ich kurz einige der vorherrschenden Motive diskutieren, die in die *Vision des Dhamma* des Ehrw. Nyāṇaponika eingeflossen sind. Themen, die seine Darlegung der Lehre unverwechselbar machen. Diese Hauptmotive habe ich in vier Gruppen eingeteilt:

1. Die Aussicht und Herausforderung der Freiheit

Für den Ehrw. Nyāṇaponika ist die Lehre des Buddha an erster Stelle und vor allem anderen eine Doktrin der Freiheit, der Freiheit vom Leiden. Dies ist das ausdrückliche Ziel des *Dhamma*, verankert in den vier Edlen Wahrheiten, und für den Ehrw. Nyāṇaponika ist dies das zugrundeliegende Ziel und der Ausgangspunkt aller Religionen:

> "Wäre nicht Leiden da, so gäbe es auch keine Religion. Denn ihr letztes Ziel ist nichts anderes als Leidenserlösung." [2)]

Das Einzigartige und die Größe der Lehre des Buddha, verglichen mit den anderen Weltreligionen, liegt in ihrer Erklärung eines Pfades, der zu einer erfahrbaren Befreiung vom Leiden führt. Sie bietet nicht das Versprechen einer Erlösung in einer nächsten Welt, sondern die Aussicht auf Befreiung hier und jetzt durch eine gänzlich realistische Einsicht in die Bedingungen der menschlichen Existenz. Diese Befreiung ist vom Buddha und den Vollkommen-Heiligen (Arahants) verwirklicht worden, und sie erklären, dass jeder, der sich bemüht, dieses Ziel erreichen kann.

Für den Ehrw. Nyāṇaponika ist das Beeindruckendste an der Lehre des Buddha ihre klare Definition eines Pfades der Befreiung. Der Pfad wird bis ins kleinste Detail erklärt, alle wichtigen Elemente werden deutlich beschrieben und die wichtigsten Pfeiler hervorgehoben. Ihm zu folgen, setzt keine Glaubenssprünge von großer Tragweite oder ein Vertrauen auf äußere Erlöser voraus. Der Pfad verlangt lediglich moralische Ernsthaftigkeit, Selbstvertrauen, ehrliche Reflexion und ein unablässiges Bemühen. Er führt uns nicht weg von einem unmittelbaren eigenen Erleben, sondern zu einer grundlegenden Durchdringung der wahren Natur des Erlebens durch die Kultivierung der einfachen Fähigkeit zu gründlicher und sorgfältiger Aufmerksamkeit auf die Prozesse im eigenen Körper und Geist. Auch wenn der Pfad lang und mühsam sein mag, hebt der Ehrw. Nyāṇaponika immer wieder hervor, dass es ein schrittweiser Pfad ist, der in Stufen verläuft. So können selbst die, die anfänglich keine große Geisteskraft besitzen, die ersten Schritte gehen, und jede ernsthafte Anstrengung bringt konkrete Ergebnisse.

Die Auffassung des Ehrw. Nyāṇaponika vom *Dhamma* als einem direkten Weg zur Freiheit vom Leiden entspricht dem universellen und zeitlosen Wesen der Lehre, aber er formuliert diese Essenz in Begriffen, die sich besonders an westliche Menschen am Ausgang des 20. Jahrhunderts richten – und darüber hinaus an Menschen in Asien, deren geistige Horizonte von westlichen Einflüssen geformt wurden. Er spricht zu jenen, die sich nicht länger mit glaubensorientierten Erlösungslehren zufrieden geben können, die nicht länger in Ideologien oder Glaubenssystemen Zuflucht suchen, aber dennoch tiefere Antworten auf die fundamentalen Fragen der Existenz finden möchten, als sie materialistische Denkweisen liefern können. Er packt somit die Zweifel zahlloser Männer und Frauen an, die zwischen den alten Glaubensreligionen, an die sie nicht länger glauben können, und den neuen Religionen des technologischen Fortschritts und des ökonomischen Verbraucherschutzes, die ihnen nichtig und hohl erscheinen, gestrandet sind. Für solche Suchenden, die nicht wissen, wie sie diesem Dilemma entkommen können, bietet die Lehre des Buddha einen Pfad der Freiheit, der die erhabendsten geistigen Höhen erklimmt und doch die moralische und intellektuelle Autonomie des Individuums voll respektiert: Sein Recht Fragen zu stellen, kritisch zu prüfen, die Vernunft als Beurteilungsmaßstab anzuwenden und seine religiöse Zuversicht durch persönliche Erfahrung zu bestätigen.

Aber der Ehrw. Nyāṇaponika zeigt auch, dass das Versprechen der Freiheit, das das *Dhamma* enthält, auch eine Herausforderung ist – eine Herausforderung, die bedrohlich, ja sogar Furcht erregend erscheinen kann. Denn geistige Freiheit, Erlösung vom Leiden, kann nur durch eine weit reichende innere Wandlung erreicht werden, eine Wandlung, die Disziplin, freiwilligen Verzicht und Ablösung umfasst, und schließlich das Aufgeben dessen, was unserem unerleuchteten Geist das Wertvollste ist: unseres Ich-Gefühl, unserer Überzeugung, dass wir ein wirkliches, substanzielles Selbst als Basis unserer persönlichen Identität besitzen. Dieses Ich-Gefühl wird verstärkt durch die Schichten eines intellektuellen und emotionellen Panzers, der die Aufgabe ihrer Überwindung besonders schwierig macht. Und so schreibt er:

> "Der Weg der Freiheit ist ein anstrengender Weg, weil er vom Menschen verlangt, dass er die selbstgeschmiedeten Fesseln seiner Lüste und Gehässigkeiten, seiner Vorurteile und Dogmen bricht, die er als seine Zierde anzusehen und zu schätzen gelernt hat."

Daher entwickeln viele eine "Furcht vor der Freiheit", die zu individueller und sozialer Stagnation führt. Doch, so versichert er uns, wir können diese Furcht durch rechte Erkenntnis überwinden:

> "Aber sobald der Mensch sie als das gesehen hat, was sie wirklich sind: Hindernisse für seine wahre Freiheit, dann wird im selben Augenblick aus der harten Aufgabe ihrer Entlarvung eine beglückende Erfahrung." [3)]

2. Ein glaubwürdiges Fundament der Ethik

Eines der großen geistigen Probleme unserer Zeit, das schwer auf dem Ehrw. Nyāṇaponika lastete, war die weitreichende Unterhöhlung moralischer Wertmaßstäbe, die die moderne Gesellschaft infiziert hatte. Er war sich natürlich vollkommen bewusst, dass auch in vergangenen Zeiten, als die Religion noch an erster Stelle stand, das Verhalten der Menschen häufig von blinder Lust, Ehrgeiz, Grausamkeit und Hass bestimmt wurde.[4)] In unserer Epoche jedoch war sogar ein objektives Fundament der Ethik in Gefahr. Ethik war im Westen stets als etwas in Gott Wurzelndes verstanden worden. Und so hatten sittliche Grundsätze, als der Glaube an Gott im Leben vieler Menschen an Bedeutung einbüßte, ihren Anker verloren. Der Kult eines ungehemmten Selbstinteresses begann sich mit alarmierender Geschwindigkeit auszubreiten und drohte, alle höheren Ideale unter sich zu begraben.

Der Ehrw. Nyāṇaponika sah in der Lehre des Buddha ein sicheres Fundament für eine Ethik, die keiner Hinwendung an eine äußere Autorität bedarf, sondern direkt aus der Natur des menschlichen Geistes abgeleitet werden kann. Den Schlüssel, den er suchte, fand er vor allem in der Lehre von den unheilsamen und heilsamen Wurzeln: Gier, Hass und Verblendung und deren positive Gegenkräfte, denen er ein ganzes Büchlein, *The Roots of Good and Evil* ("Die Wurzeln von Gut und Böse"), widmete. Er schreibt darin:

> "Die neuerliche Krise des theistischen Glaubens im Westen hat auch zu einer moralischen Krise geführt, da all jene, die ihren Glauben an eine theologische Fundierung sittlichen Handelns durch das göttliche Gebot verloren haben, keinen anderen überzeugenden Grund für verpflichtendes, sittliches Verhalten fanden. Solche Menschen, die sich nun ohne ein glaubwürdiges Fundament der Ethik sahen, nahmen entweder materialistische und politische Ideologien an oder lassen sich in ihrem Verhalten hauptsächlich vom Selbstinteresse leiten. Doch finden wir heute auch eine wachsende Anzahl von solchen, die nach besseren Alternativen suchen. Für sie kann die Lehre des Buddha von den heilsamen und unheilsamen Wurzeln des Handelns einen Maßstab für *Gut* und *Böse* sowie eine Motivierung für das Gute geben, die weder theologisch noch autoritär, sondern erfahrungsbezogen ist und sowohl eine psychologische Basis hat als auch einen autonomen und pragmatischen Charakter." [5)]

Durch die direkte Untersuchung unseres eigenen Geistes können wir erkennen, dass die Zustände von Gier, Hass und Verblendung uns und anderen Schaden und Leid zufügen, und somit sind wir in der Lage zu erkennen, dass es langfristig uns selbst und anderen zu Gute kommt, wenn wir Handlungen unterlassen, die aus diesen unheilsamen Wurzeln entstehen, und stattdessen ihr heilsames Gegenteil kultivieren: Großzügigkeit, Liebende Güte und Erkenntnis.

In seinem Essay untersucht der Ehrw. Nyāṇaponika die Lehre

von den "Wurzelursachen" *(mūla)* tiefschürfend. Mit zahlreichen Zitaten aus dem Pāli-Schrifttum erkundet er nicht nur die psychologischen Wechselbeziehungen der Wurzelursachen untereinander, sondern auch ihre karmischen Folgen, ihre Auswirkungen auf den Wiedergeburtsprozess sowie ihre gesellschaftlichen Rückwirkungen. Den Methoden, wie man die unheilsamen Wurzeln durch meditatives Training überwindet, widmet er eigene Abschnitte und schließlich diskutiert er die Bedeutung von *Nibbāna* als die Auslöschung von Gier, Hass und Verblendung. Für ihn ist wichtig, dass die Lehre des Buddha eine unantastbare innere Folgerichtigkeit aufweist: von ihren einfachsten ethischen Maximen bis hin zu ihrer Konzeption endgültiger Befreiung legt sie den Schwerpunkt auf die Aufgabe der inneren Läuterung durch das Überwinden der drei unheilsamen Wurzeln und die Vervollkommnung von Ablösung *(detachment)*, Liebender Güte und Weisheit.

3. Das Verständnis der inneren Wirklichkeit

Dieses Motiv führt uns zu Ehrw. Nyāṇaponikas nächstem Strang in seiner *Vision des Dhamma*. Dem Mahāthera folgend muss der Prozess der Selbst-Wandlung, zu dem uns der Buddha hinleitet, mit Selbst-Erkenntnis beginnen, mit dem Verständnis des eigenen Geistes:

> "Der menschliche Geist ist der Einsatz- und Angelpunkt der Buddha-Lehre und auch ihr Höhepunkt, soweit in Worten lehrbar: nämlich als befreiter, heil gewordener Geist." [6)]

Die Selbstbetrachtung ist im Allgemeinen eine schwierige Aufgabe, denn die meisten Menschen vermeiden es, ihren eigenen

Geist aus der Nähe zu betrachten, aus Angst, dass der Anblick ihrer Fehler und Unzulänglichkeiten ihr Selbstgefühl beeinträchtigen könnte. Doch, so erklärt der Ehrw. Nyāṇaponika, indem wir uns weigern, unseren eigenen Geist zu betrachten, billigen wir stillschweigend diese Mängel und erlauben ihnen, ungeprüft zu wachsen, während wir es zugleich versäumen, unsere positiven Eigenschaften zu erkennen, die zuerst einmal wahrgenommen werden müssen, bevor sie kultiviert werden können.[7)] Selbst-Erkenntnis setzt dem Mahāthera zufolge die Disziplin der Innenschau voraus, vor allem die Praxis methodischer Achtsamkeitsschulung. Daneben ist auch eine präzise und detaillierte Analyse der Denkinhalte vonnöten. Durch seine tiefgehenden Studien der Lehrreden des Buddha und des *Abhidhamma,* sowie durch seine lange Meditationserfahrung, hatte der Ehrw. Nyāṇaponika ein tiefes Verständnis der Psyche des Menschen erlangt, seiner Leidenschaften, Kämpfe und Ängste sowie seines Potenzials zum Guten oder Bösen, das er mit außergewöhnlichem Scharfsinn in seinen Schriften untersucht.

Eine seiner scharfsichtigsten Arbeiten in diesem Bereich ist der Essay *The Worn-Out Skin* ("Die abgetragene Haut"), eine Reihe von Besinnungen über die *Uraga Sutta,* die erste Lehrdichtung des *Sutta Nipāta.* Die Dichtung entfaltet sich als eine Reihe von Versen darüber, welche unheilsamen Neigungen ein ernsthaft strebender Mönch ablegen muss, um unerschütterliche Freiheit zu erlangen. Der Kommentar des Ehrw. Nyāṇaponika zu dieser Dichtung ist eine Mikroanalyse starker menschlicher Antriebe wie Zorn, Lust, Begehren, Dünkel, Verlangen nach Sicherheit, Beklemmung und Verstrickung. Seine Betrachtungen verbinden die buddhistischen Einsichten der Dichtung immer wieder sowohl mit Themen aus dem europäischen Geistesgut als auch der Alltagserfahrung.

Der Ehrw. Nyāṇaponika ist aber nicht nur dann scharfsinnig, wenn er unsere zerstörerischen Psychopathologien schildert, sondern auch (oder besonders), wenn er den Zustand des gewöhnlichen, unentwickelten Bewusstseins beschreibt, den wir in der Regel als normal ansehen und nicht hinterfragen. Und so schreibt er zum Thema "Ordnen des inneren Haushalts" Folgendes:

> "Wenn man, ohne vorherige Erfahrung in geistiger Schulung oder Meditation, seinen Blick nach innen richtet und besonders auf die vielen flüchtigen Gedanken und Gefühle, die einen großen Teil der täglichen Geistestätigkeit bilden, so wird sich meist ein wenig erfreuliches Bild bieten: nämliche eine Unordnung und Verworrenheit, wie man sie sicher nicht in seinem Wohnraum dulden würde ... Tausende von vagen Gedanken und Stimmungen, von momentanen Wünschen und Leidenschaften kreuzen unseren Geist und unterbrechen einander wie unbeherrschte Disputanten, die einander ins Wort fallen."[8)]

Nachdem er die Details dieser "Unordnung und Verworrenheit" analysiert hat, warnt er nachdrücklich davor, dass diese Welt des Halbdunkels einen fruchtbaren Nährboden für unsere gefährlichsten Feinde bildet: die gefährlichen Leidenschaften von Gier, Hass und Verblendung. Diese geistigen Pathologien kommen nicht voll ausgeformt aus dem Nichts, sondern bilden sich nach und nach durch die langsame Anhäufung "geistigen Staubes" aufgrund einer Vernachlässigung der Pflege unseres Geistes.

4. Das Training und die Befreiung des Geistes

Die Untersuchung der lange vernachlässigten Winkel unseres Geistes verursacht einen "heilsamen Schock" und überzeugt uns von der dringenden Notwendigkeit eines methodischen Geistestrainings.

Dies bringt uns zum vierten Punkt unserer Studie, dem wichtigsten Beitrag, den der Ehrw. Nyāṇaponika für unser Verständnis des *Dhamma* geleistet hat: seine Darstellung von *Satipaṭṭhāna*, der meditativen Schulung in rechter Achtsamkeit als der Grundlage des buddhistischen Geistestrainings. Diese These wird schon im Titel seines bekanntesten Buches *The Heart of Buddhist Meditation* ("Geistestraining durch Achtsamkeit") angedeutet, das klar demonstriert, wie die systematische Übung in rechter Achtsamkeit in der Tat das Herz der buddhistischen Meditation ist.

Das in sieben Sprachen übersetzte Werk hat die Form eines modernen Kommentars zur *Satipaṭṭhāna Sutta*, der Lehrrede von den Grundlagen der Achtsamkeit, die darin in einer Übersetzung nebst einer Textsammlung über *Satipaṭṭhāna* ("Der einzige Weg") enthalten ist. Aber der Ehrw. Nyāṇaponika wiederholt nicht einfach nur stereotype Erklärungen der rechten Achtsamkeit. Vielmehr öffnet er unsere Augen für Aspekte dieser meditativen Schulung, die noch niemals zuvor so deutlich artikuliert worden waren, zumindest nicht in europäischen Sprachen. Er beginnt sein *The Heart of Buddhist Meditation,* indem er die Praxis der buddhistischen Meditation in den speziellen historischen Kontext stellt, aus dem heraus er schreibt. Eindrücklich schildert er die Krise, mit der die Welt auf der Höhe des Kalten Krieges konfrontiert ist. Nach zwei Weltkriegen, so warnt er, hat die Menschheit anscheinend ihre Lektion noch immer nicht gelernt; schon wieder bereitet sie sich vor auf "eine neue Runde dieses rasenden Wahnsinns, der Krieg genannt wird". Und "wieder ist derselbe alte Mechanismus am Werk: die Wechselwirkung von Gier und Furcht", Machtgier und die Furcht vor unseren selbstgeschaffenen Zerstörungswerkzeugen.[9)] Doch, so beobachtet der Autor, trotz dieser ernsten Gefahr stümpert die Menschheit noch immer an den Symptomen des Übels herum, blind gegenüber der zugrunde liegenden Ursache, ihrem eigenen unentwickelten Bewusstsein.

Die Lehre des Buddha wendet sich "dieser kranken und wahrlich verrückten Welt" mit Worten voll "ewiger Weisheit und unfehlbarer Führung" zu. Der Rat, den die Lehre gibt, lässt sich in drei Aufgaben und Herausforderungen zusammenfassen, die der Ehrw. Nyāṇaponika folgendermaßen formuliert:

1. den Geist zu *erkennen*, ihn, der so nahe ist und doch so unbekannt;
2. den Geist zu *formen*, ihn, der so widersetzlich ist und doch so willfährig;
3. den Geist zu *befreien*, ihn, der so vielfach gefesselt ist und doch auch frei sein kann: hier und jetzt.[10)]

"Daher", so schreibt er, "ist die Umkehr, die der menschliche Geist in seiner gegenwärtigen Krise zu vollziehen hat, notwendig eine Einkehr in sich selbst. Nur durch innere Wandlung wandelt sich das Außen, auch wenn es noch so langsam nachfolgt."[11)] Das heißt nicht, dass der Ehrw. Nyāṇaponika die narzisstische Versenkung in sich selbst empfiehlt, denn in anderen seiner Arbeiten betonte er die Notwendigkeit eines Gleichgewichtes zwischen Innenschau und mitfühlendem Handeln, um das große Ausmaß menschlichen Leidens zu lindern. Doch er hielt daran fest, dass die einzige Hoffnung für die Erlösung der Welt in einer inneren Wandlung liegt, einer Wandlung des Geistes. Das Instrument für diese Wandlung und die endgültige Befreiung des Geistes ist der Übungsweg der *Satipaṭṭhāna Meditation*. Der Schulungsweg in rechter Achtsamkeit, so der Mahāthera, ist der *Generalschlüssel*, um den Geist zu erkennen; das *vollkommene Werkzeug*, um den Geist zu formen, und die *erhabene Manifestation* des befreiten Geistes. Die erste Aufgabe und Herausforderung stellt ihren theoretischen Aspekt dar, die anderen beiden ihre praktische Anwendung.

Wie der Ehrw. Nyāṇaponika das Thema *Satipaṭṭhāna* in seinem Buch darstellt, entspricht seiner gesamten Herangehensweise an das *Dhamma*. Er betont die ausgewogene Kombination von Einfachheit und Tiefgründigkeit, die praktische Anwendbarkeit und Universalität:

> "Rechte Achtsamkeit ist die unerlässliche Grundlage für rechtes Leben und rechtes Denken und hat daher eine lebenswichtige Botschaft für jedermann: nicht nur für den überzeugten Buddhisten, sondern für alle, die sich bemühen wollen um die Meisterung des eigenen, so schwer zu lenkenden Geistes; und die seine verborgenen und gehemmten Möglichkeiten entwickeln wollen für eine größere innere Kraft und ein größeres reineres Glück. [12)]
> Sie ist eine Botschaft stärksten Glaubens an die Möglichkeiten des menschlichen Geistes! Eine Botschaft, die dem schweren Werk der Selbst-Hilfe das ihm so nötige Selbst-Vertrauen gibt ... Die sichtbaren Verbesserungen und Fortschritte in der Alltagsarbeit und den Lebensumständen, bewirkt durch Achtsamkeit, Gründlichkeit und Umsicht, werden zusätzliche Ermutigung geben für die höheren Zwecke der Selbsthilfe. Ein sichtbarer Fortschritt wird sich auch im allgemeinen Geisteszustand zeigen: Der beruhigende Einfluss besonnenen Handelns und Denkens wird ein Gefühl des Wohlbefindens und der inneren Sicherheit erzeugen, wo bisher Unzufriedenheit und Missstimmung herrschten ... *Satipaṭṭhāna* vermag es, wieder Einfachheit und Natürlichkeit einer Welt zu geben, die mehr und mehr kompliziert, problematisch und entartet ist." [13)]

Auf einer tieferen Ebene enthüllt die Schulung in rechter Achtsamkeit immer klarer die "drei Merkmale" aller Erscheinungen: Vergänglichkeit *(anicca)*, Leidhaftigkeit *(dukkha)* und Substanzlosigkeit *(anattā)*; und auf ihrer höchsten Stufe rodet sie die Wurzelursachen aller Fesselung und allen Leidens aus: Gier *(lobha)*, Hass *(dosa)* und Verblendung *(moha)*.

In *The Heart of Buddhist Meditation* und seiner anderen Arbeit über *Satipaṭṭhāna*, *The Power of Mindfulness* (zusammengeführt in "Geistestraining durch Achtsamkeit", d. Hrsg.), unternimmt es der Ehrw. Nyāṇaponika, die hervorstechendste Eigenschaft rechter Achtsamkeit zu untersuchen, und er wählt einen treffenden Ausdruck, um diese besondere Qualität auszudrücken. Der Begriff, den er geprägt hat, ist *Reines Beobachten* ("bare attention"), das er definiert als

> "das klare, unabgelenkte Beobachten dessen, was im Augenblick der jeweils gegenwärtigen Erfahrung (einer äußeren oder inneren) wirklich vor sich geht."[14)]

Er untersucht eingehend die Wirksamkeit und den Wert *Reinen Beobachtens* bei der Bewältigung der dreifachen Aufgabe: den Geist zu *erkennen*, den Geist zu *formen* und den Geist zu *befreien*. Er klärt ebenfalls die Beziehung zwischen dem *Reinen Beobachten* (oder einfachen Achtsamkeit) und dem anderen Begriff *Wissensklarheit* (*sampajañña*), auf den es in der *Satipaṭṭhāna Meditation* ankommt.

Der Ehrw. Nyāṇaponika betont in seinen Schriften über *Satipaṭṭhāna*, dass buddhistische Meditation keine exotische spirituelle Technik und kein mystischer Geisteszustand ist, die in bizarre Landschaften eines vorgestellten Jenseits führt. Vielmehr ist sie im Kern eine Disziplin, die sich um die systematische Entwicklung einer einfachen und sehr gewöhnlichen Grundfunktion des

Bewusstseins dreht, die wir normalerweise nur sehr oberflächlich anwenden. Gemeint ist die Fähigkeit der Vergegenwärtigung oder Aufmerksamkeit. Üblicherweise wird der Anfangsmoment des Aufmerkens, mit dem jede Erfahrung beginnt, fast umgehend von Strömungen assoziativen Denkens und konzeptioneller Gestaltung überlagert, durch die unsere Bewusstheit des jeweiligen Objekts unseren ich-bezogenen Wünschen und praktischen Zielen untergeordnet wird. Die buddhistische Achtsamkeitspraxis zielt darauf, den anfänglichen Moment des Aufmerkens aufrecht zu erhalten und ihn durch wiederholte Übung in einen steten, ununterbrochenen und starken Strahl der Bewusstheit zu verwandeln, der dann benutzt werden kann, um die Verfassung und Struktur der bewussten Erfahrung selbst zu untersuchen. Der Ehrw. Nyāṇaponika sagt, dass es der Genialität des Buddha bedurfte, um "solche gewaltigen Möglichkeiten in dieser so einfachen und unscheinbaren Grundfunktion des Geistes" zu entdecken:

> "Durch das Genie des Buddha wird Achtsamkeit schließlich als der archimedische Punkt enthüllt, wo die große, sich drehende Masse des Leidens der Welt aus ihrer zweifachen Verankerung in Verblendung und Gier gehebelt wird." [15)]

Ich möchte noch ergänzen, dass es, obwohl die Wirksamkeit der Achtsamkeit buddhistischen Meditierenden seit langem bekannt war, des überragenden Geistes des Ehrw. Nyāṇaponika bedurfte, so klar und mit einer solch durchdringenden psychologischen Einsicht darzustellen, wie die Achtsamkeit im Einzelnen jene schweren Aufgaben erfüllt, die ihr der Erwachte anvertraute.

Epilog

Die *Island Hermitage*, die von dem Ehrw. Nyāṇatiloka gegründete Einsiedelei, liegt im Ratgama-See nahe des Küstenorts Dodanduwa, rund zehn Meilen nördlich von Galle im Südwesten von Sri Lanka. Sie besteht aus zwei Inseln, die durch einen Damm miteinander verbunden sind. Der ältere Sitz des Klosters heißt Polgasduwa (Insel der Kokospalmen), die später hinzugekommene Insel heißt Metiduwa (Toninsel). Wenn man bei der Einsiedelei ankommt, legt das Boot an der kürzlich gebauten Anlegestelle in Metiduwa an. Folgt man dann dem rechten Pfad, gelangt man zur Versammlungshalle und zur Bibliothek, wo sich die Mönche täglich für ihre Mahlzeiten und die Erledigung von Gemeinschaftsaufgaben versammeln. Wendet man sich jedoch nach links und folgt dem schattigen Dschungelpfad unter den tropischen Bäumen und Kletterpflanzen hindurch, überquert dann den Damm und läuft ganz bis zum Ende von Polgasduwa, so stößt man schließlich auf eine kleine Lichtung, wo eine unbeschreibliche Atmosphäre der Ruhe und des Friedens herrscht. Dies ist der kleine Mönchsfriedhof, auf dem sechs Grabsteine stehen.

Der Auffallendste ist ein großes, vierseitiges Grabmal auf dem sich eine Mönchsrobe, eine Almosenschale, ein Tintenfass und ein Füller aus Stein befinden. Dies ist das Grab des Ehrw. Nyāṇatiloka, des Gründers der Einsiedelei, deren Abt er 46 Jahre lang war. Auf den vier seitlichen Steinflächen steht eine Inschrift in vier Sprachen (Pāli, Deutsch, Englisch und Singhalesisch). Es ist der Vers, mit dem der Arahant *Assaji* die Essenz des *Dhamma* für den Wanderer *Upatissa* zusammenfasste, aus dem des Buddhas wichtigster Schüler *Sāriputta* werden sollte. Der Vers drückt die zentrale philosophische Einsicht des Buddhismus aus, die Konditionalität und das Entstehen in Abhängigkeit aller Daseinsphänomene:

Ye dhammā hetuppabhavā tesaṁ hetuṁ Tathāgato āha,
tesañ ca yo nirodho evaṁvādī mahāsamaṇo ti.

Von allen aus einer Ursache entstehenden Daseins-erscheinungen
verkündete der Tathāgata die Ursache (ihres Entstehens)
und auch die ihres Erlöschens.
Dies lehrte der Große Mönch.

Rund zwei Meter vom Gedenkstein des Ehrw. Nyāṇatiloka entfernt steht ein neuer, noch kaum verwitterter Grabstein, dessen Buchstaben noch deutlich auf dem dunklen Marmor zu lesen sind. Dies ist das Grab des Ehrw. Nyāṇaponika Mahāthera, das im Januar 1995 eingeweiht wurde. Es trägt ebenfalls eine Inschrift, lediglich auf Pāli, eine Maxime des Buddhas aus dem *Satipaṭṭhāna Saṁyutta*:

Attānaṁ rakkhanto paraṁ rakkhati;
paraṁ rakkhanto attānaṁ rakkhati.

Sich selber schützend, schützt man den anderen;
den anderen schützend, schützt man sich selbst.

Über dieses Motiv schrieb der Ehrw. Nyāṇaponika seinen wunderbaren Essay *Schutz durch Rechte Achtsamkeit*, in dem er ausführt, wie Selbstschutz durch den Übungsweg der Achtsamkeit zum Schutz anderer führt, während der Schutz anderer durch das Üben von Geduld, Harmlosigkeit, Liebender Güte und Mitgefühl zum eigenen Schutz beiträgt.

So fahren die beiden deutschen Mönchsgelehrten selbst im Tode noch fort, still die Lehre des Buddha zu verkünden: der ältere Mönch legt Zeugnis ab von der philosophischen Einsicht des Meisters in das Naturgesetz der Bedingtheit; der Schüler erinnert uns an seine praktische Botschaft der rechten Achtsamkeit und der Gewaltlosigkeit. Ihre Lebensreise führte sie entgegen allen Erwartungen aus ihrer Heimat im Herzen Deutschlands zu ihrer letzten Ruhestätte hier zwischen den Palmen der *Island Hermitage*. Im Verlaufe dieser Reise beleuchteten die beiden großen Mahātheras, wie zwei helle Sonnen am Firmament des *Sāsana*, die Lehre des Buddha für eine Welt, die oft in Dunkelheit versunken schien. Ihr Beitrag zum Theravāda-Buddhismus verdient in Erinnerung zu bleiben, so lange das *Wahre Dhamma* existiert.

Anmerkungen

1) 1939, nachdem die Nazis Österreich besetzt hatten, sorgte der Ehrw. Nyāṇaponika dafür, dass seine Mutter und weitere Verwandte nach Ceylon ausreisen konnten. Seine Verwandten wanderten dann letztlich nach Australien aus, während seine Mutter blieb. Sie kam im Haus des menschenfreundlichen Ehepaares Sir Ernest und Lady de Silva unter und wurde ein sehr beliebtes Mitglied des Haushalts. Sie starb 1956 in Colombo. Durch den Einfluss ihres Sohnes und ihrer beispielgebenden Gastgeber wurde sie Buddhistin und eine hingebungsvolle Laienanhängerin.

2) aus "Buddhismus – Weg zur Leid-Freiheit", in *Im Lichte des Dhamma*, S.19

3) aus "Die abgetragene Haut", in *Im Lichte des Dhamma*, S.83

4) zum Beispiel schreibt er: "Aufgepeitscht durch Hass und Zorn, sind turmhohe Wogen von Gewalt und heftige Stürme von Aggression immer wieder über die menschliche Geschichte hinweggefegt, eine Spur der Verwüstung und des Elends hinterlassend. Obwohl sie alle aus der einen Wurzel des Bösen, dem 'Hass', entspringen, haben diese Umwälzungen eine Vielfalt von Formen angenommen wie: rassischer, nationaler, religiöser und Klassenhass sowie alle möglichen Spielarten von Partei- und Politfanatismus ... Unsagbares Elend ist so gewirkt worden und wird noch heute gewirkt, wie die Geschichtsbücher und die Tageszeitungen reichlich bezeugen." (aus "Die abgetragene Haut", in *Im Lichte des Dhamma*, S.106)

[5] in *Die Wurzeln von Gut und Böse,* S.13 f.
[6] in *Geistestraining durch Achtsamkeit,* S.14
[7] in *Geistestraining durch Achtsamkeit,* S.68
[8] in *Geistestraining durch Achtsamkeit,* S.114 f.
[9] in *The Heart of Buddhist Meditation,* S.19
[10] in *Geistestraining durch Achtsamkeit,* S.16
[11] in *Geistestraining durch Achtsamkeit,* S.15
[12] in *Geistestraining durch Achtsamkeit,* S.11
[13] in *Geistestraining durch Achtsamkeit,* S.159-161
[14] in *Geistestraining durch Achtsamkeit,* S.26
[15] in *The Power of Mindfulness,* S.2

* * *

Sich selber schützend
schützt man den anderen;
den anderen schützend
schützt man sich selbst.

Saṁyutta Nikāya 47,19

Der vielseitige Lehrer

Ayyā Nyāṇasiri

Während viele Menschen den Ehrw. Nyāṇaponika von seinen Veröffentlichungen her kannten und von seinem Wirken bei der Gründung und Leitung der *Buddhist Publication Society*, wussten nur sehr wenige vom Ausmaß und der Tiefe seiner Unterweisungen gegenüber einzelnen Menschen. Der Ehrw. Nyāṇaponika teilte sein *Dhamma*-Wissen in großem Umfang, sowohl in Briefwechseln als auch persönlichen Begegnungen. Er besaß einen großen Freundes- und Bekanntenkreis, mit dem er korrespondierte, manchmal regelmäßig, manchmal zu besonderen Anlässen. Der Kreis derer, mit denen er in Briefkontakt stand, schloss ein: J.B. Horner, den verstorbenen Präsidenten der *Pāli Text Society*; den früheren burmesischen Ministerpräsidenten U Nu, der den Rat des Mahāthera für Übersetzungen aus dem Pāli-Kanon suchte; den Psychologen Erich Fromm, der einen kurzen, aber vielbeachteten Beitrag über den Ehrw. Nyāṇaponika schrieb (abgedruckt im dritten Teil der Gedenkschrift; d. Hrsg.); und Lāma Anagārika Govinda, seinen alten Freund aus dem Internierungslager bei Dehra Dun. Er unterhielt ebenfalls einen ständigen Briefwechsel mit dem früheren israelischen Ministerpräsidenten David Ben-Gurion, der ein eifriges Interesse am Buddhismus entwickelt und im Jahr 1961 sogar an einem achttägigen Meditations-Retreat in Burma teilgenommen hatte.

Die Schriften des Ehrw. Nyāṇaponika zogen einen beständigen Strom von Besuchern aus den entferntesten Teilen der Erde in seine *Forest Hermitage*, Menschen, die persönlichen Rat suchten oder Klärung ihres *Dhamma*-Verständnisses. Gegenüber allen zeigte der Ehrw. Nyāṇaponika eine unfehlbare Großzügigkeit des Herzens, die aus der Freude entsprang, das *Dhamma* zu teilen. Neben berühmten buddhistischen Leitfiguren, Lehrern und Gelehrten gehörten zu seinen Besuchern, neben vielen anderen, Denker wie der Psychiater R.D. Laing, *(The Politics of Experience)*, der sich in den frühen siebziger Jahren in Sri Lanka einer intensiven Meditationspraxis unterzogen hatte; dem New-Age Wissenschaftsautor Fritjof Capra (*The Tao of Physics*) und dem innovativen Bio-Theoretiker Rupert Sheldrake (*A New Science of Life*). Ein bemerkenswerter Besuch ereignete sich Ende 1968 mit dem Trappisten-Mönch und Autor Thomas Merton, der während seiner letzten Lebensjahre tiefreichende Quellen spiritueller Inspiration im Buddhismus entdeckte. Merton hatte in Sri Lanka einen Zwischenstopp auf dem Weg zu einer klösterlichen Konferenz in Bangkok eingelegt und besuchte die *Forest Hermitage*. Am Ende eines lebhaften Gedankenaustausches mit dem Ehrw. Nyāṇaponika äußerte er den Wunsch, nach der Konferenz zurückzukehren, um das begonnene Gespräch fortzusetzen. Zehn Tage später, während der Konferenz, starb Merton in seinem Hotelzimmer in Bangkok.

Zahlreiche buddhistische Gelehrte schrieben dem Ehrw. Nyāṇaponika und baten ihn um Erläuterung von Unklarheiten im *Dhamma*. Immer war er willens, ausführlich zu antworten und die Fragen zu klären. Wenn gelegentlich ein Brief einging, der einen von den Theravāda-Schriften abweichenden Standpunkt vertrat, so nahm sich der Ehrw. Nyāṇaponika die Zeit, die Lehren zu erklären und zu diesem Zweck fügte er auch eigene Einsichten bei, doch niemals suchte er die Konfrontation oder Auseinandersetzung.

Die Mehrheit der Menschen, die in die *Forest Hermitage* kamen, waren jedoch gewöhnliche Menschen mit Interesse am Buddhismus oder buddhistische Laien mit persönlichen Problemen. Er begegnete allen mit Geduld und mit Interesse an ihrem Wohlergehen, denn er war die Verkörperung von *Mettā*. Mehr als einmal sagte er: "Falls ich mich einmal irren sollte, möge ich in meinem Irrtum auf der Seite von *Mettā* sein." Jenen Suchenden, die keine Buddhisten waren, sich jedoch von der Lehre angezogen fühlten, brachte er das *Dhamma* klar und entschieden nahe; niemals verfiel er in platte Unwahrheiten wie "alle Religionen lehren dasselbe". Wenn ein Besucher sich zu einer anderen Religion bekannte, vermied er gewissenhaft Lehrdispute aus Respekt vor der Überzeugung des Besuchers. Stattdessen versuchte er, dem Gast eigene Einsichten aus dem *Dhamma* aufzuzeigen, die ihm oder ihr im geistigen Leben weiterhelfen könnten. Wenn ein Besucher mit seinen persönlichen Schwierigkeiten zu ihm kam, versuchte er als Erstes, ihm die Befangenheit zu nehmen, fragte nach dessen Familie, nach vergangenen Problemen und wie sie behoben worden waren. Dann hörte er ihm zu, lauschte mit einem offenen Herzen voller Sympathie, das die Zuversicht und das Vertrauen des Gastes vollkommen gewann. Sobald er das dargelegte Problem verstanden hatte, suchte er mit unfehlbarer Präzision genau die Lehrrede heraus, die dem Menschen helfen würde, sein Problem im Lichte des *Dhamma* zu betrachten. Unzähligen Menschen hat der Ehrw. Nyāṇaponika auf diese Weise geholfen.

Für Meditierende war der Ehrw. Nyāṇaponika ein wahrer *kalyāna-mitta*, fähig die Erfahrung des Meditierenden intuitiv zu erfassen, auf die einschlägigen Lehrreden und kommentariellen Erläuterungen hinzuweisen und seine eigene Kenntnis der Meditations-Zustände anzufügen. Dann, mit sanfter aber fester Ermutigung, erläuterte er den nächsten Schritt, der auf dem Pfad der Meditation zu gehen war.

Der Ehrw. Nyāṇaponika war ein Mönch mit vielen Facetten, der jede sich bietende Gelegenheit nutzte, um deutlich zu machen, dass der Buddhismus auf das tägliche Leben der Menschen anwendbar ist. Er zeigte, dass das *Dhamma* Lösungen für unsere gewöhnlichen Probleme im Leben anbietet, indem es uns befähigt, die Dinge so zu sehen, wie sie wirklich sind, und dadurch im Einklang mit uns selbst, im Einklang mit anderen und im Einklang mit der Welt zu leben.

* * *

Begegnungen mit dem Ehrwürdigen Nyāṇaponika

Bhikkhu Kusalānanda

Um ein erstes Treffen mit dem Ehrwürdigen Nyāṇaponika bemühte ich mich schon als Psychologiestudent im Jahre 1966. Damals hatte mir Professor Erich Fromm über ihn und seine Schriften berichtet – nach seinem Vortrag zum Thema "Haben oder Sein" an der Karls-Universität in Prag. Es war auch mein damaliger Meditationslehrer dabei, Dr. Dušan Kafka, von dem ich die für mich sehr interessante Tatsache erfahren hatte, dass es im ursprünglichen Buddhismus der Theras keine Gurus gibt, weil der Buddha die Beziehung zwischen Lehrer und Schüler als "edle Freundschaft" *(kalyāna-mittatā)* definiert hat. Und dann erzählte Erich Fromm über seine Freundschaft zu dem europäischen Thera Nyāṇaponika. Er schilderte sie als eine Grundlage für die gemeinsame emanzipatorische Arbeit. Wie einleuchtend, und so wegweisend! Bruder Dušan – wie wir ihn in der Unitarier Kirche nannten – suchte dann für mich Nyāṇaponikas Anschrift heraus, und ich schrieb ihm gleich nach Sri Lanka. Die Antwort erreichte mich aber erst unmittelbar vor meiner lange geplanten Abreise nach Indien im Frühjahr 1967; so konnte ich für ein Treffen keine konkreten Schritte mehr einleiten. Doch mein Entschluss war klar: Diesen europäischen Thera – den Ersten über den ich genaueres gehört hatte – möchte ich treffen! Sein Beispiel sollte mich in meiner Wahrheitssuche inspirieren! Vielleicht handelte es sich dabei auch ein wenig um eine Begeisterung für das Exotische, doch im Grunde genommen war es eine weise erwogene Vorsatzbildung *(saṅkappa)* ganz im Sinne der Buddha-Lehre.

Grundlagen für Begegnungen im Dhamma

In Indien dachte ich zunächst nicht an jemanden auf Sri Lanka, ich war voll mit meinem Forschungsprojekt über die Yoga-Methoden der Meditation und Heilung ausgelastet. Ich wurde Mönch der tantrischen Saraswati-Tradition und erhielt von meinem Lehrer den Namen Swami Nyāṇananda Saraswati. Ein halbes Jahr weilte ich dann ohne Ausgang im Kloster. Gleichwohl kam es dort zu Begegnungen mit dem Ehrwürdigen Nyāṇaponika. Über eine von ihnen, die in einer anderen Wirklichkeit stattfand, will ich etwas ausführlicher berichten, eine andere werde ich nur kurz erwähnen.

Die Beschreibung konkreter Ereignisse soll hier jedoch nur den Auftakt zur Erläuterung der Grundlagen für die fruchtbaren Begegnungen im *Dhamma* geben. Die Ereignisse sind etwas wirklich Geschehenes; in dieser geschehenen Wirklichkeit werden bestimmte Bedeutungen bewusst, man fasst sie in Worte oder Bilder und kann sie dann auch in Beziehung zu systematischem Wissen setzen. Das Ereignis dieser Begegnungen fasse ich nun im Nachhinein im Wissen des *Dhamma* auf. Und gerade weil es sich um persönliche Begegnungen handelt, ist es mir nicht möglich anders zu schreiben als ganz persönlich. Damit sind wir bei der Sache selbst angelangt.

Am liebsten unter den Yoga-Meditationen war mir damals die Pflege der inneren Ruhe *(antar-mauna)*, über die ich deswegen ein kleines Büchlein auf Englisch bei BSY-Press (Monghyr, Bihar 1967) veröffentlichte. In dieser Meditation gibt es eine Technik zur Erforschung des Geist-Raumes *(citt-ākāsa-vidya)*, die auch zur Suche des Ortes benutzt wird, an dem der Führer weilt, der durch die nächste Etappe der Wahrheitssuche leiten wird. Ich hatte wiederholt die Vision eines kahlköpfigen Mönchs in einer Robe, die länger und dunkler war als diejenige, die ich selber trug. Dieser Mönch stand vor der Veranda eines Häuschens tief im Urwald und winkte mir milde lächelnd zu.

Diese visionäre Begegnung von 1967 hat sich mir ganz klar wieder vergegenwärtigt, und wurde mir erst im Jahre 1975 vollkommen verständlich, als ich mich das erste Mal der *Forest Hermitage* im Udawattakele-Wald bei Kandy, Sri Lanka, näherte und der Ehrwürdige Nyāṇaponika – den ich nun schon von einigen Treffen in der Schweiz kannte – mir vor der Veranda stehend zuwinkte. Diese mehr als sieben Jahren zuvor visionär vorweggenommene Begegnung in der Waldeinsiedelei brachte mir eine wichtige Einsicht: Nicht alle Ereignisse können logisch geordnet und nicht alle wirklichen Zusammenhänge können durch rationales Denken geklärt werden. Damals war es für mich, den jungdynamischen wissenschaftlichen Systematiker und nüchtern unbestechlichen Buddhismus-Forscher, eine wichtige Relativierung. Ich habe einsehen müssen, dass die empirische Wirklichkeit vor der theoretischen Rationalität Vorrang haben muss, wenn man der Wahrheit treu bleiben möchte.

Die zweite Begegnung betraf den Namen *Nyāṇaponika*, dem ich im November 1967 in Bodh-Gaya bei meinem ersten Lehrer der Achtsamkeitsmeditation, Sri Anagārika Munindra, begegnete. Als ich mein Training bei ihm abgeschlossen hatte, schenkte er mir ein Büchlein über *Satipaṭṭhāna-Vipassanā* von seinem Lehrer Mahāsī Sayadaw und zeigte mir ganz unerwartet auch zwei Bücher von Nyāṇaponika Thera: *Abhidhamma Studies* und *The Heart of Buddhist Meditation.* Dies war nicht mehr – aber auch nicht weniger – als eine ganz prosaische Wegweisung zu dem Führer auf der nächsten Etappe meiner Wahrheitssuche.

Als ich dann im Mai 1968 von Indien nach Europa per Schiff zurückreiste, habe ich selbstverständlich den Ehrwürdigen Nyāṇaponika auf Sri Lanka besuchen wollen. Aber bereits in Colombo teilte mir Sri Anagārika Sugatānanda (Francis Story) mit, dass der Ehrwürdige soeben in die Schweiz abgereist sei. Ich selbst sollte in der Schweiz erst im Herbst ankommen, nach der brutalen Beendung des Prager Frühlings und dem darauf folgenden *Satyagraha*-Widerstand, an dessen Organisierung ich mich an der Karls-Universität aktiv beteiligte. In Bern war ich dann mit der Wiederaufnahme meines Psychologiestudiums und mit der Fertigstellung meiner Dissertation so beschäftigt, dass ich erst 1970 wieder Kontakt zum Ehrwürdigen Nyāṇaponika knüpfen konnte. Es folgte zuerst ein Briefaustausch mit Richard Abeyasekera, der als Sekretär der *Buddhist Publication Society (BPS)* seinen Terminkalender führte. Der Ehrwürdige Nyāṇaponika schlug mir ein Treffen im darauf folgenden Frühling in Locarno vor. Er erwähnte dabei, dass er kürzlich mit Erich Fromm und Ronald Laing über die Anwendungen buddhistischer Meditation in der Psychotherapie diskutiert hatte – und dies wolle er nun auch mit mir tun.

Nur schwer kann ich beschreiben, mit welcher Freude ich mich auf dieses Treffen vorbereitete. Ich führte damals bereits als klinischer Psychologe an der Psychiatrischen Poliklinik der Universität Bern Psychotherapien auf Grundlage des Abhidhamma durch und hielt die erste Vorlesung darüber. Ich reflektierte rückblickend *(paccavekkhanā)* über diese Erfahrungen und berichtete dem Ehrwürdigen Nyāṇaponika davon. Dies war die erste Niederschrift von Prinzipien der *Sati-Therapie*. Die Anwendung von Prinzipien des Abhidhamma in der Psychotherapie wurde in den darauf folgenden Jahren unter Aufsicht des Ehrwürdigen

Nyāṇaponika weiterentwickelt. In einer Kurzfassung veröffentlichte ich sie unter dem Titel *Abhidhamma – eine uralte Grundlage transpersonaler Psychotherapie* (in: *Integrative Therapie, Zeitschrift für Verfahren humanistischer Psychologie und Pädagogik, Nr. 3, 10. Jhg., 1984, S. 263-272*). Schon damals, vor meinem ersten Treffen mit dem Ehrwürdigen Nyāṇaponika, war ich davon überzeugt, dass alle meine bis dahin gegangenen Umwege und von mir oft als unangenehm empfundenen Aufschübe als vorbereitende Beiträge eines am Ende bevorstehenden "bedeutungsvoll integrativen Ereignisses" *(samaya)* zu deuten sind.

An dieser Stelle möchte ich die vier Lehrbegriffe erläutern, die ich als technische Termini (mit ihren Äquivalenten auf Pāli in Klammern) benutzt habe. Sie stellen die *Grundlagen für Begegnungen im Dhamma* dar.

Als erste Voraussetzung oder Grundlage wurde die edle Freundschaft *(kalyāna-mittatā)* angeführt, die zweite war die weise erwogene Vorsatzbildung *(saṅkappa)*, und als dritte kam das rückblickende Reflektieren *(paccavekkhanā)* hinzu. Wenn wir sie alle drei so gut verstehen, dass wir sie herbeiführen können, dann sind wir dafür ausgerüstet, ein "bedeutungsvoll integratives Ereignis" *(samaya)* zustande kommen zu lassen. Was alles *samaya* (Gelegenheit, Moment) in der Lehre des Buddha impliziert, ist auf Deutsch in dem oben erwähnten Artikel ausführlich erklärt und wird dort im Diagramm über die Struktur des Erlebens veranschaulicht. Hier nur ein paar Worte dazu, wie man sie herbeiführen kann, wie man durch Achtsamkeitsschulung in Meditation, Psychotherapie oder einfach im Alltagsleben Bedingungen für das Entstehen dieser Grundlagen schaffen kann.

Dafür gibt es die ganz einfachen Übungen der Wirklichkeitsverankerung des Erlebens, die auf dem aufbauen, was Nyāṇaponika Thera bereits vor einem halben Jahrhundert in seinem Buch *Geistestraining durch Achtsamkeit* beschrieben hat. Es sind diese vier Verankerungen, die bis in die kleinsten technischen Einzelheiten als grundlegende Vorgehensweisen der *Sati-Therapie* ausgearbeitet worden sind:

1. Die Verankerung in der körperlich erlebten Wirklichkeit hier und jetzt – sie wird als die nicht-gezielte Körperachtsamkeit *(kāyagatā-sati)* und die gezielt-gründliche Aufmerksamkeit *(yoniso manasikāra)* geübt.
2. Die Verankerung in den tragenden zwischenmenschlichen Beziehungen, unter denen die edle Freundschaft *(kalyāna-mittatā)* die vornehmste Stellung hat – man erinnert sich an sie als Sicherheit und Stütze in der jeweiligen Situation hier und jetzt.
3. Die Verankerung in der gemeinsamen Weltanschauung und in den sie tragenden sozialen und kulturellen Institutionen – ein Schüler des Buddha vergegenwärtigt sie sich, bei welcher Gelegenheit auch immer, als die Dreifache Zuflucht *(ti-saranam)*.
4. Die Verankerung in der Wissensklarheit über das jeweilige Ziel *(sa-atthaka-sati-sampajañña)* – sie entsteht im methodischen Reflektieren *(paccavekkhanā)* der bisher erfolgten Erlebnisse und ist somit die Basis für die weise überlegte Vorsatzbildung *(saṅkappa)*.

Soweit ich es erinnern kann, waren alle meine Begegnungen mit dem Ehrwürdigen Nyāṇaponika im hohen Maße durch alle vier Wirklichkeitsverankerungen ausgezeichnet. Mehr glaube ich hier nicht sagen zu müssen, bevor ich nun unser erstes Zusammentreffen schildere.

Monte Veritá - der Berg der Wahrheit

Es war auf dem Berg der Wahrheit, auf italienisch Monte Veritá genannt, im Kanton Tessin in der Nähe von Locarno. Ich kam zu dem Tisch im Gartenrestaurant, an dem der Ehrwürdige Nyāṇaponika seinen Nachmittagstee trank. Auf orientalische Weise – mit Händen in der Gebetshaltung – verbeugte ich mich vor ihm, woraufhin er aufstand und einen Stuhl so neben den seinen stellte, dass ich mich zu ihm setzen konnte. Ich setzte mich nieder und eine Weile haben wir uns, einander ruhig zulächelnd, nur angeschaut. Nach einer Weile fragte er: "Wie war die Anreise über die Alpen? Brauchte es nicht zu lange...?" Den Gedanken, der mich unterwegs begleitet hatte, beschloss ich nun auszusprechen: "Fünf Jahre brauchte es, bis ich Sie hier nun treffe." Leise hat er dazu gelächelt. Er sprach ein weiches Deutsch, das mich an Frau Louise, meine Amme erinnerte. Ich fragte, wie ich ihn anreden solle, da mir das briefliche "Verehrter" ungeschickt vorkäme, und eine orientalische Anrede wolle ich hier nicht gebrauchen. Er antwortete, dass er einfach Nyāṇaponika heiße. Es dauerte dann einige Jahre, bis sich die Anrede "Bhante" festigte, die auf Pāli einfach "Herr" bedeutet, manchmal redete ich ihn auch mit "Ehrwürdiger" an. Als wir uns verabschiedeten, kam spontan wieder das orientalische Verbeugen mit respektvoll zusammen gelegten Händen. Hiermit hatten wir den äußeren Rahmen auch für unsere folgenden Treffen gesetzt.

Es ergab sich aus dem Gespräch, dass es uns beiden am Wichtigsten ist, Ruhe zu haben und die persönliche Energie und Zeit dieses Lebens sinnvoll einzusetzen. Die Kultur Mitteleuropas als Boden für den *Dhamma* war einer der Themenkreise, in dem wir uns den Wiener Karl Eugen Neumann und den Prager Moritz Winternitz vergegenwärtigten. Wir sprachen über das Fortleben der vorchristlichen Gottheiten und Ideale im Herzen Europas.

Ich war überrascht, als der Ehrwürdige hierzu einige Verse von Jaroslav Vrchlický zitierte, und ganz begeistert erfuhr ich dann, dass er die 'Ode auf die Freiheit' von Ján Kolár kannte, die ich ihm auf Tschechisch in Hexametern rezitierte: "Die eigene Freiheit schätzend, achtet man die Freiheit der anderen..." – ein Lehrer auf dem Gymnasium, das er in Schlesien besuchte, hatte sie als Beispiel urtümlicher Hochachtung für die individuelle Menschenwürde in der tschechischen Poesie eingehend interpretiert. Und vom Inhalt dieser Verse sind wir zur Beziehung zwischen Lehrer und Schüler gekommen, zu der er mir aus dem *Saṁyutta-Nikāya* rezitierte: "Sich selber schützend, schützt man den anderen; den anderen schützend, schützt man sich selbst."

Zum Hauptthema wurde schließlich die edle Freundschaft, die kein Autoritätsgefälle fordert und schon in sich selbst das emanzipatorische Moment des *Dhamma* verwirklicht. Ich fragte ihn, woran er mit seinen Schülern arbeitete, weil ich mich gerne in der deutschsprachigen Welt mit Personen austauschen möchte, die sich zu ihm bekennen und *Satipaṭṭhāna-Vipassanā* praktizieren. Der Ehrwürdige Nyāṇaponika sagte mir daraufhin, dass er keine Schüler habe und keine andere Gruppe in Europa als die von mir in Bern gegründete kenne, die sich praktisch der Achtsamkeitsmeditation widme. Ich konnte es kaum glauben, aber genau so war die Situation auch noch acht Jahre später, als ich Nyāṇaponikas Meditationslehrer, den Ehrwürdigen Mahāsī Sayadaw aus Burma, nach Europa einlud. Wir waren uns darüber einig, dass beide Aspekte des *Dhamma* im Gleichmaß vermittelt werden sollten: das Studium der Texte und die Praxis der Meditation. Ein Austausch mit toleranten Menschen anderer Ausrichtungen sei in dieser Phase der Verbreitung des *Dhamma* im Westen ebenfalls wichtig, meinte er; so traf er im Tessin eben auch verschiedene Freunde, darunter Erich Fromm, Lāma Anagārika Govinda und andere – und ich sei auch herzlich dazu eingeladen.

Der Ehrwürdige Nyāṇaponika kam dann jedes Jahr in die Schweiz auf Einladung seines Jugendfreundes Dr. Kreutzberger, bei dem er in Locarno, oder dann seit dem Jahre 1973 auch bei mir in Bern, jeweils einige Wochen weilte. Im Jahre 1974 gründete dann Kurt Onken, der Schwager des Konstanzer Verlegers der Schriften Nyāṇaponikas, in der Ostschweiz das "Haus der Besinnung", wo wir uns zum Anhören von *Dhamma*-Vorträgen des Ehrwürdigen versammelten. Im Jahre 1979 lud Kurt Onken dann auf Empfehlung des Ehrwürdigen Nyāṇaponika auch den Ehrwürdigen Mahāsī Sayadaw aus Burma zu einem Vortrag nach dorthin ein und ließ im darauf folgenden Jahr dort von mir intensive *Satipaṭṭhāna-Vipassanā* Meditationsretreats durchführen. Die Ostschweizer Gemeinschaft um Kurt Onkens "Haus der Besinnung" und meine Berner *Dhamma* Gruppe waren die einzigen buddhistischen Institutionen, die den Ehrwürdigen Nyāṇaponika als Abgesandten des *Dhamma* eingeladen haben. Seine Wegweisungen haben die meisten ernsthaft interessierten Personen dadurch genossen, dass sie ihn auf Sri Lanka besuchten.

* * *

Erinnerungen an den Ehrwürdigen Nyāṇaponika 1975-1976

Lawrence Khantipalo Mills

Mein sich über mehr als dreißig Jahre erstreckendes Leben als buddhistischer Mönch gliedert sich in unterschiedliche Abschnitte: Am Anfang steht ein Jahr als Novize *(Samanera)* in Großbritannien, gefolgt von drei ereignisreichen und bunten Jahren in Indien, wo ich zum Mönch *(Bhikkhu)* ordiniert wurde. Daran schlossen sich elf Jahre in Thailand an, die ich teilweise studierend im Kloster *Wat Bovananives Vihāra* in Bangkok oder meditierend im Wald verbrachte. Dann bat mich mein Lehrer, der heutige Sangharaja von Thailand, einen älteren thailändischen Mönch nach Australien zu begleiten, um in Sydney den ersten buddhistischen Tempel zu errichten. Das war 1973. Obwohl dies in einem sehr lauten Teil von Sydney verwirklicht wurde, war ich nicht sehr glücklich. Von den Zeiten abgesehen, in denen ich auf Einladung kleiner buddhistischer Gruppen durch Australien reiste, um das *Dhamma* zu lehren oder Meditationskurse für die Alternativ- bzw. Hippiegemeinde des nördlichen Neusüdwales zu leiten, lebte ich in *Wat Buddharangsee*, einem Ort, der wenig förderlich war für eine Befriedung des Geistes. Als daher eine Einladung des Ehrwürdigen Nyāṇaponika Mahāthera aus der *Forest Hermitage* bei Kandy eintraf, nahm ich sie gerne an. In diesem Beitrag werde ich hauptsächlich über das Jahr mit ihm schreiben.

Mit dem Ehrw. Nyāṇaponika hatte seit Jahren eine meiner

meist geschätzten Korrespondenzen bestanden und seine Briefe, die stets voller *Dhamma* steckten und mit großer Freundlichkeit und Sympathie geschrieben waren, inspirierten mich zu meiner eigenen *Dhamma*-Praxis und auch dazu, selbst zu schreiben. Die Ergebnisse meines Schreibens für die Reihen *The Wheel* und *Bodhi Leaves*, veröffentlicht von der *Buddhist Publication Society (BPS)* in Kandy, Sri Lanka, deren Gründer und inspirierende Kraft der Ehrwürdige war, reichen von *The Blessings of Pindapata* (Der Segen des Almosenganges), einem schmalen Wheel-Heft, bis zu meinem letzten Beitrag für die *BPS*, *Buddha – My Refuge* (Der Buddha – meine Zuflucht). Ich schulde dem Ehrwürdigen großen Dank für all den brieflichen Rat, den ich über die Jahre von ihm erhalten habe. Seine Einladung erhielt ich 1975, und ich flog daraufhin nach Colombo. Dort wurde ich von einem Mitarbeiter der *BPS* vom Flughafen abgeholt und unverzüglich zur *Forest Hermitage* gebracht, wo er lebte. Das kleine zweistöckige Gebäude lag abgeschieden und war sehr unauffällig. Es war umgeben von Wald, und in der Nachbarschaft gab es gleich angrenzend lediglich noch die kleine Einsiedelei *Senanayaka Aramaya* und Horden von Affen. Nyāṇaponika arbeitete im Erdgeschoss, während mir ein Schreibtisch in einer Art Erker zur Verfügung gestellt wurde, der auf drei Seiten von Fenstern umgeben war. Jeder von uns hatte auch einen eigenen Raum im oberen Geschoss. Mit zwei dort lebenden Mönchen war das kleine Haus gut belegt. Weder gab es gemeinsames *Chanting*, noch einen Schrein, doch die frühen Morgenstunden konnten sehr gut für Meditation genutzt werden. Obwohl ich nie erforschte, wann Nyāṇaponika aufstand, spürte ich, dass er meditierte und zu dieser Zeit setzte auch ich mich auf mein Bett. In diesem Zeitraum von vielleicht zwei Stunden gab es auf einmal eine vollkommene Stille, erfüllt von einer besonderen Energie, die ich als das Ergebnis seiner Meditation ansah, obwohl damit vielleicht auch die örtlichen *Devas* etwas zu tun hatten. Wenn es dann hell wurde und die Klänge des rituellen Trommelns vom Zahntempel in Kandy durch den Wald herauf hallten, hörte ich ihn sein Bett verlassen und nach unten gehen. Ich folgte ihm und nach einer gemeinsamen Tasse Tee machten wir, sobald es hell genug geworden war, einen Waldspaziergang. Gewöhnlich dauerte dieser eine halbe bis dreiviertel Stunde, je nachdem welchen Weg wir einschlugen. Manchmal diskutierten wir auf diesen Spaziergängen interessante *Dhamma*-Themen oder Angelegenheiten, die im Zusammenhang mit der *BPS* standen, oft schwiegen wir aber auch einfach. Im Anschluss daran wurde das Frühstück durch einen jungen Mann, den Aufwärter des Ehrw. Nyāṇaponika, serviert, der in einem Hinterzimmer des Erdgeschosses lebte. Nach dem Frühstück, sofern wir nicht zur *BPS* in die Stadt gehen mussten, begannen wir mit unserer literarischen Arbeit, über die ich später noch ausführlicher berichten werde. Am späteren Vormittag, wenn die Sonne hoch am Himmel stand, nahmen wir ein "Bad" an einer Quelle in dem kleinen Tal unterhalb der Einsiedelei. Das "Bad" bestand aus einem Metallkübel, an dessen Griff ein Seil befestigt war. Dieser wurde zum Füllen ins Wasser geworfen und dann über dem Kopf ausgegossen. Mit entsprechender Übung konnte dieser Bewegungsablauf geradezu anmutig wirken und im Winter war das Wasser morgens kühl genug, um jede Müdigkeit zu zerstreuen!

Sehr selten, und nur wenn er die Einladungen der Laienanhänger schwerlich ablehnen konnte, besuchte Nyāṇaponika diese, um *pirit* zu chanten (die Lehrreden mit Schutzcharakter, *paritta sutta*) und nach einer Mahlzeit wieder zur Einsiedelei zurückzukehren. Für gewöhnlich war auch ich eingeladen, und ich erinnere mich an eine Gelegenheit, bei der wir als Teil einer *Sangha* von vielleicht zwölf weiteren Mönchen geladen waren. Nach *pirit* und *dāna* (der Essensgabe) wurde einer der Mönche gebeten, das *Dhamma* zu lehren. Offensichtlich handelte es sich um einen gelehrten Mönch, denn seine Lehrrede dauerte eine halbe Stunde ... eine Stunde ... ein und eine halbe Stunde, in der sich unsere Gastgeber – wenn auch auf höflich – wanden, während wir daran dachten, wie gut es wäre, wenn er endlich seinen überlangen Redefluss abschließen könnte.

Manchmal war unser gemeinsamer Morgenspaziergang deutlich länger und führte uns zum damaligen Bungalow der *BPS*, wo wir den freundlichen Richard Abeyasekera trafen, den damaligen Sekretär der Organisation. Er versorgte uns mit Frühstück und brachte uns nach der Arbeit für gewöhnlich auch zurück zur Einsiedelei.

Obwohl sich Nyāṇaponika einer sehr guten Gesundheit erfreute, was zweifelsohne auf seine starke Konstitution und die täglichen Spaziergänge zurückzuführen war, versuchte ich einige seiner Beschwerden durch Fußmassagen zu lindern. Er kannte diese Art der Behandlung noch nicht und freute sich sehr darüber. Dabei pflegte er mir von seinen Lebenserfahrungen zu berichten. Ich erinnere mich daran, wie er mir davon erzählte, dass er einen "Beschützer" hätte, der ihn mehrmals davor bewahrte, den falschen Weg einzuschlagen, wie auch bei seiner Ausreise aus Nazideutschland, als ihn eine unsichtbare Hand am Arm durch einen Seitengang zu einem Grenzübergang führte, an dem keine Nazi-Posten stationiert waren. Ohne diese Hilfe wäre er wahrscheinlich aufgrund seiner jüdischen Abstammung festgenommen und in ein Konzentrationslager gesteckt worden.

Sein Hauptanliegen war es, mit der *BPS* das *Dhamma* weltweit bekannt zu machen. Zur Zeit ihrer Gründung gab es keine vergleichbare Organisation und schon nach einigen Jahren erlangte sie hohes Ansehen für die Qualität ihrer *The Wheel Publications*, der kleineren *Bodhi Leaves* und der später folgenden Veröffentlichung von umfangreicheren Büchern. Bereits vor unserem gemeinsamen Aufenthalt in der Einsiedelei hatte ich einige Beiträge für die *Wheel*-Reihe geschrieben, insbesondere *The Blessings of Pindapata*, ein Beitrag, der meine Erfahrung mit der täglichen Almosenrunde in Thailand beschrieb und *With Robes and Bowl*, eine Schilderung des asketischen Lebens eines Mönches in den dortigen Höhlen und Wäldern.

Während meines einjährigen Aufenthaltes in der Einsiedelei bestand mein Hauptbeitrag zur buddhistischen Literatur im Redigieren der von einem Mönchsbruder des Ehrw. Nyāṇaponika, dem Ehrw. Nyāṇamoli, angefertigten englischen Übersetzung von neunzig der 152 Sutten der *Majjhima-Nikāya* (Lehrreden der Mittleren Sammlung). Seine drei Notizbücher mit handschriftlichen Übersetzungen, Änderungen, Berichtigungen und einer Reihe kritischer Anmerkungen waren die Basis für die gekürzte Fassung, die ich zu veröffentlichen wünschte. Leider sah Nyāṇaponika aufgrund der damaligen Papierknappheit und anderer Schwierigkeiten, die den Druck betrafen, keine Möglichkeit einer Veröffentlichung durch die *BPS*, sodass sie schließlich in Thailand in drei Bänden herausgegeben wurde. Oft stieg ich die Treppe hinunter, um Nyāṇaponika bei schwierigen Pāli-Fragen um seine Hilfe zu bitten, die für mich von unschätzbarem Wert war. Dann legte er seine eigene Arbeit beiseite, streckte seine Beine aus und verschränkte seine Hände hinter dem Kopf. Nachdem er sich so gestreckt hatte, gab er seine fundierte Stellungnahme ab, ganz gleich zu welchem Thema man ihn fragte. Ich fand seine Antworten immer kurz, präzise und undogmatisch. Mit einem "Was denkst du denn darüber...?" pflegte er mich um meine Meinung zu dem jeweiligen Thema zu bitten. Ohne seine ständige Hilfe hätte ich jene Arbeit nicht vollenden können.

Ein anderes Werk, das ich in Thailand über die "Zehn Möglichkeiten des Erwerbs von Verdiensten" verfasst hatte und dessen mehrere Notizbücher umfassendes handschriftliches Manuskript vielleicht noch immer in einer Ecke der *BPS* schlummert, wollte er nur ungern über die *BPS* veröffentlichen lassen. Es handelte sich dabei um einen Versuch, die Laienpraxis in der heutigen Gesellschaft anzusprechen. Wie dem auch sei – und ich bin sicher, dass Nyāṇaponika dies erkannte – der alte Rahmen war kaum mehr ausreichend für die Lebensbedingungen der modernen, weitaus komplexeren Welt.

Ich stellte fest, dass Nyāṇaponika der Lehre anderer buddhistischer Traditionen offen und tolerant gegenüberstand. Als Beweis hierfür enthalten seine beiden Werke *The Heart of Buddhist Meditation* und *Buddhism and the God-Idea* Auszüge und Abhandlungen aus Mahayāna Lehrreden. Daher war es auch nicht weiter verwunderlich, dass er akzeptierte, einige meiner auf Mahayāna-Quellen basierenden Arbeiten zu veröffentlichen. So zum Beispiel die Gedichte, die ich aus *The Hundred Thousand Songs of Milarepa* sammelte und in Form einer Anthologie unter dem Titel *Sixty Songs of Milarepa* in der *Wheel*-Reihe veröffentlichte. Natürlich wählte ich das Material so aus, dass es als gemeinsame Lehrgrundlage aller buddhistischer Schulen gelten konnte. In derselben Reihe erschien auch *The Last Words of the Buddha*, ein Vortrag aus dem Chinesischen, der meiner Meinung nach besonders gute Anweisungen enthält. Auch erinnere ich mich, dass die *BPS* aus Anlass eines *Vesākha*-Festes einige Auszüge des Mahāvastu unter dem Titel *A Vesākha Offering* herausbrachte. Bestimmt vertrat er nicht die in Sri Lanka weit verbreitete Auffassung, dass nur Theravāda-Schüler die rechte Erkenntnis hätten; eine Auffassung, die für gewöhnlich von denjenigen bekundet wird, die sich nie mit dem Mahāyana auseinandergesetzt haben und die selbst einige der dort ansässigen westlichen Mönche angesteckt hat.

Der Ehrw. Nyāṇaponika stimmte mit mir darin überein, dass die ziemlich fade äußere Aufmachung der frühen *Wheel*-Ausgaben ihrer großen inhaltlichen Bedeutung nicht gerecht wurde und erkannte, dass man sie attraktiver gestalten sollte. Obwohl ich kein sehr guter Künstler war, entwarf ich mehrere Designs, die die *Wheel*-Ausgaben von 1975-76 und insbesondere Nyāṇaponikas hervorragende Textsammlung *The Roots of Good and Evil* schmückten.

Eines Tages, als ich umgeben von meinem dreiseitigen Waldpanorama über einem Schreibtisch voller ausgebreiteter Bücher an Nyāṇamolis Übersetzung der *Majjhima-Nikāya* arbeitete, sah ich den Postboten auf seinem Fahrrad mit einem Telegramm herankommen. In diesem Moment wusste ich irgendwie, dass meine Mutter gestorben war. Das Telegramm wurde unten von Nyāṇaponika in Empfang genommen. Nachdem er den Postboten verabschiedet hatte, hörte ich, wie er mit langsamen Schritten die Treppe heraufstieg. "Es tut mir sehr leid, Khantipalo", sagte er, "aber ich habe versehentlich dein Telegramm geöffnet. Es tut mir sehr, sehr leid." Natürlich sorgte er sich nicht, weil er versehentlich die Sendung geöffnet hatte, sondern vielmehr, weil meine Mutter gestorben war. Nachdem er langsam die Treppe hinunter gegangen war, folgte ein sehr langes und tiefes Schweigen, das über die gewohnte Stille des Waldes hinausging. Diese tiefe Stille, die, wie ich fühlte, vom Herzen des Mahāthera ausging, war sehr tröstend für mich.

Es gehörte zu unserem täglichen Programm, den abendlichen Waldspaziergang noch vor Einbruch der Dunkelheit zu machen. An einem Abend war es ihm jedoch mit Hilfe seiner Anhänger in Kandy gelungen, uns einen näheren Blick auf den Schrein der Reliquie im Zahntempel zu ermöglichen, als es für normale Besucher möglich ist. An diesem Nachmittag muss ich eine Pause von der Bücherarbeit eingelegt haben, um einige westliche *Dhamma*-Schüler auf der anderen Seite des Waldes zu treffen. Ich verließ sie ziemlich spät und wurde, als ich über die Waldpfade eilte, mehrmals von Blutegeln gebissen. Sehr stark blutend erreichte ich schließlich die Einsiedelei. Nachdem Nyāṇaponika mich verarztet hatte, wurden wir schnell nach Kandy gefahren. Die für die Abend-*Pūjā* verantwortlichen Mönche zeigten sich nicht sonderlich beeindruckt von meinen triefenden Beinen und Füßen. Nyāṇaponika jedoch erklärte ihnen, was geschehen war. Ein Ereignis, das – so vermute ich – in ihrem reibungsloseren Dasein noch nicht vorgekommen war.

Einen weiteren gemeinsamen Ausflug mit dem Mahāthera unternahm ich 1975 aus Anlass der *Perahera*, der Prozession der Zahnreliquie durch die Strassen von Kandy. „Natürlich musst du sie sehen", sagte Nyāṇaponika, als er erfuhr, dass ich die Prozession noch nie miterlebt hatte. Mit Hilfe eines einflussreichen Laienbruders arrangierte er eine Einladung, bei der wir beide das gesamte Ereignis von der achteckigen *Pittirippuva* des Zahntempels aus beobachten konnten. Wir verbrachten den Abend damit, den Beginn der Prozession der Elefanten und der traditionell gekleideten Tänzer zu Ehren der Zahlreliquie des Buddhas zu beobachten.

Für mich war Nyāṇaponika ein Beispiel natürlicher Allgüte und während unseres einjährigen Zusammenlebens bemerkte ich keine Zeichen von Ärger bei ihm. Zwischen uns gab es keinerlei Spannungen. Bei meinen Fragen war er immer geduldig und ich fühlte mich geehrt, einen so gelehrten Meister zu haben, der doch so bescheiden in Bezug auf seine eigenen Erfahrungen war. Obwohl er in Burma *Vipassanā*-Meditation praktiziert und, wie ich annehme, recht große Übung darin erlangt hatte, war nur äußerst wenig von ihm über seine diesbezüglichen Fertigkeiten zu erfahren.

Auch war er ein Mönch mit einer sehr starken Verbindung zu Büchern, während seine Neigung zum Lehren und Organisieren von Schülern weniger stark war. Sein Lebensstil war eher der eines Einsiedlers oder sogar eines *pacceka-buddha* (eines zurückgezogenen Buddha). Er sah sich nicht nach möglichen Schülern um und wenn sie zu ihm kamen, schickte er sie zu anderen Lehrern. In diesem Punkt unterschied er sich von seinem eigenen Lehrer, dem Ehrw. Nyāṇatiloka Mahāthera, der viele Schüler unterrichtet hatte. Ich erinnere mich, mit ihm darüber diskutiert zu haben, und er sagte mir, dass seine karmischen Resultate darin bestünden, Bücher hervorzubringen, nicht Schüler.

Obwohl mein Jahr mit ihm durch die verschiedenen Aspekte der Buchproduktion geprägt war, spürte ich gegen Ende meines Aufenthaltes, dass mein Weg den Menschen zu helfen im unmittelbaren Lehren bestand. Aus diesem Grunde sagte ich ihm, dass ich nach Thailand und dann nach Australien zurückzukehren wünschte, um meine dort begonnene Arbeit fortzusetzen. Da wir sehr gute Freunde waren, bedauerte er meine Entscheidung. Vielleicht hatte er gehofft, ich würde seine Nachfolge in der Leitung der *BPS* antreten, obwohl ich dies nie angestrebt hatte. Nach zwei weiteren Jahren des Lehrens in Australien kam ich in die glückliche Lage, dass mir im Busch außerhalb von Sydney Land angeboten wurde, wo ich mit Hilfe der Spenderin Ilse Ledermann (später Ven. Ayyā Khemā) die noch heute florierende erste Waldzuflucht Australiens *Wat Buddha Dhamma* gründete. Dort lehrte ich vierzehn Jahre lang bis 1991. Ich korrespondierte auch weiterhin mit dem Ehrw. Nyāṇaponika und beteiligte mich in Form von Broschüren an der *Wheel*-Reihe.

Mein Jahr mit dem Ehrw. Nyāṇaponika war wie ein Juwel, das mein Verständnis des *Dhamma* in erheblichem Maße vertiefte. Meiner Meinung nach gehörte er zu denjenigen, die das *Dhamma* für sich selbst erkannt haben und ihr Licht verbreiten zum Wohl aller fühlenden Wesen.

* * *

Zweiter Teil

Im Lichte der Freundschaft

Vertrauen ist der kostbarste Besitz des Menschen,
Die Lehre, recht vollbracht, führt ihn zum Glück.
Die Wahrheit, wahrlich, ist der süßeste Geschmack.
In Weisheit leben, nennt man bestes Leben.

Sn.p. 182

Ein edler Freund der Welt

Bhikkhu Bodhi

In der weiteren buddhistischen Welt wurde der Ehrwürdige Nyāṇaponika Mahāthera schon lange als herausragender Gelehrter und Vertreter des Theravāda Buddhismus geachtet, als Autor und Übersetzer, Herausgeber und Verleger. Aber diejenigen von uns, die das große Glück hatten, ihn aufgrund einer persönlichen Beziehung näher zu kennen, entdeckten bald, dass der Ehrw. Nyāṇaponika noch eine weitere Rolle in unserem Leben erfüllte, die vor allen anderen zu nennen ist. Es war die eines *kalyāṇamitta*, eines geistigen Freundes. Der geistige Freund im Buddhismus ist etwas deutlich Erhabeneres als ein geselliger Gefährte, mit dem man lediglich Aktivitäten und Interessen teilt. Er ist gleichzeitig ein Lehrer, Helfer und Freund. Als Lehrer zeigt er uns den Pfad, der zum Ziel der Befreiung führt; als Helfer unterstützt er uns beim Gehen des Pfades; als Freund begleitet er uns auf der Reise, gibt uns treu Ermunterung und Rat.

Der Buddha betonte oft die Bedeutung geistiger Freundschaft, und nannte sie die wichtigste äußere Unterstützung für den Fortschritt der Übenden im *Dhamma*. Der Ehrw. Nyāṇaponika zeigte mit seinem Leben und seiner Person, dass die Betonung dieser Bedingung durch den Erwachten nicht übertrieben ist. Für viele Menschen, in deren Leben er im Laufe der Jahre getreten war, wurde er ein wahrer und *edler Freund*, immer bereit, sein Wissen und Verständnis zu teilen, Ermutigung und Unterstützung zu gewähren. In einer Zeit, in der die zwischenmenschlichen Beziehungen so schrecklich durch das Wettbewerbs- und Lustverhalten unserer kommerziellen Kultur unter Druck geraten sind, besaß er die seltene Gabe, tiefe Freundschaften zu pflegen, die beide Partner der Beziehung wandelte und veredelte. Es ist deshalb kein Wunder, dass er selbst in seinen Achtzigern und Neunzigern noch Freundschaften pflegte, die in den dreißiger Jahren des 20. Jahrhunderts entstanden waren.

Der Ehrw. Nyāṇaponika war keine charismatische Persönlichkeit, keine von der Art, die gleich einen überwältigenden Eindruck auf diejenigen macht, die in ihre Nähe kommen. Sein Wesen war einfach, bescheiden und in keiner Weise anmaßend, vollkommen frei von dem Zwang, andere zu dominieren oder sie zu drängen, seine Sichtweise anzunehmen. Bewunderung seiner Person perlte von ihm ab, wie Wasser von einem Blatt. Wenn er für seine Bücher gelobt wurde, zitierte er häufig die Worte des chinesischen Weisen Konfuzius: "Ich bin kein Schöpfer, sondern nur ein Vermittler der Weisheit Alter Meister." Er war so völlig ohne Anspruch und Anmaßung, dass es für jemanden, der ihn nur oberflächlich erkannte, leicht war, seine wahre Größe zu übersehen. Wie er es selbst einmal zum Thema Achtsamkeit ausgedrückt hat, kann man von ihm sagen, dass er jemand war "dessen Tugenden im Stillen leuchteten". Man musste ihn schon sehr gut kennen, um seinen Wert ganz schätzen zu lernen. Wenn man die Bekanntschaft mit ihm jedoch pflegte, war es möglich, hinter seiner zurückhaltenden Art eine Fülle geistiger Qualitäten zu entdecken, die einem die Gewissheit gaben: "Hier ist in der Tat eine Person von seltener Reife, der man als Lehrer und Wegweiser vertrauen kann."

Der Ehrw. Nyāṇaponika konnte so eindrucksvoll als ein geistiger Freund dienen, weil seine Person die Tugenden verkörperte, die wesentlich für eine solche Freundschaft sind. Unter den herausragendsten Merkmalen seines Wesens heben sich in dieser Hinsicht in meinem Gedächtnis zwei besonders ab. Das Eine war ein unvoreingenommenes, ausgewogenes und vorsichtiges Urteilsvermögens, das Andere eine unerschöpfliche Fülle von warmherziger, menschlicher Zuneigung. Es sind die beiden Qualitäten von *Weisheit* und *Mitgefühl*, die großen "Zwillingspfeiler" auf denen das gesamte *Buddha-Dhamma* ruht. Aber hier finden wir sie nicht in den luftigen Höhen philosophischer Wahrheit und religiösen Strebens, sondern in den heimischen Gefilden zwischenmenschlicher Beziehungen, wo sie ihr Zuhause haben sollten, aber die so häufig voller Fallstricke und Enttäuschungen sind.

Aufgrund der Fülle seiner menschlichen Zuneigung war der Ehrw. Nyāṇaponika immer bereit, anderen Beistand und Rat zu gewähren. Seine freundliche Anwesenheit vermittelte selbst jenen, die ihn erst kurz kannten, das Vertrauen, dass er jemand war, der sich an ihrem langfristigen Wohl orientierte und auf dessen Hilfe man auf jede denkbare Weise zählen konnte. Wann immer er im Umgang mit persönlichen Schwierigkeiten um Rat gefragt wurde, machte er infolge seines ausgewogenen Urteilsvermögens zuerst Gebrauch von seiner scharfen Intelligenz, um das Problem in seine Bestandteile zu zerlegen. Dann beleuchtete er es aus jedem erkennbaren Blickwinkel, um zum Schluss Lösungen anzubieten, die präzise im Einklang mit den komplexen ethischen, praktischen und persönlichen Anforderungen des ursprünglichen Problems standen.

Der Charakter des Ehrw. Nyāṇaponika war eine wunderbare Mischung der vier "erhabenen Weilungen" *(brahma-vihāra)*, über die er so tiefgründig und mit großem Scharfsinn geschrieben hat, was jemandem unmöglich gewesen wäre, der nicht selbst von diesen Qualitäten durchdrungen ist. Obwohl seine würdige Erscheinung beeindruckte, war er doch leicht zugänglich. Er brachte nicht nur jedem, der zu ihm kam, unerschöpfliche Freundlichkeit entgegen und Mitgefühl, soweit sie dessen bedurften, sondern hatte auch ein Auge dafür, die in einer Person schlummernden positiven Kräfte zu entdecken, was seine Fähigkeit zu Mitfreude *(muditā)* ausdrückte. Mit aufrichtiger Fürsorge verhalf er anderen dazu, sich ihrer verborgenen Stärken bewusst zu werden, die so oft aufgrund von quälendem Selbsthass geleugnet werden, und er ermutigte sie dazu, diese Qualitäten zu pflegen und zur Reife zu bringen. Immer drückte er seine Anerkennung der guten Qualitäten anderer aus, sogar wenn sie deutlich von Fehlerschichten und Schwächen überlagert wurden. In den vielen Jahren engsten Kontaktes zu ihm, konnte ich niemals bei ihm eine Spur von Unmut, Missgunst oder Konkurrenzdenken entdecken.

Sein Sinn für Dankbarkeit war ebenfalls sehr ausgeprägt. Er schien sich an jeden Gefallen zu erinnern, den man ihm getan hatte, auch wenn er viele Jahre zurücklag. Während der letzten Jahre seines Lebens meditierte er täglich über Dankbarkeit. Mit seinen Eltern beginnend, sandte er Gedanken der Dankbarkeit zu den vielen Menschen, die ihm in seinem Leben geholfen hatten: zu seinem Lehrer, dem Ehrwürdigen Nyāṇatiloka, und seinen früheren Weggefährten im *Dhamma*, zu seinen Mitarbeitern von der *Buddhist Publication Society (BPS)*, bis hin zu seinen gegenwärtigen Laienunterstützern und Freunden. Wenn wir die offensichtlichen Unterschiede zwischen einem vervollkommneten Arahant und einem, der noch auf dem Weg ist, berücksichtigen, könnte das, was er einmal selbst über einen der Hauptjünger des Buddha, den Ehrwürdigen Sāriputta Thera, geschrieben hat, auch fast über ihn selbst geschrieben worden sein: "Er war nicht kalte, unnahbare Vollkommenheit, sondern die reichste Mischung von geistiger Erhabenheit mit den vornehmsten und liebenswertesten Eigenschaften eines Menschen."

Wenn ich über die Laufbahn des Ehrw. Nyāṇaponika als Vertreter des *Dhamma* nachdenke, bin ich zutiefst davon überzeugt, dass sein Werk als Autor, Herausgeber und Verleger in seiner Essenz als eine weltweite Ausdehnung seiner Fähigkeit zu *geistiger Freundschaft* gesehen werden sollte, die er so reichlich an jene verschenkte, die mit ihm in persönlichen Kontakt kamen. Seine ganze Selbstverpflichtung zur Verbreitung des *Dhamma*, besonders als Präsident und Herausgeber der *Buddhist Publication Society*, wurde der Kanal, durch den er seine Funktion als *edler Freund der Welt* ausüben konnte: als Lehrer, Helfer und Wegweiser für tausende von Menschen in fernen Ländern, die niemals über die Schwelle seiner Einsiedelei im Udawattakele Naturschutzgebiet treten würden.

Sowohl in seinen persönlichen Freundschaften, als auch in dieser weltumarmenden Freundschaft, gaben dieselben beiden Qualitäten den Ton an – *Weisheit* und *Mitgefühl* – gestützt auf eine unbeugsame Zielstrebigkeit und eine enorme Energie. In seiner Rolle als Abgesandter des *Dhamma* waren *Weisheit* und *Mitgefühl* von den Begrenzungen befreit, die zwischenmenschlichen Beziehungen eigen sind. Indem er es zuließ, dass sich seine Weisheit entsprechend ihrer eigenen inneren Dynamik entfaltete, konnte sie das gesamte Feld der Lehren des Buddha durchstreifen, um sie in ihrer Tiefe zu durchdringen, während sein Mitgefühl die schwierigen Herausforderungen auf sich nahm, das *Dhamma* so zu präsentieren, dass es anderen den Weg zur Leid-Freiheit weisen konnte.

Obwohl die Fähigkeiten des Ehrw. Nyāṇaponika als Gelehrter beeindruckend waren, liegt seine wahre Größe nicht allein darin, denn seine Fertigkeiten als Vertreter des *Dhamma* reichten weit über die Grenzen objektiver Gelehrsamkeit hinaus. Aus meiner Sicht liegt die Krönung seines Wirkens in seinen eigenen Schriften, in der vollendeten Geschicklichkeit, mit der er zu der grundlegenden Bedeutung der Buddha-Lehre für die Menschen von heute durchgedrungen ist. Aus meiner Sicht kommt sein Werk zu uns wie eine Lichtsäule des *Dhamma*, die gelenkt ist von einem brillanten Geist, genährt vom besten Boden europäisch humanistischer Tradition: nüchtern, zurückhaltend, realistisch, nicht autoritär; respektvoll gegenüber der Fähigkeit zu menschlicher Anstrengung; orientiert an der eigenen Erfahrung bei der Suche nach Wahrheit; erhaben in seinem Streben und dennoch bodenständig in seinem Ausgleich des Rohmaterials der menschlichen Natur. Jedoch, wo der weltliche Humanismus so oft in den Sackgassen des Materialismus und einer existenziellen Verzweiflung endet, entwickelt sich der "Buddhistische Humanismus" des Ehrw. Nyāṇaponika zu einem Weg der Wandlung, der "im Todlosen mündet und das Todlose als seine Erfüllung und sein letztes Ziel hat."

Hinter seinem Werk stand ein einfacher, bescheidener, sich im Hintergrund haltender Mönch, fleißig und gewissenhaft in seiner Verpflichtung, bewegt von einem unerschütterlichen Vertrauen zum *Dhamma* und von einem Mitgefühl für Männer und Frauen, die im geistigen Labyrinth unserer Zeit nach Orientierung und einer Richtung suchen.

Nun hat uns dieser *edle Freund* verlassen, dieser *kalyāṇamitta* der Welt. Er hat uns zurückgelassen, und wir fühlen die Leere seiner Abwesenheit, gleichzeitig aber auch eine überwältigende Dankbarkeit dafür, dass er uns das kostbare Geschenk seiner Freundschaft gegeben hat, und durch seine Freundschaft das Geschenk des *Dhamma*. Als sein Nachfolger als Präsident und Verleger der von ihm gegründeten Gesellschaft, wünsche ich aufrichtig, dass es uns gelingen möge, dieses Vermächtnis lebendig zu erhalten und dass die *Buddhist Publication Society* weiterhin ihre Funktion mit Vitalität und Zielstrebigkeit erfüllen möge, sodass sie seine freudige Wertschätzung erfahren hätte.

Und meinem geistigen Wegweiser und engsten Freund, dem Ehrwürdigen Nyāṇaponika Mahāthera, wünsche ich für seinen vorübergehenden Aufenthalt in *Saṁsāra*, dass all sein tugendhaftes Streben bald zur Erfüllung gelangen möge. Möge er ungehindert das vom Buddha gewiesene höchste Ziel erreichen: *Nibbāna*, das Todlose!

* * *

Forest Hermitage Bhikkhu Bodhi und Nyāṇaponika Mahāthera

Zum Gedenken

Irmtraut Anders-Debes

Ich lernte den Ehrwürdigen Nyāṇaponika Mahāthera bei einem seiner Besuche in Hamburg im Sommer 1970 kennen. Wir sprachen sehr angeregt über Themen der Lehre in kleinem und größerem Kreis, und ich war Zeugin seiner Lehrkenntnis und seiner schlichten, freundlichen und bescheidenen Art im Umgang mit uns.

Der Besuch dieses strebenden Mahāthera, wie wir ihn aus den Lehrreden kennen, wirkte als Vorbild lange nach, und seine so geduldig ertragene Leidenszeit in den letzten Lebensjahren, von der wir nur fern hörten, lässt uns voll Ehrfurcht an ihn denken.

Über die Freundschaft

Paul Debes

Das Grundelement der Freundschaft liegt im Seelischen und nicht im Geistigen. Natürlich ist an jeder Freundschaft auch das Geistige beteiligt insofern, als solche Menschen, die seelisch guten Kontakt zueinander haben, gemeinsame geistige Bestrebungen finden. Was uns aber zur Freundschaft mit anderen Menschen führt, ist stets in erster Linie die gefühlte Wohltat im Umgang mit anderen, und das hängt damit zusammen, dass die seelische Struktur des anderen, sein Gefühlsleben, in irgendeiner Weise mit dem unsrigen harmoniert, sei es als Gleichheit oder als Ergänzung.

Wie verhält sich aber der normale Mensch? Er sieht auf die Fehler des Nächsten. Er sieht nicht, worin der andere groß ist, sondern worin er klein ist. Und so hat er meistens kleinere Vorbilder, als er sie sich aus derselben Umgebung herausholen könnte. Ein Mensch, der hauptsächlich die Fehler des anderen sieht, nimmt sich daraus das Recht, auch klein zu sein. Dahinter steckt oft Bequemlichkeit. Aus Bequemlichkeit entschuldigt man seine eigenen Schwächen mit dem Hinblick auf die Fehler der anderen.

Wer aber weiterkommen will, der sucht die innere Vollkommenheit zu gewinnen, macht sie sich zum Maßstab und ruht nicht eher, als bis er sie erreicht hat. Das gelingt um so leichter, wenn man bei dem anderen Menschen nur auf dessen beste Charaktereigenschaften achtet und über die anderen hinwegsieht. Wer diesen Ratschlag beherzigt, kann schon in kurzer Zeit in einer unvergleichlich besseren Umgebung wohnen, ohne die Menschen auszutauschen. In unserer Umgebung, bei allen unseren Freunden, bei unseren alten Lebenskameraden, mit denen wir schon jahrelang zusammen sind, kennen wir ihre Schwächen, aber auch ihre Stärken. Wenn wir auf diese Stärken mehr achten, auch bei den Menschen, mit denen wir seltener Umgang haben, auf das Große sehen und das Große mehr ansprechen, dann wird der andere aus seinem Besten heraus antworten. Das ist eine große Hilfe zum Vorwärtskommen in dieser Welt und auch in der nächsten Welt.

* * *

Betrachtung über den Kehrreim im Gleichnis von der abgetragenen Haut

Nyāṇaponika Mahāthera

Wer nicht zu weit ging, nicht zurückblieb,
Wer diese ganze Weltausbreitung überwand,
Ein solcher Mensch gibt beide Seiten auf,
Wie eine Schlange alte, abgenutzte Haut.

(Sutta-Nipāta, Vers 9)

Wie eine Schlange bei ihrem Bemühen, ihre alte Haut abzuwerfen als Stütze einen Stein oder eine Baumwurzel benutzt, ebenso – so sagen die alten Lehrer – sollte der strebende Nachfolger bei seinem Bemühen um völlige Befreiung vollen Gebrauch von der Unterstützung durch edle Freundschaft machen. Eines Freundes wachsame Anteilnahme, sein weiser Rat und sein anregendes Beispiel mag bedeutsame Hilfe sein in dem schweren Unterfangen, sich zu lösen von dieser lästigen Hölle der Leidenschaften, Schwächen und hartnäckigen Gewöhnungen, die der Mensch mit sich schleppt.

Oft und nachdrücklich hat der Buddha den Wert edler Freundschaften gepriesen. Wenn dies für das geistige Leben eines Mönches und einer Nonne zutrifft, dann gibt es um so mehr Gründe, edle Freundschaft zu schätzen in dem gewöhnlichen Weltleben mit all seinen Härten und Gefahren, Kämpfen und Versuchungen und seinem fast unvermeidlichen Kontakt mit Toren und Gaunern. Edle Freundschaft, die so selten und kostbar ist, wurde durch die Jahrtausende hindurch von Dichtern und Denkern in herrlich schönen und tiefen Worten gerühmt. Nichts, was nicht eine Abschwächung wäre, können wir dem hinzufügen!

Nur kurz sei daran erinnert, was der edle Freund uns sein kann: Spiegel und Maßstab unserer selbst, Beispiel und Vorbild, Ansporn und Tröster, Rater und Helfer, mahnendes Gewissen, Hort der Geheimnisse unseres Innern; verstehend und begütigend, wo andere verurteilen; Gefährte unserer Freude, die dadurch wächst; Gefährte unseres Leids, das dadurch leichter wird.

Edle Freundschaft, wahrlich, gehört zu den wenigen tröstlichen Dingen in einer Welt, die man häufig genug als trostlos bezeichnen möchte, gäbe es in ihr nicht den höchsten Trost: die Botschaft des Buddha von der Möglichkeit und dem Weg der Erlösung!

* * *

Briefe einer Freundschaft

Nyāṇaponika Mahāthera und Lāma Anagārika Govinda

Während der gemeinsamen Internierung durch die Briten in Dehra Dun, Indien (1941-1945), entstand zwischen Govinda und Nyāṇaponika eine spirituelle Freundschaft, die bis zum Tode Govindas im Jahre 1985 dauerte und durch eine intensive Korrespondenz über einen Zeitraum von vierzig Jahren vertieft wurde.

4.8.1945

Guten Morgen, mein lieber Ponika!

Ich sitze in meinem kleinen Lakhang, dem "Haus der Götter", wie die Tibeter einen Schreinraum oder Tempel nennen – und ich fühle mich in der Tat umgeben von guten Geistern in diesem stillen Heiligtum zu Füßen des *Tathāgata.* Einer dieser guten Geister, die in diesem Raum wohnen, bist Du, mein lieber Ponika. Jeden Morgen, wenn ich unser *Vandana* und das *Mettā-Sutta* chante, fühle ich Deine Gegenwart. Aber ich vermisse Deine liebe Stimme, und so begleite ich mich selbst zum Rhythmus meiner wunderschön tieftönenden *Damaru,* die all die Jahre still auf mich wartete. (...)

Dein lieber Brief brachte mir viel Freude, und ich bin wirklich tief gerührt, dass Du Dich meiner in solch einer lieben Art und

Weise erinnerst. Ich freue mich, dass Du etwas mehr in Gesellschaft bist. Dies ist für Dich selbst wie auch für die andern gut. Nur durch den Kontakt mit den andern können wir den Wert unserer Konzentration prüfen.

"Ist der Geist nicht in Unruhe, dann können zehntausend Dinge keinen Anstoß bieten", wie Tao Hsin sagt.

Vermutlich hat mein Brief Dich inzwischen erreicht. Ich war in jenen ersten Tagen in keinem glücklichen Gemütszustand. Es ist leichter, eines Menschen Freiheit zu nehmen, als sie ihm zurückzugeben. In der Tat kann man nicht einem Menschen Freiheit *geben* (wie man ein Stück Kuchen gibt). Wenn man sie verloren hat, so muss man sie Stück für Stück wieder erwerben; und dies ist ein langer und schmerzlicher Prozess. (...)

In Liebe und mit guten Wünschen
herzlich immer Dein G.

* * *

Gyantse,
(ohne Datum, gegen Ende 1947)

Mein lieber Ponika,

Deine lieben Briefe und die wundervollen Manuskripte, die Du mir sandtest, haben mich mit Freude und Rührung erfüllt. Ich weiß, dass ich keinen besseren und treueren Freund in der Welt habe als Dich und dass Du genügend innere Größe und Weitherzigkeit hast, um auch die seltsamsten Wege und Umwege eines Freundes zu verstehen. Mein Schweigen hatte keinen anderen Grund als die physische Unmöglichkeit, mit den Ereignissen und Notwendigkeiten des Lebens Schritt zu halten, und Du kannst mir glauben, dass ich tief unter dieser Unfähigkeit leide, denn gerade in diesen schwierigen Zeiten bedarf ich mehr denn je der Aussprache mit Menschen, die mir nahe stehen. (...)

Hab Dank für Deine lieben Glückwünsche. Es ist schwer, in dieser Welt glücklich zu sein, insbesonders, wenn man ein fühlendes und empfindsames Herz hat. (...)

Ich will Dich jedoch nicht mit meinen Sorgen beschweren. Es genügt, dass Du weißt, dass ich weiter kämpfe und strebe und mit Dir eins bin im großen Ziel. (...)

Es gedenkt Deiner stets in inniger Freundschaft
Dein Govinda

* * *

Sett Villa, Matheran
15.2.1950

Mein lieber Ponika,

(...) Wie lange wollte ich Dir schreiben und Dir nach dem Lesen Deines *Satipaṭṭhāna* Buches nochmals danken für die außerordentlich schöne und tiefe Darstellung dieses Themas. (...) Ich habe ebenso große Achtung vor des Buddha *Satipaṭṭhāna Sutta*, aber wenn ich die haarspalterischen und in Nebensächlichkeiten sich verbreitenden Erklärungen der Kommentatoren lese, dann komme ich zu der Überzeugung, dass diese Leute nie in ihrem Leben Meditation geübt haben; und es ist darum nicht verwunderlich, dass spätere Generationen, denen solche Gemeinplätze und Mittelmäßigkeiten zur Nacheiferung empfohlen wurden, mit der Zeit die Fähigkeit zu wirklicher Meditation verloren. (...)

Stets Dein Govinda

* * *

Island Hermitage,
Dodanduwa, den 1.1.1952

Mein lieber Govinda!

Dein lieber Brief traf gestern ein, gerade rechtzeitig zum Jahresschluss. Ich freue mich herzlich, dass ich noch im alten Jahr von Dir Nachricht hatte und den ersten Brief im neuen an Dich richten kann. (...)

Bhante und ich sind vom burmesischen *Buddha Sāsana Council* und vom Premier-Minister eingeladen worden, nach Burma zu kommen zum Zwecke von Besprechungen: erstens, über Mission im Westen; zweitens, über die geplante authentische Übersetzung des *Tipiṭaka* ins Englische. Wir werden wohl im Laufe des Januar fahren und gedenken, uns dort etwa einen Monat aufzuhalten. Diese Aufforderung zur Mitarbeit habe ich freilich mit etwas gemischten Gefühlen aufgenommen: einerseits mit Freude über die großzügigen und wichtigen Pläne der burmesischen Regierung und der Möglichkeit, dabei mitzuhelfen; andererseits aber mit der Befürchtung, dass dies meine eigenen Pläne und Absichten empfindlich stören mag. Denn mein Wunsch für die nächsten Jahre war es eigentlich, mehr und mehr an "äußerer Arbeit" abzubauen und vor allem, nach wie vor, engeren oder ausgedehnten Kontakt mit der Außenwelt zu vermeiden. Doch im Hinblick auf die Wichtigkeit all der verschiedenen burmesischen Pläne für die Zukunft des *Sāsana* gerade in der jetzigen Zeit-Situation habe ich trotz meiner "gemischten Gefühle" keinen Moment mit meiner Bereitwilligkeit gezögert, mich gänzlich einzusetzen, wenn meine Hilfe gewünscht wird und von Nutzen sein kann. Zudem habe ich auch selber ein wenig dazu beigetragen, mich in diese Situation zu bringen: Als es bekannt wurde, dass zu den Aufgaben des burmesischen *Sāsana*-Departement auch Auslands-Mission gehört, habe ich vor einigen Monaten einen Appell an den uns von seinem Besuche bei uns bekannten Premier-Minister gerichtet, Deutschland zu berücksichtigen und hatte ausführliche Vorschläge unterbreitet. Hierüber soll nun auch in Burma gesprochen werden und es sollte mich freuen, wenn ich etwas für den deutschen Buddhismus erreichen kann. Es ist sehr nötig. (...)

Mit allen guten Wünschen und herzlichen Grüßen
stets Dein Nyāṇaponika

* * *

Auf der Rückreise
S/S "Warwickshire", den 21.3.1952

Mein lieber Govinda!

Dank für Deinen lieben Brief vom 29.2. Als ich Dir meinen ersten Brief aus Burma schrieb, konnte ich noch nicht ahnen, wie bedeutsam dieser Aufenthalt für mich werden wird. Meine Meditationswoche war fraglos das wichtigste innere Ereignis meines Lebens und ich hoffe, dass es das Bestimmende bleiben wird. Diese Tage haben mich zutiefst erschüttert. Die außerordentliche Wirkungskraft dieses so schlichten und einfachen *Satipaṭṭhāna*-Weges, bisher wohl intellektuell begriffen, intuitiv erfühlt, aber nur schwächlich erfahren, wurde nun erstmalig zu unmittelbarer, selbst erarbeiteter Gewissheit. Und dies war, wie ich sehr wohl weiß, erst ein sehr bescheidener Beginn. Es war harte Arbeit und nicht gerade unter günstigen Umständen: vorherige "Geschäftigkeit" und vier Tage leicht fiebrige Erkältung; doch ich hielt durch. Es war in den letzten drei Tagen, dass sich die Erfahrungen und Ergebnisse geradezu überstürzten. (...)

Die Unterweisung ist vom echten, kompromisslosen *Satipaṭṭhāna*-Geist getragen: radikaler Appell an die eigene Erfahrung, keine theoretischen Erklärungen, kein "intellektuelles Antizipieren", keinerlei "Suggestionen". Man wird allein gelassen mit einer strikten, den ganzen Tag erfassenden Achtsamkeits-Schulung mit einigen wenigen, scheinbar monotonen Grund-Themen. Um so erschütternder ist es, wenn diese bisher stummen Dinge plötzlich zu sprechen beginnen. "Bleibe gewahr! Die Erkenntnis wird von selber aufsteigen!" *(nāma-rūpa dhamme manasi karohi yeva; ñānaṃ sayam eva uppajjissati).*

Manch anderer Gewinn wurde mir noch zuteil: praktische Erfahrungen im "Umgang mit mir selber", besonders bei der Meditation; manche Meister-Worte erhielten plötzlich neues Leben und bewegten mich nahezu zu Tränen, wenn sie gleichsam in Flammenschrift vor mir erschienen. (...)

Es war eine wunderbare Zeit in Burma, mein Lieber: als wäre ich in eine andere Welt versetzt gewesen. So viele neue Freunde und verehrungswürdige Lehrer unter Mönchen und Laien gewonnen zu haben, ist ein kostbarer Gewinn. (...)
Wie gern hätte ich Dich hier gehabt.

In herzlicher Freundschaft, mit allen guten Wünschen,
Dein Nyāṇaponika

* * *

Kasar Devi,
Kumaon Himalaya, India
27.7.1955

Mein lieber Ponika!

Wie lieb von Dir, mir so prompt zu antworten und mein langes Schweigen nicht nur mit einem so schönen Brief zu vergelten, sondern mich obendrein noch mit einem so kostbaren Geschenk

– Deinem *Sutta-Nipāta* – zu bedenken! Die Freude, die Du mir damit bereitet hast, mag Dir ein Maß meiner Dankbarkeit für diese herrliche Gabe sein, – einer Dankbarkeit, die, ich bin sicher, von den Tausenden, die Dein Buch lesen, in gleicher Weise empfunden werden wird. Deine Übersetzung hat die Schönheit, die jedem Werke echter Hingabe innewohnt; und diese Schönheit ist tiefer als dichterischer Schwung, hinter dem sehr oft (wenn auch nicht notwendigerweise) der Geltungsdrang einer Persönlichkeit steht, und somit die Gefahr einer Verschiebung, wenn nicht Verfälschung der Werte. (...)

Deine Anmerkungen sind eine Fundgrube an Kostbarkeiten, und ich genieße sie wie ein "Dessert", – nein, mehr als eine bloße Nachspeise, denn ich kann der Versuchung nicht widerstehen, im Kommentarteil zu grasen und von dort zum Übersetzungsteil zurückzugehen, also sozusagen das Dessert vor der Hauptmahlzeit zu genießen. (...)

Deine Anmerkungen sind für sich allein ein monumentales Werk, das von der Tiefe Deines Denkens und der Gründlichkeit Deiner Arbeit zeugt. Wie viel Mühe und Arbeit steckt in jeder Zeile Deines Buches. (...)

Dein *Mettā-Sutta* ist sprachlich sehr schön. (...) Die Wiedergabe des Wortes *mettā* mit Güte erscheint mir etwas farblos, obwohl ich zugebe, dass "Liebe" (obwohl positiver) zu Missverständnissen Anlass geben kann, und daher als "selbstlose Liebe" definiert werden müsste. Die aufopfernde Liebe einer Mutter zu ihrem Kind ist bestimmt mehr als Güte oder Wohlwollen, und wenn Shantideva sagt: "ich möchte Trank sein für die Durstigen und Speise für die Hungrigen", so gibt er einem Gefühl Ausdruck, das weit über bloße Güte hinausgeht und die rückhaltlose Hingabe des ganzen Menschen bedeutet. Es handelt sich hier nicht darum, Wohltaten zu tun, sondern die Schranken zwischen dem "Selbst" und dem "Anderen" rückhaltlos niederzureißen, sodass wir nicht nur gütige, aber unbeteiligte Zuschauer bleiben, sondern fremdes Leid als eigenes empfinden, und die Freude anderer als die eigene. Dies ist, was ich unter *mānasam bhāvaye aparimānam* ("den Geist entfalten ohne Schranken") verstehe, und was durch die *Jātakas* vom Selbstopfer des *Bodhisattva* verdeutlicht werden soll. (...) Du hattest, wenn ich mich nicht irre, in diesen Tagen Deinen Geburtstag, und wenn meine Glückwünsche auch etwas verspätet zu Dir gelangen, so kommen sie dennoch von Herzen. Li wünscht Dir, mit mir, alles Gute: Gesundheit, Freude und Arbeitskraft (den Erfolg hast Du bereits, den braucht man nicht noch extra erwähnen!). Es ist schade, dass für ein Treffen in Nepal im nächsten Jahr nicht viel Aussicht besteht – aber hoffen wir, dass wir uns im Geiste (und brieflich) in der Zwischenzeit noch recht oft begegnen.

Mettena cittena!
Dein stets getreuer Govinda

* * *

Forest Hermitage,
Kandy, Sri Lanka,
3. Mai 1983

Dem Ehrwürdigen Lāma Anagārika Govinda

Lieber Freund!

Meine herzlichsten Wünsche kommen zu Deinem 85. Geburtstag aus Sri Lanka, wo Du vor über 50 Jahren weiltest. Mögest Du noch für viele Jahre wirken können, ohne dass der Körper allzu beschwerlich wird und der Geist klar, heiter und kraftvoll bleibt!

Aus diesem Anlass gehen meine Gedanken zurück in die Zeit, als wir uns zuerst trafen. Die Kriegszeit war es, die uns zusammenführte in unerwartetem Milieu. Doch sonst hätten wir uns vielleicht nie getroffen. So brachte diese unheilvolle Zeit auch etwas Gutes – natürlich nicht durch ihren unheilvollen Charakter, sondern als Teil einer Konstellation karmischer Synchronizität.

Bei Ausbruch des Krieges entgingen auch die aus Deutschland stammenden Mönche in Sri Lanka nicht der Internierung, zuerst in Sri Lanka selber. Doch im Jahre 1941 wurde ich mit den anderen in ein nord-indisches Zivil-Internierungslager transportiert, in der Nähe von Dehra Dun. Als ich dann auf eigenen Wunsch in die Abteilung kam, die offiziell "Anti-Nazi Wing" hieß, war es eine große und freudige Überraschung, Dich dort vorzufinden. Vier Jahre verbrachten wir dann in der gleichen Baracke, bis zu Deiner Freilassung im Jahre 1945.

Durch Dein warmherziges Wesen, unsere wachsende Freundschaft und unsere gemeinsame Hingabe an den Erwachten und seine Lehre entstand dort eine kleine, friedliche und recht glückliche Welt, die weder durch den Stacheldraht noch durch die meist so andersgeartete menschliche Umgebung ernstlich gestört werden konnte. Wir begingen manche gemeinsame *Uposatha*-Feier, welche Weihe erhielt durch die von Dir mitgebrachte kleine Buddha-Statue (in schönem Holzschränkchen), mit je sieben tibetanischen Wasserschälchen und Öllampen. An den Vesāk-Tagen waren auch manchmal andere interessierte Mitinternierte bei der Feier zugegen. Gemeinsam machten wir auch sehr häufig die uns erlaubten Spaziergänge oder Tageswanderungen in die schönen Wälder und Berge der Umgebung, oft zusammen mit einem befreundeten deutschen Architekten. Einmal wurden uns Extra-Stunden erlaubt, um einen entfernten, ziemlich hohen und steilen Berg (Badratsch) zu erklimmen. Über zwanzig Leute begannen den langen Anmarsch und Aufstieg, doch allmählich blieben die meisten zurück und gaben es auf, obwohl manche davon Sportler waren. Nur acht erreichten den Gipfel, darunter Du und ich, die beide "dezidierte Nicht-Sportler" waren!

Kurz nachdem wir auf dem Gipfel waren, lüfteten sich für ganz wenige Minuten die Wolkenvorhänge und gaben den Blick frei auf einige der hohen Schneeberge des Himalaya – für mich war es ein erster und letzter Anblick.

Auch sonst hatten wir in jenen Jahren manches gemeinsam getan: Du brachtest mir das Devanagari-Alphabet bei und halfst mir bei meinem Anfangsstudium einer Sanskrit-Grammatik, das ich des "buddhistischen Sanskrits" wegen unternahm. Wir lasen und übersetzten dann gemeinsam (mit Deinem Anteil als dem größten) Aryadevas *Catuh Shataka* (Die Vierhundert Verse) mit Candrakirtis Kommentar, dabei geholfen durch die von Dir beigesteuerte Übersetzung der tibetischen Fassungen. (...)

Von Deiner eigenen Arbeit in jenen Jahren erinnere ich mich an ein vielsprachiges Wörterbuch buddhistischer Lehrbegriffe, das Du damals für Deine eigenen Zwecke fleißig zusammenstelltest (Sanskrit, Pāli, Tibetisch, Englisch); ferner an die schönen farbigen Diagramme, die sich aus Deinem Studium des *I-Ging* ergaben. Ich selber war damals mit Pāli-Übersetzungen befasst und mit den ersten Entwürfen zu meinen Büchern über den *Abhidhamma* und *Satipaṭṭhāna.*

Während dieser Jahre hatte ich von Dir viel über den tibetischen Buddhismus gelernt und (soweit es ein überzeugter Theravādin vermag) auch schätzen gelernt. Wohl hatten wir darüber auch manchmal (doch nur ganz selten) "feurige Argumente", doch diese hatten nicht im geringsten unsere Freundschaft beeinträchtigt, noch unsere Verbundenheit im Dhamma geschmälert. (...)

Seit unserem Abschied im Jahre 1945, der mir deutlich vor Augen steht, hat es dann 27 Jahre gedauert, bis wir uns im Jahre

1972 in Meersburg, im gastlichen Hause des Ehrwürdigen Advayavajra wiedersehen konnten.

Nun ist es aber genug mit diesen schon allzu langen "Erinnerungen eines alten Mannes" und ich will nun nur nochmals meine herzlichsten Wünsche für Dein Ergehen anfügen, zusammen mit meinem tief gefühlten Dank für Deine Freundschaft, die ich zu meinen besten zähle.

Bhavatu sabba-mangalam!
Stets Dein Nyāṇaponika

* * *

Nyāṇaponika Mahāthera und Lāma Anagārika Govinda

Ein Gespräch

Nyāṇaponika Mahāthera / Götz Nitzsche

Ehrwürdiger, Sie sind inzwischen 90 Jahre alt geworden. In den Laudatien, die zu Ihrem Geburtstag erschienen sind, wird auf Ihre Erfolge hingewiesen. Wo lagen die Schwierigkeiten, die Probleme und auch die Enttäuschungen im Leben des Ehrwürdigen Nyāṇaponika?

Was ich an mehr oder weniger Unerfreulichem erlebte, waren eigentlich keine Enttäuschungen, Schwierigkeiten oder Probleme, sondern Lebenserfahrungen, wie sie in dieser Wandelwelt, in diesem veränderlichen *Saṁsāra* ja üblich sind.

Ein Einschnitt war, dass ich bei Kriegsausbruch zusammen mit anderen deutschen Mönchen und meinem verehrten Lehrer Nyāṇatiloka ins Zivil-Internierungslager kam. Das Einzige, was ich dort tun konnte, waren Studium und literarische Arbeit. Das alles sind natürlich Probleme, die man auf dem Wege der Verwirklichung hat als ein noch Unvollkommener; diese sind nichts Besonderes.

Worin würden Sie heute die Höhepunkte in Ihrer und der Arbeit Ihres Lehrers sehen?

Der Ehrwürdige Nyāṇatiloka hat in bewundernswerter Weise die Lehre des Theravāda klargemacht, indem er sie in zahlreichen deutschen und englischen Büchern vielen Menschen erst zugänglich machte. Und die Wirkung dieser Bücher setzt sich noch weiter fort. Dies ist umso wichtiger, als sehr viel Unklarheit über die Buddha-Lehre besteht. Für mich war der Höhepunkt eben die Begegnung mit meinem Lehrer und die klare Einführung in den Theravāda und das Pāli-Studium. Dann nachher die Begegnung mit der *Satipaṭṭhāna*-Methode, der Schulung in rechter Achtsamkeit, in der ich mich dann regelmäßig in Praxis und Darlegung übte.

Zu meinem Lehrer möchte ich noch sagen, dass dieser auf meine Entwicklung im *Dhamma* schon Einfluss gehabt hat, bevor ich nach Ceylon kam. Ich hatte seine Bücher schon in Deutschland gelesen, unter anderem sein klassisches Büchlein "Das Wort des Buddha". Meine erste buddhistische Phase fiel in Deutschland zusammen mit der Kontroverse zwischen Paul Dahlke und Georg Grimm, das war Anfang der Zwanzigerjahre. Es handelte sich um die Kontroverse über die *Anattā*-Lehre. Beide hatten sich zu extremen Formulierungen hinreißen lassen. Grimm vertrat die Auffassung, dass es ein "Selbst" jenseits der Daseinsgruppen *(khanda)* gibt. Dahlkes Reaktion darauf war in eine so nihilistische Formulierung gefasst, dass sie mir nicht zusagte. Ich kam von einer religiösen Einstellung her, so war ich für einige Zeit eher der Auffassung Grimms. Als ich aber "Das Wort des Buddha" gelesen hatte, kam ich zu der Einsicht, dass Grimms Auffassung falsch war. Dadurch hatte ich schon in Deutschland die Gelegenheit, vom Ehrwürdigen Nyāṇatiloka zu profitieren, da ich bereits dort meinem späteren Lehrer entscheidende Einsichten verdankte.

Hatten Sie von Anfang an in menschlicher Hinsicht einen guten Kontakt? Ihr Lehrer war ja zuvor Künstler, die oft als etwas schwierig gelten.

So wie ich ihn kannte, war er ein Mensch des Intellekts; er war freundlich, nahm Anteil, half seinen Schülern, aber der menschliche Kontakt war nicht allzu eng. Die Gefühlsnatur des Künstlers kam nicht durch.

Im Internierungslager war auch ein ungarischer Geiger. Das hat meinem Lehrer sehr gefallen, obwohl er selber nach der Ordination nie mehr Geige gespielt hat. Das Musizierverbot für Mönche geht wohl darauf zurück, dass die indische Musik sehr mit dem Tanz verbunden ist.

Als Ihr Abt hat er dann einen deutschen Mönch, der von ihm ordiniert worden war und in Burma erkrankte, besucht?

Gewiss, das war der Ehrwürdige Nyāṇadasa, und mein Lehrer ist eigens seinetwegen, und um ihn zu pflegen, zu ihm gereist.

Ist Distanz in der Beziehung von Lehrer und Schüler förderlich?

Mein Lehrer hatte eine gewisse Distanz zu seinen Schülern, die aber Anteilnahme nicht ausschloss. Das Interesse am Fortschritt im *Dhamma*, das Achten auf die Fehler und Fortschritte aus einer gewissen Distanz ist sicher förderlich. Auch das Verhältnis von Mahāsī Sayādaw zu seinen Schülern war von ihr gekennzeichnet. Ich möchte aber herausarbeiten, dass mit meinen Ausführungen eine Distanz gemeint ist, wie man sie hier im Osten kennt und die die Liebe des Schülers erhält. Außerdem weiß ich nicht viel über die Beziehung der singhalesischen Mönche zu ihren *Dhamma*-Schülern, glaube aber, dass auch da eine gewisse Distanz vorhanden ist.

Ihr Lehrer war ja dann auch fähig, Sie nach Gampolawela ziehen zu lassen, um dort Ihr erstes Ashram zu gründen.

Ja, er war sehr tolerant und für mich war es eine sehr wichtige und gute Zeit mit den Ehrwürdigen Soma und Kheminda. Wir haben den Ort Mahānadi Ashram getauft, weil er am Fluss lag. Das hat nichts mit den Yoga-Nadis zu tun.

Wie kam es, dass Sie nach dem Lageraufenthalt mit Ihrem Lehrer zusammengeblieben sind?

Es lag an den Umständen. Nach der Rückkehr vom Internierungslager machte sich das Alter bei meinem Lehrer bemerkbar. Als wir dann die *Forest Hermitage* gefunden hatten, gefiel es meinem Lehrer dort gut. Er brauchte wohl die kühlere Umgebung, und er liebte auch den Wald. Mit ihm war damals auch sein Schüler Vappo.

Gerne möchte ich das Verhältnis zum Lehrer generell noch durch zwei Verse kennzeichnen: Sie entstammen dem *Sutta-Nipāta*, der erste (Vers 327) charakterisiert den Lehrer:

> "In der Lehre beglückt, an der Lehre erfreut,
> fest in der Lehre und der Lehr-Ergründung kundig."

Der zweite (Vers 316) bezieht sich auf dessen Verhalten:

> "Durch wen die Lehre man verstehen lernte,
> man möge ihn verehren, wie ein Gott den Indra!
> Ein so Verehrter, jenem wohlgesinnt im Herzen,
> wird, wissensreich, die Lehre ihm erklären."

Im guten alten Ceylon war es auch üblich, dass die Schüler die Lehrer mit Fußfall verehren, wie es auch die Laien bei den Mönchen tun. Wenn die Kinder sich von den Eltern verabschieden, nehmen sie manchmal auch die fünf Übungsregeln *(panca sīla)* von ihnen und verehren sie fußfällig.

War Ihnen diese Sitte bekannt, als sie Ihren Lehrer zum ersten Mal trafen?

Nein, das nicht, aber ich bin dann auf Polgasduwa dem Beispiel der anderen in der Verehrung gefolgt.

Sie hatten ein besonders gutes Verhältnis zu Ihrer Mutter?

Ja, meine Mutter war mir gewiss ein Vorbild in *mettā*. Ihre Gastgeberin in Colombo sagte einmal: "Für sie gibt es keine schlechten Menschen." Die Trennung von mir, dem einzigen Kind und Sohn, war ein Akt der Entsagung für sie, und dass sie mir damals die Erlaubnis dazu gab. Sie konnte ja nicht wissen, ob sie mich je wiedersehen würde.

Es war ein günstiges Nebenergebnis des Nazismus, dass meine Mutter von Wien nach Ceylon kommen konnte. Dies war es auch für mich, denn ich hätte meine Mutter unter geordneten Umständen nicht verlassen können.

Ich las in dem von Ihnen ins Deutsche übersetzten Sutta-Nipāta die folgende Widmung:

> "Wie eine Mutter ihren eigenen Sohn,
> ihr einzig Kind mit ihrem Leben schützt,
> so möge man zu allen Lebewesen
> entfalten ohne Schranken seinen Geist."
>
> (Vers 149)
>
> Meiner Mutter Sofie Feniger
> In tiefer Dankbarkeit und Verehrung.

Empfinden Sie den Akt der Entsagung Ihrer Mutter als eine Lebensrettung?

Ja, sie hat damit mein Leben erhalten und ihr eigenes auch. Das Loslassen hat gewiss auch meine Mutter gerettet. In Deutschland wäre sie nicht am Leben geblieben. Auch wenn sie nach Polen zu ihrer Schwester gegangen wäre, sie wäre wohl wie diese umgekommen. Auch die in Frankreich lebenden Verwandten mussten in den Untergrund und wurden ebenfalls getötet.

Wie reagierte Ihre Mutter auf Ihre Internierung?

Das war eine Enttäuschung für sie.

Was ist "schrankenlose Geistesentfaltung"?

Keine Unterschiede machen; auch jene, die von übler Natur sind, haben Güte zu bekommen, ohne irgendwelche Wesen auszuschließen. Diejenigen, die Übles tun, bringen sich nur selbst ins Unglück.

Gibt es weitere Menschen, die für Ihre geistige Entwicklung wichtig waren?

Ja, es gibt da noch einen Freund, vielleicht genügt es, wenn ich ihn hier "Ewald" nenne. Er war kein Buddhist, hat aber für mich den Weg zum Buddhismus frei gemacht. Er war ein hochbegabter Mensch mit umfassendem Wissen. Ich habe ihn getroffen, als ich noch nicht 20 Jahre alt war. Er selbst neigte mehr zum Taoismus. Ewald hat aufgeräumt mit meinen eigenen Ideologien und metaphysischen Aspekten religiöser Mystik. Mit seiner Kritik hat er radikal aufgeräumt.

Dieser Freund war auch schöpferisch tätig, er schrieb Gedichte, dramatische Skizzen und Essays. Er lebte als freier Schriftsteller unterstützt von Freunden und war auch für den Ullstein-Verlag tätig, hielt als sehr guter Redner, der er war, auch öffentliche Vorträge. Bei einer solchen Versammlung habe ich ihn während meines ersten Aufenthaltes in Berlin kennen gelernt. Er war fünf Jahre älter als ich. Und auch noch als Mönch in Sri Lanka hatte ich Kontakt mit ihm. Er war ein großer Verehrer von Max Stirner, dem Vorläufer Nietzsches. In dessen bekanntestem Buch "Der Einzelne und sein Eigentum" wird ein praktischer, nicht-metaphysischer Individualismus behandelt.

Als ich Ewald traf, war ich noch jung und hatte idealistische Vorstellungen von Gesellschaften, sozialistische Vorstellungen genauer gesagt, die hat mein Freund weggefegt. Später hat er einmal noch einen Versuch unternommen, von Ost-Berlin nach

Sri Lanka zu kommen. Er hatte sich mehr dem Buddhismus angenähert, konnte ihn aber noch nicht leben. Mein ganzes Leben war wirklich reich an guten Freunden im besten Sinne.

Ist das Ihr Karma?

Der karmische Einfluss schafft die "Begabung" Freunde zu haben. Ich habe da auch ein Gegenbeispiel von einer jungen Kusine, die in Berlin Medizin studierte. Ein hübsches, lebendiges Mädchen, sie konnte aber keine Freunde finden. Ich war damals, weil sie sich so einsam fühlte, ihr Umgang. Sie war ein lebensbejahender Mensch mit vielen guten Eigenschaften, aber sie konnte keine Freunde gewinnen, hat letztlich ihr Studium aufgegeben und ist zurück in die Provinz gegangen, was dann schließlich zu ihrem Tod geführt hat.

Woher kommt die Fähigkeit zur Mitfreude (muditā)?

Sie ist ein Ergebnis der Beschäftigung mit der Lehre, eine Folge der psychischen Weiterwirkung von *mettā* und auch der Identifizierung mit der Freude und dem Erfolg anderer. Die Folgen der Ichbezogenheit, wie die Eifersucht, werden zerstreut. Dieses Thema habe ich ausführlich im Sammelband "Im Lichte des Dhamma" behandelt, und es gibt auch ein eigenes Heft über *muditā* in der englischsprachigen Reihe "The Wheel" (Nr. 170) dazu. Das hat aber kein besonderes Echo gefunden, was ich bedaure.

Und die Fähigkeit von karuṇā?

Auch dazu ist nicht viel mehr zu sagen über das hinaus, was ich geschrieben habe.

Karuṇā war der Ansporn für die Lehrtätigkeit des Buddha, was dann später auch formuliert wurde als die Zwillingstugenden Mitleid *(karuṇā)* und Gleichmut *(upekkhā)*, basierend auf Weisheit. Ich habe in dem Erinnerungsband zu Ehren meines Lehrers einen Beitrag dazu geschrieben, auch über das Verhältnis von Mitleid und Weisheit. Mitleid ist tatsächlich die stärkste Triebfeder für die Welt-Erkenntnis. Diejenigen brauchen das Mitleid besonders, die voller Gier und Hass sind. Die beste Gabe des Mitleids ist die Weisheit, die durch den *Dhamma* vermittelt wird. Das Heilmittel für die Leidenskrankheiten, die das Mitleiden hervorruft, ist die Weisheit. Auch diejenigen, die körperlich und geistig leiden, die sich durch falsche Lebensführung und Torheit umbringen, auch auf diese erstreckt sich das Mitleid, auch weit zurückgehend in die Vergangenheit.

Wo hat die Mystik Platz im Gedankengebäude des Theravāda?

Da lässt sich gleichermaßen viel als auch wenig sagen. Die Mystik hat viele Aspekte in den verschiedenen Religionen, so die indische, jüdische und christliche Mystik. In der indischen Mystik gibt es verschiedene Formen wie Ekstase und Visualisierung, die wenig Verbindung zum Buddhismus haben.

Die mittelalterliche christliche Mystik kannte auch den Aspekt der Visualisierung. Bei Meister Eckehart und Johannes vom Kreuz, der eine sehr scharfe Selbstbeobachtung hatte, finden sich da mehr Verbindungen zum Buddhismus. Parallelen kann man jedoch nur in Grenzen ziehen. Meister Eckehart und Johannes vom Kreuz heben sich ab von den anderen Mystikern.

Angelus Silesius, der innerlich sehr viel freier ist, bietet sehr viel Schönes, die Grenze ist bei ihm weiter. Von den Aspekten des *Dhamma* her gesehen ist er freilich den beiden andern in der Nähe gleichzustellen. “Der Himmel ist in Dir!” – ja, das steht dem *Dhamma* nahe.

Jakob Böhme rechnet zur naturphilosophischen Mystik, wohl auch mit gewissen Einsichten, aber doch dem *Dhamma* fremd.

Haben Sie sich während Ihres Mönchslebens mit Mystikern beschäftigt?

Ja, Meister Eckehart habe ich gelesen, er steht auch in meiner Bibliothek.

Fand auch die Kabbala Ihr Interesse?

Nicht während meiner religiösen Erziehung beim Rabbi, sondern als ich versuchte, die Beziehung zur jüdischen Religion aufrecht zu erhalten durch die Mystik im Chassidismus und bei Martin Buber. Da musste ich allerdings Übersetzungen lesen, für die hebräischen Texte waren meine Kenntnisse zu gering.

Die östliche Mystik hat mich letztlich dann doch stärker interessiert, als die Kabbala, die mir fremd blieb. Anders der Chassidismus; da gibt es manches Verwandte. So habe ich die chassidischen Geschichten von Buber mit großer Freude gelesen.

Steht die Philosophie des Vedanta dem Theravāda nahe?

Gewiss, aber es ist da dieser Glaube an das absolute Selbst; dennoch, eine gewisse Annäherung an *Nibbāna* ist gegeben.

Und der Taoismus?

Ich habe mit Ewald Tschuang-tse und Lao-tse gelesen. Wie im Buddhismus gibt es dort die Gottheiten. Trennend ist die Vorstellung, dass die menschlichen Wesen durch das Einswerden mit dem Tao Unsterblichkeit erlangen.

Zurück zu Ihrem Leben in Sri Lanka. Dies verlief also anders, als geplant?

Ja, in der Zeit, in der ich mich um den literarischen Nachlass meines Lehrers kümmerte, zum Beispiel durch Revision der Lehrreden des Buddha aus der Angereihten Sammlung *(Anguttara-Nikāya)*, deutsch in fünf Bänden, kam es auch zur Gründung der *Buddhist Publication Society (BPS)*, durch die ich doch mehr in Anspruch genommen wurde, als ich es zu Beginn erwartet hatte. Aber ich bedauere das keineswegs, denn die Wirksamkeit dieser Vereinigung und der buddhistischen Literatur kam gerade zur rechten Zeit, als sich das Interesse am *Dhamma* im Westen wieder regte. Zwar konnte meine eigene Meditation hinfort nur noch Begleiterscheinung und nicht Mittelpunkt meines Lebens sein, aber was die *BPS* bewirkte ist für viele heilsam geworden, auch ganz persönlich, wie viele Briefe und Gespräche zeigten. Ich betrachte es als eine karmische Fügung, dass dies an mich herankam.

Zurückgekehrt aus Burma sagten Sie einmal in den Fünfzigerjahren, Sie erwarteten sich viel Heilbringendes für den Westen von der Satipaṭṭhāna-Methode. Sind Sie noch immer so optimistisch?

Nicht mehr so ganz. Es sind auch manche Tendenzen und Annäherungen an die Lehre bemerkbar geworden, die nicht sehr förderlich sind. Es gibt Tendenzen, die lediglich Meditation, so wie sie sie verstehen, fördern wollen und Sittlichkeit und Erkenntnis vernachlässigen. Dies ist unter dem Namen *Vipassanā*-Meditation bekannt geworden, und hat trotz der Verkürzung sicher viel Heilsames bewirkt.

Geben Sie einer auf buddhistischer Einsicht beruhenden Weltanschauung, die nicht alles verwirklichen muss, was technisch machbar ist, für die Zukunft eine Chance?

Ich glaube, dass das Übermaß an Technik zu Problemen und Gefahren für die westliche Zivilisation führt. Ob es möglich sein wird, dass die Länder des Westens ihre Richtung ändern – und es wäre ja eine sehr große Änderung – das ist leider unsicher.

Verstehen sich denn Ost und West letztendlich überhaupt? Oder geht das gar nicht?

Ich glaube, dass bei den Grundproblemen und Grundgefahren, in der sich jetzt die zivilisierte Menschheit befindet, kein Unterschied besteht zwischen Ost und West. Auch nicht zwischen der Lehre des Buddha und dem Erfordernis, die katastrophale Entwicklung ändern zu müssen. Es ist die Ethik des Maßhaltens und der Gewaltlosigkeit, die hilfreich sein könnte, wenn sie wirklich ernst genommen würde. Leider aber sind diejenigen, die die Geschicke der Nationen im Westen bestimmen, nicht zugänglich für diese Forderungen. Zum Teil, weil sie Schwierigkeiten in der Tagespolitik sehen, die auch tatsächlich bestehen, aber gegenüber den größeren Gefahren, in denen die Menschheit steht, nicht ins Gewicht fallen. Umweltverschmutzung, Steigerung der Aggressivität in großen Teilen der Welt, den Osten eingeschlossen, diese Gefahren erforderten radikale Entschlüsse. Leider besteht wenig Hoffnung, dass die Führer der Nationen im Westen den Mut zu diesen radikalen Änderungen haben.

Dennoch sollte ich hinzufügen, dass ich glaube, dass doch genügend heilsames Karma geschaffen worden ist. Auch im Westen, gerade auch durch das Wiederaufleben des Geistigen. Und auch für die buddhistischen Länder gilt, dass die Welt, wie wir sie kennen, einigermaßen in Balance gehalten wird, damit die schlimmsten Katastrophen vermieden werden.

Das Wiederaufleben des Geistigen wirkt sich karmisch als Gegenkraft zu Materialismus und Aggressivität aus. Ich erinnere mich da an eine jüdische Legende, die aussagt, dass schon die Existenz von 36 gerechten oder heiligen Menschen in der Welt diese in Balance hält. Sonst würde sie durch ihr eigenes Übel zerfallen. Nun gilt es, dieses nicht wörtlich zu nehmen, sondern allenfalls im Sinne einer verhältnismäßig kleinen Anzahl geläuterter Wesen, die eine Gegenkraft gegen alles Übel bilden können. Ich glaube, dass eine innere Wahrheit in dieser Legende ist und dass, wie ich hoffe, auf verschiedenen Ebenen genügend heilsames Karma geschaffen worden ist, um die schlimmsten Katastrophen zu verhindern. Und ich hoffe auch, dass das nicht bloßes Wunschdenken ist.

Ehrwürdiger, wenn Sie den Menschen etwas für die kommenden Jahre wünschen könnten, was wäre dies?

Dass sie verstehen werden, für ihr eigenes rechtverstandenes Wohl zu leben und auch für das rechtverstandene Wohl anderer Menschen. Das ist das, was der Buddha auch selbst formuliert hat. Es ist das Beste, dass der Mensch für das eigene Wohl und für das Wohl anderer lebt und er den Schaden und das Unheil für sich und andere vermeidet.

* * *

Die Schwierigkeiten buddhistischen Mönchslebens

Nyāṇaponika

In "Wissen und Wandel" Nr. 2 wird in der Zeitschriftenschau ein englischer Aufsatz zitiert, in dem von den Schwierigkeiten für einen Europäer gesprochen wird, der in Ceylon dem buddhistischen Mönchsorden beitreten will. Da es nicht wünschenswert ist, dass gerade die dort angegebenen, nicht ganz zutreffenden Gründe abschreckend wirken, seien einige Bemerkungen hierzu gestattet.

Es trifft nicht zu, dass der Mönch in Ceylon barfuß gehen muss; Sandalen östlichen Stils sind zulässig und durchaus gebräuchlich. Wir haben hier nie etwas davon gehört, daß von einem europäischen Mönch "viel Auswendiglernen" erwartet wurde. Einige wenige für das Mönchsleben nötige Pāli-Formeln müsste er freilich kennen und es ist wünschenswert, daß er dazu noch eine kleine Anzahl kurzer, gebräuchlicher Texte, wie das *Mettā-Sutta,* beherrscht. Doch dies erfordert wahrlich keine große Gedächtnisleistung, zumal es sich durch häufiges Hören rasch einprägt.

"Mangel an Einsamkeit" braucht man hier wahrlich nicht zu befürchten, wenn man sich seinen Aufenthaltsort seinen Wünschen gemäß mit Hilfe von Landeskundigen wählt und dabei geräuschvolle Plätze, die es ja überall auf dieser Erde gibt, vermeidet, wie etwa Mönchsseminare *(pirivenas).*

"Sitzen mit untergeschlagenen Beinen" ist, wenn dies Schwierigkeiten macht, meist nur für die kurze Dauer von Mahlzeiten und ähnlichen Gelegenheiten erforderlich und auch hier nicht immer, da in manchen Klöstern und Laienhäusern (bei Einladungen) Bänke oder andere Sitzgelegenheiten vorgesehen sind.

"Belehrung im europäischen Sinne" ist hier allerdings selten, aber sollte wohl kaum erwartet werden. Zur Einführung in das Pāli-Studium gibt es reichliche Möglichkeiten. Über die Anfangsgründe hinaus muss freilich von einem Europäer soviel geistige Selbständigkeit erwartet werden, dass er sich durch Eigenstudium selbst weiterhelfen kann. Für seine Fragen und Schwierigkeiten während des Studiums wird er stets gelehrte Mönche als Helfer finden.

Für einen Europäer, der gesund genug ist, sich an Klima und Ernährungsweise anzupassen, liegen die eigentlichen Schwierigkeiten nicht in diesen Äußerlichkeiten, sondern in seiner inneren Einstellung und Charakterveranlagung. Man glaube nicht, dass Begeisterung, hohes Ideal und ein unerprobter guter Wille genügen. Was erforderlich ist, ist zunächst:

1. Anpassungsfähigkeit und -willigkeit (eigentlich selbstverständlich für einen, der unter den Lebensbedingungen eines fremden Landen leben will; doch schon hierbei versagen viele);
2. Lernfähigkeit und -willigkeit, einschließend die Bereitschaft, Rat und Belehrungen anzunehmen;
3. friedfertiges, ruhiges Temperament, frei von extremen Gefühlsschwankungen;
4. Geduld (zunächst mit anderen und den Umständen, bis man gemerkt hat, dass man vor allem Geduld mit sich selbst haben muss) und Ausdauer, die nicht bei der ersten Schwierigkeit versagt und in Kleinmut, Unlust oder gar Ärger umschlägt;

5. Fähigkeit sich (in irgendeiner angemessenen Art) ausschließlich geistig zu beschäftigen und sich dabei glücklich zu fühlen (d.h. äußere Geschäftigkeit entbehren zu können).

Man glaube nicht so ohne Weiteres, dass man diese Eigenschaften wirklich besitzt, bloß weil man sie intellektuell "billigt". Eine systematische und praktische Charakterprüfung ist für jeden unerlässlich, der sich mit dem Gedanken trägt, Mönch zu werden. Emotionelle Charaktere werden besser warten, bis sie innerhalb des Hauslebens "Maß und Mitte" gefunden haben. Allzu viele sind in den Osten gekommen, die erstaunlich voreilig waren in ihrem Handeln, Urteilen und Aburteilen, und die allzu schnell bereit waren, andere zu belehren und alles Mögliche "reformieren" zu wollen, nur nicht sich selbst.

Bei Karl E. Neumann gibt es eine treffliche (obwohl als Übersetzung unrichtige) Wortprägung: "geduldiges Einsichtnehmen". Dies ist es, was nicht nur Mönchskandidaten, sondern auch der europäische Laienbuddhist besonders pflegen sollte: angewandt auf sein Lehrstudium und auf die Übersetzungen anderer, auf sich selbst und auf die Umwelt. Summarisches und voreiliges Urteilen beeinträchtigt ernstlich das Reifen eigener Erkenntnis und auch friedliche und verständnisvolle menschliche Beziehungen.

Abschließend muss gesagt werden, dass, wie die Verhältnisse heute liegen, man Europäern nur sehr selten raten kann, zwecks Eintritt in den Mönchsorden in den Osten zu kommen, und zwar hauptsächlich aus den erwähnten inneren Gründen. Wer freilich wirklich weiß, was er als Mönch zu tun hat, d.h. zunächst einmal Selbstkontrolle zu lernen, wird sich durch all diese Schwierigkeiten nicht abschrecken lassen. Im Allgemeinen aber ist vorher eine langsame charakterliche Akklimatisierung an das mönchische Lebensideal notwendig, für die freilich die schwere Zeit, die Deutschland durchlebte, nicht gerade förderlich war.

Es erscheint daher von großer Wichtigkeit für den deutschen Laien-Buddhismus zunächst einmal das zu schaffen, was ich als *"Haus der Stille"* bezeichnen möchte, in dem sich ernst Strebende für kürzere oder längere Zeit oder auch für ständig zu Studium und Meditation zurückziehen können. Auch von nicht-buddhistischer Seite her hörte man vor dem Kriege häufig den Ruf nach "weltlichen Klöstern". Ein solches *"Haus der Stille"* in Deutschland zu gründen, verdient die opferwillige Unterstützung deutscher Buddhisten. Es soll zunächst natürlich Selbstzweck sein, mag aber auch als Vorbereitungs- und Prüfungsstätte für Mönchskandidaten dienen und eine Keimzelle bilden für einen künftigen deutschen Sangha.

Hinweis des Herausgebers

Der Gedanke an ein "Haus der Stille" wurde erstmals im Mai 1952 von Nyāṇaponika formuliert. W.A. Stegemann, damals 1. Vorsitzender der Buddhistischen Gesellschaft Hamburg, verfolgte längere Zeit die Idee, ein "Haus der Stille" als buddhistisches Zentrum zu errichten. Es sollte allen Freunden der Buddha-Lehre eine Heimstätte sein.

Die wissenschaftlichen Arbeiten in diesem Hause sollten dazu dienen, die Lehre des Buddha tiefer zu erforschen und sie dem abendländischen Verständnis weiter zu erschließen. Außerdem sollte diese Stätte Keimzelle für einen buddhistischen Orden in Deutschland werden und Mönchen Unterkunft bieten.

Diese Ideen fanden einen so großen Widerhall, dass größere Spenden von Buddhisten aus ganz Deutschland eingingen. Nach Besichtigung mehrerer Projekte in der Umgebung Hamburgs konnte in Roseburg ein Landhaus auf einem großen parkartigen Gelände mit Teichen gekauft werden. Nach einigen größeren Umbauten wurde das Haus im August 1962 feierlich eingeweiht. Es war das erste Haus dieser Art, dass nach dem zweiten Weltkrieg in Deutschland gegründet wurde, auch wenn es bisher dort nicht zum Aufbau eines buddhistischen Ordens kam.

1995-97 entstand durch die Inspiration der Ehrwürdigen Ayyā Khemā ein weiteres Haus mit dieser Zielsetzung bei Kempten im Allgäu, das buddhistische Waldkloster "Mettā Vihāra". Es wurde im Juli 1997 eingeweiht und ergänzt die Angebote des wenige Kilometer entfernt liegenden "Buddha-Hauses", dass deutsche Buddhisten aufbauten und der Ehrwürdigen Ayyā Khemā (1923-1997) ab dem Jahre 1989 als Wohn- und Lehrort zur Verfügung gestellt hatten. Die "Mettā Vihāra" dient heute vor allem als Sitz des von Ayyā Khemā ins Leben gerufenen "Ordens der Westlichen Waldklostertradition" sowie als Retreat-Zentrum für erfahrene Laien-Meditierende.

* * *

Über den Gleichmut

Nyāṇaponika

Gleichmut *(upekkhā)* ist das vollkommene, unerschütterliche Ebenmaß des Gemütes, wurzelnd in Erkenntnis.

Wenn wir nun um uns blicken in die Welt und in uns, in unser Herz, so sehen wir, wie schwer es ist, ein Ebenmaß des Gemütes zu erwerben und zu bewahren.

Wir sehen das ununterbrochene Auf und Ab des Lebens. Wir sehen Aufstieg und Sturz, Erfolg und Misslingen – wir erfahren Ehre und Verachtung, Lob und Tadel, und wir fühlen, wie unser Herz auf all dies antwortet mit Glück und Schmerz, Entzückung und Qual, Enttäuschung und Befriedigung, Furcht und Hoffnung. Und diese mächtigen Wogen des Gefühls reißen uns hinauf, schleudern uns hinab, und kaum haben wir in einem kurzen Intervall der Stille Atem geschöpft, so kommt eine neue Welle und treibt ihr Spiel mit uns. Wie können wir Fuß fassen auf dem Kamm einer Woge? Wie können wir Bauwerke errichten im Flutbereich dieser Welt, es sei denn auf dem Felsen-Eiland des Gleichmuts?

Eine Welt, wo das Wenige an Glück, das den Wesen zuteil wird, meist nur nach vielen Enttäuschungen, Fehlschlägen und Niederlagen erreicht wird, eine Welt, wo nur der Mut, immer neu zu beginnen, Erfolg verspricht – wo inmitten von Krankheit, Trennung und Tod nur karge Freude erwächst – wo ein Wesen, mit dem wir eben noch in Mit-Freude verbunden waren, im nächsten

Augenblick schon unser Mit-Leid benötigt – eine solche Welt braucht Gleichmut.

Doch es muss ein Gleichmut sein, der wache Kraft ist, nicht stumpfe Gleichgültigkeit; der, in bewusster Pflege stark geworden, nicht abhängig ist vom Zufall einer Stimmung. Ein Gleichmut, der nicht erst durch mühsame Anstrengung immer wieder neu erzeugt werden muss, sich dadurch selber erschöpft und abnützt und schließlich unterliegt; ein Gleichmut vielmehr, der die Fähigkeit der Selbsterneuerung besitzt. Doch nur ein Gleichmut, der in Erkenntnis wurzelt, hat diese Kraft.

Welches ist nun diese Erkenntnis?

Es ist das Wissen darüber, woher all dieses Erleben kommt, das den Menschen beglückt und quält, ihn zittern und hoffen lässt; es ist ferner das Wissen davon, wen dieses Erleben trifft.

Alles, was uns widerfährt, stammt aus dem Mutterschoß unseres Wirkens in Taten, Worten und Gedanken *(kamma-yoni)*. Wir sind gleichsam die Eigentümer unseres Wirkens *(kamma-ssakka)*. Nicht entlassen wir die Tat aus unserem "Besitz", wenn sie auf andere Menschen gerichtet ist. Sie bleibt unser "eigen", da sie zunächst einmal auf uns selber wirkt, uns zum Guten oder Schlechten verändert. Und auch in ihren Folgen kehrt sie zu uns zurück, fällt uns zu als das uns gebührende Erbe. Nichts, was uns widerfährt, kommt aus einem bedrohlich-unbekannten Fremden, aus einem feindlichen "Außen", es kommt aus unserem eigenen Wirken.

Ein solches Wissen ist die erste Quelle des Gleichmuts, denn es befreit uns von der Furcht, die so oft den Gleichmut stört. In allem, was uns widerfährt, begegnen wir nur uns selbst. Was also sollten wir fürchten? Und befällt uns doch einmal die Furcht vor dem Ungewissen, so kennen wir die sichere Zuflucht: nämlich unser Wirken, unser gutes Wirken *(kammapatisarana)*. Vertrauen erfüllt uns zur schützenden Kraft jenes Guten, das wir in der Vergangenheit taten. Und Mut erfüllt uns, eben in der Gegenwart Gutes zu wirken, selbst dann, wenn gerade die Last schweren Geschickes auf uns ruht. Denn wir wissen, dass es für gutes Wirken niemals zu spät, dass dazu immer die "rechte Zeit" ist, dass der Segen davon nicht nur in ferner Zukunft, sondern auch schon jetzt während des Tuns erfahren wird. Je länger wir uns bewusst üben, Gutes zu tun und Schlechtes zu meiden, desto stärker wird in uns die Gewissheit: Mehr und mehr schwindet Übles, nur noch Gutes kann die Zukunft bringen! Und durch solche Gewissheit entstehen in uns Freude und Vertrauen, Geduld und Gleichmut. Dann wird das Wirken zum Freund *(kammabandhu)* und mit ihm auch jene Wechselfälle des Lebens, die das Ergebnis unseres Wirkens sind. Auch sie werden zu Freunden, selbst wenn sie Leiden bringen.

Unser Wirken kehrt oft in einer Form zu uns zurück, in der wir es schwer oder gar nicht wiedererkennen. Seine Ergebnisse mögen uns begegnen in der unerwarteten Rück-Wirkung, die es bei anderen auslöst, oder in einer überraschenden Veränderung unserer eigenen Situation usw. Hierin werden Folgen unseres Wirkens sichtbar, die vorher nicht bedacht wurden; es werden unterbewusste Triebkräfte deutlich, die zuvor verhüllt waren durch andere Motivierungen. Wenn wir nun für diese Dinge einen Blick erwerben, wenn wir diese Botschaften, die wir ja selbst entsandt haben, zu lesen verstehen, samt ihrem Kommentar, den das Leben dazu schreibt – dann wird uns das Leid zu einem wohl strengen, doch wahrhaftigen und wohlmeinenden Freund, der uns belehrt und warnt. Leiderfahrung belehrt uns über den schwierigsten Gegenstand, über uns selbst. Sie warnt uns, oft im letzten Moment, vor Abgründen, auf die wir uns zu bewegen. Wenn wir also das Leid als Freund und Lehrer betrachten, so wird es uns leichter, ihm mit Gleichmut zu begegnen. Dann wird schließlich die Lehre vom Kamma zum Ansporn, uns vom Kamma selbst zu befreien, d.h. von all dem Wirken, das uns immer wieder in das Leid der Wiedergeburten stürzt, das immer wieder unsere Kraft, unseren Widerstand, unseren Gleichmut zu brechen sucht. So öffnet uns die Lehre vom Kamma das Tor zur Erlösung, zum heiligen Gleichmut. (...)

* * *

Unsterblich ist der Wahrheit Wort;
dies ist ein bleibendes Gesetz.
Das Wahre, Heilsame und Rechte
war stets Gemeingut edler Menschen.

Das Friedenswort, das der Erwachte spricht,
das zur Gewinnung des Nibbana führt,
Der Endigung des Leidens dient –
das, wahrlich, ist das beste Wort.

Snp. 453-454

Worte des Buddha über die Freundschaft

Matthias Nyāṇacitta Scharlipp

Die Lehrrede von der Hälfte

Zu einer Zeit weilte der Erhabene bei den Sakyern in einer Stadt namens Sakkara. Da begab sich der Ehrwürdige Ānanda zum Erhabenen, begrüßte ihn ehrerbietig, setzte sich zu seiner Seite nieder und sprach: "Die Hälfte des spirituellen Wandels, o Herr, ist es, edle Freunde zu haben, edle Gefährten, edle Vertraute."

"Sage das nicht, Ānanda, sage das nicht. Der ganze spirituelle Wandel ist es, edle Freunde zu haben, edle Gefährten, edle Vertraute. Von Menschen, Ānanda, die edle Freundschaft pflegen, edle Gemeinschaft, edles Vertrautsein, ist zu erwarten, dass sie den edlen achtfachen Pfad gehen und die Befreiung von allem Leiden verwirklichen werden."

(Saṁyutta Nikāya, 45, 2)

Die Lehrrede vom wahren Freund

Mit einem Menschen, der sieben Eigenschaften besitzt, soll man als Freund umgehen, verkehren und Gesellschaft pflegen, selbst wenn es einem verwehrt wird. Welches sind diese Eigenschaften? Er ist liebevoll und gefällig, ernst und verehrungswürdig, gibt

Belehrungen und nimmt Ermahnungen an, führt tiefsinnige Gespräche und verleitet nicht zu Verkehrtem.

Freundlich, ernst und voller Würde,
ein Lehrer, der Belehrung nimmt,
in tiefer Lehre unterweisend,
nicht stachelnd auf zu böser Tat:

Bei wem auch immer in der Welt
man diese sieben Dinge trifft –
selbst wenn man es verwehren will,
den wähle man zum Freunde sich,
wenn immer einen Freund man wünscht
und Sorge trägt ums eigene Heil.

(Aṅguttara-Nikāya, VII, 36)

Die Lehrrede an Meghiyo

Von einem Menschen, der einen trefflichen Freund, Gefährten und Vertrauten hat, ist zu erwarten, dass er *tugendhaft* wird, ständig beschützt und behütet durch die Ordensregeln, auf dem Gebiet des Wandels auch in kleinen Fehlern die Gefahr sieht und sich auf den Gebieten übt, die er auf sich genommen hat.

Von einem Menschen, der einen trefflichen Freund, Gefährten und Vertrauten hat, ist zu erwarten, dass er *Gespräche* nach Wunsch, ohne Mühe und Schwierigkeit erlangt, die nachhaltig zur Ablösung führen, die Erschließung des Gemüts fördern, wie Gespräche über Bescheidenheit, Zufriedenheit, Abgeschiedenheit, Einsamkeit, Energieeinsatz, Tugend, Sammlung, Einsicht, Erlösung und Wissensklarheit der Erlösung.

Von einem Menschen, der einen trefflichen Freund, Gefährten und Vertrauten hat, ist zu erwarten, dass er sich *ständig kraft-*

voll einsetzt, unheilsame Eigenschaften zu tilgen und heilsame Eigenschaften zu erwerben, standhaft, mit großem Mut, ohne der Verantwortung für die heilsamen Eigenschaften auszuweichen.

Von einem Menschen, der einen trefflichen Freund, Gefährten und Vertrauten hat, ist zu erwarten, dass er zu der Weisheit hinwachsen wird, die den Strom des Entstehens und Vergehens durchschaut hat, hin zu der heilenden und durchdringenden Weisheit, die zur Befreiung von allem Leiden führt.

(Udana, IV, 1)

Singalakos Ermahnung

Es gibt da *vier Arten von Freunden*, die als treuherzig zu merken sind: der Wohltäter ist ein Freund, der als treuherzig zu merken ist; der in Freuden wie Leiden Gleiche ist ein Freund, der als treuherzig zu merken ist; der Heildeuter ist ein Freund, der als treuherzig zu merken ist; der Mitempfinder ist ein Freund, der als treuherzig zu merken ist.

Vier Fälle sind es, wo *der Wohltäter* als treuherziger Freund zu merken ist: den Leichtsinnigen hält er zurück, des Leichtsinnigen Hab und Gut sucht er zu retten, dem Gefährdeten bietet er Zuflucht, im gegebenen Notfall lässt er ihm doppelte Hilfe angedeihen. Das sind die vier Fälle, wo der Wohltäter als ein treuherziger Freund zu merken ist.

Vier Fälle sind es, wo *der in Freuden wie Leiden Gleiche* als ein treuherziger Freund zu merken ist: Vertrauliches teilt er mit, Vertrauliches hütet er, im Unglück verlässt er ihn nicht, sogar sein Leben gibt er ihm zuliebe dahin. Das sind die vier Fälle, wo der in Freuden wie Leiden Gleiche als ein treuherziger Freund zu merken ist.

Vier Fälle sind es, wo *der Heildeuter* als ein treuherziger Freund zu merken ist: vor Schlechtem wehrt er ab, zum Guten lenkt er hin, Ungekanntes erklärt er ihm, die himmlische Fährte zeigt er ihm an. Das sind die vier Fälle, wo der Heildeuter als ein treuherziger Freund zu merken ist.

Vier Fälle sind es, wo *der Mitempfinder* als ein treuherziger Freund zu merken ist: ein Misslingen erfreut ihn nicht, ein Gelingen erfreut ihn, bei tadelnder Rede wehrt er ab, bei lobender Rede stimmt er mit ein. Das sind die vier Fälle, wo der Mitempfinder als ein treuherziger Freund zu merken ist.

Wer Wohltat ausübt als ein Freund,
Und wer in Freud' wie Leid besteht,
Wer Heil zu deuten nicht versäumt,
Als Mitempfinder herzenstreu:

Als Freunde gelten diese vier,
Dem klugen Manne wohlbekannt:
Er soll sie halten lieb und wert,
Gleichwie die Mutter hegt ihr Kind.

Der Kluge, tüchtig so bewährt,
Wie strahlend Feuer glänzt er hell;
Vermögen schafft er, sammelt an,
Der Biene gleich, die Honig saugt:
So wird er reicher Tag um Tag,
Ameisenemsig recht bemüht.

Wer also einzuernten weiß,
Der ist im Hause reich genug;
Er teilt die Habe vierfach ab,
Kann fest nun knüpfen Freundesbund.

Ein Teil, der dien' ihm zum Genuss,
Mit zwein versorg' er sein Geschäft,

Den vierten spar' er zu Bedarf:
Er soll für später Hort ihm sein.

(Dīgha-Nikāya, 31)

Der Übende

Für den übenden Jünger, ihr Mönche, der das Unerreichte, die unvergleichliche Sicherheit zu erringen trachtet und der dafür eine äußere Hilfe sucht, erblicke ich auch nicht eine Hilfe, die so vielseitig ist wie treffliche Freundschaft. Ein Jünger mit einem trefflichen Freund überwindet das Unheilsame und entfaltet das Heilsame.

Ein Mönch mit einem guten Freund,
Auf den er hört und den er ehrt,
Indem dem Wort des Freunds er folgt –
Gar klarbewusst, voll Achtsamkeit
Erreichen mag er nach und nach
Versiegung aller Fesselung.

(Itivuttaka 17)

Freundschaft

Wer Scham verletzt, sie geradezu verachtet,
Wer sich als einen Freund wohl ausgibt,
Doch nicht mal leichte Dienste übernimmt, –
Erkenn' ihn klar als nicht zu dir gehörig!

Wenn Tat nicht folgt dem Liebeswort,
Das einer zu den Freunden spricht,
Dann werden Kluge ihn durchschauen
Als einen, der nicht handelt, der nur redet!

Der ist kein Freund, der ständig, unablässig,
Als Vorkehr gegen Zwist, nach Schwächen späht.
Bei dem man ruht, wie an der Vaterbrust das Kind,
Der ist ein Freund, den keiner kann entfremden.

(Sutta-Nipāta, Verse 253 - 255)

Verse aus dem Dhammapada

Triffst einen du, der dir die Fehler aufweist,
Als ob verborgnen Schatz er dir enthüllte,
Der weise ist und mahnend dich zurechtweist,
Mit solchem Weisen mögst du Umgang pflegen;
Denn einem, der mit solchem Menschen umgeht,
Gereichet es zum Guten, nicht zum Schlechten.

(Vers 76)

Geh' nicht mit bösen Freunden um,
Mit Menschen, die gar niedrig sind;
Mit edlen Menschen pfleg' Verkehr,
Mit Menschen, die die höchsten sind.

(Vers 78)

Gut ist's die Edelen zu seh'n,
Mit ihnen weilen stets ein Glück;
Und wenn man keine Toren trifft,
So mag man allzeit glücklich sein.

(Vers 206)

Drum, wer da einsichtsvoll ist, weise, wissensreich,
Kampffähig, pflichttreu und ein edler Jünger,
Solch einem guten, einsichtsvollen Menschen,
Dem folge man, gleichwie der Mond der Sternen-
bahn.

(Vers 208)

Wenn einen einsichtsvollen Freund du findest,
Einen Gefährten, weise, edel lebend,
Magst freudig du und achtsam mit ihm wandeln
Und überwinden jegliche Gefahr.

(Vers 328)

Wenn keinen einsichtsvollen Freund du findest,
Einen Gefährten, weise, edel lebend,
Sei wie ein König, der sein Land im Stiche lässt
Und wandle einsam wie der Elefant im Wald.

(Vers 329)

Wenn Not sich einstellt, sind ein Glück die Freunde;
Ein Glück ist die Genügsamkeit bei allem;
Verdienste sind ein Glück beim Lebensende;
Ein Glück ist alles Leidens Überwindung.

(Vers 331)

Mit edlen Freunden gehe um,
Die rein leben, nicht träge sind,
Benimm dich freundlich überall,
Sei im Verhalten allzeit klug.
Dann wirst von Wonne du erfüllt
Ein Ende machen allem Leid.

(Vers 376)

Gabe der Freundschaft

Mit denen ihr Mitgefühl empfindet und die glauben, zuhören zu sollen, Freunde oder Genossen, Angehörige oder Blutsverwandte, die sollen von euch, ihr Mönche und Nonnen, angehalten, ermahnt und bestärkt werden, in der Entfaltung der vier Grundlagen der Achtsamkeit.

(Saṁyutta-Nikāya 47, 48)

Aus den Versen des Thera Ānanda

Gestorben ist der Freund*),
der Meister ist nicht mehr, –
Nun gibt es keine Freundschaft dieser gleich:
Die Achtsamkeit, dem Körper zugewandt.

(Theragāthā 1035)

Die Lehrrede von den Freunden

So habe ich gehört. Einst weilte der Erhabene zu Sāvatthī, im Jeta-Hain, im Kloster Anāthapiṇḍikas.

Es begaben sich da zwei befreundete Mönche, Genossen des Ehrwürdigen Mahā-Kappina, zum Erhabenen. Der Erhabene nun sah diese Mönche von weitem herankommen. Als er sie gesehen, wandte er sich an die Mönche:

"Seht ihr da, o Mönche, diese beiden befreundeten Mönche herankommen, die Genossen Mahā-Kappinas?" – "Ja, o Herr."

"Diese beiden Mönche besitzen große magische Macht, große übernatürliche Gewalt. Nicht leicht kann man einen Erreichungszustand finden, der nicht schon vorher von diesen Mönchen gewonnen wäre. Und jenes höchste Ziel des Heiligen Wandels, um dessentwillen Söhne aus edler Familie ganz vom Hause in die Hauslosigkeit ziehen, das haben sie schon bei Lebzeiten erkannt und verwirklicht und verweilen in seinem Besitze." So sprach der Erhabene. Und nachdem der Gesegnete so geredet hatte, sprach der Meister noch dieses:

---

*) Der verstorbene "Freund" ist der Ehrwürdige Sāriputta.

"Diese Mönche, wahrlich, sie sind Freunde,
verbunden sind sie lange Zeit.
Die Edle Lehre hat sie fest verbunden,
die Lehre, die vom Buddha stammt.
Von Kappina sind sie geschult in jener Lehre,
die die Heiligen künden.
Nun tragen sie den letzten Leib
als Sieger über Māras Heer."

(Saṁyutta-Nikāya 21, 12)

Das Gleichnis von den zwei Freunden

Woher denn, Aggivessano, sollte es möglich sein, das was durch *freiwilligen Verzicht* erkennbar, ersehbar, erreichbar und erwirkbar ist, etwa auch von Jayaseno dem Königsohne, der mitten in *Begehren* lebt, Begehren genießt, von begehrlichen Gedanken verzehrt wird, von begehrlichem Fieber entzündet ist, eifrig dem Begehren nachgeht, erkannt, ersehen, erreicht oder verwirklicht werden könnte? Das ist unmöglich.

Gleichwie etwa, Aggivessano, wenn da in der Nähe eines Dorfes oder einer Burg ein hoher Felsen stände. Zu diesem gingen zwei Freunde, aus dem Dorfe oder der Burg Arm in Arm hinschreitend, heran, dem Felsen entgegen. Dort angelangt bliebe der eine der Freunde unten, am Fuße des Felsens, stehen, während der andere auf den Scheitel des Felsens emporstiege. Und es riefe der Freund unten, am Fuße des Felsens, dem Freunde zu, der auf den Scheitel des Felsens gestiegen:

"Was denn, Bester, siehst du oben vom Felsen aus?" Der aber sagte: "Ich sehe da, Bester, oben vom Felsen aus einen heiteren Garten, einen herrlichen Wald, eine blühende Landschaft, einen lichten Wasserspiegel." Und jener spräche: "Unmöglich ist es,

Bester, es kann nicht sein, dass du oben vom Felsen aus einen heiteren Garten, einen herrlichen Wald, eine blühende Landschaft, einen lichten Wasserspiegel sähest."

Da stiege der Freund oben vom Scheitel herab bis zum Fuße, ergriffe den Freund unterm Arme, führte ihn auf den Felsen empor, und nachdem er ihn eine Weile habe ausruhen lassen, fragte er ihn:

"Was denn, Bester, siehst du oben vom Felsen aus?" Und jener spräche: "Ich sehe da, Bester, oben vom Felsen aus einen heiteren Garten, einen herrlichen Wald, eine blühende Landschaft, einen lichten Wasserspiegel." Der aber sagte: "Eben erst haben wir, Bester, deine Rede also vernommen: 'Unmöglich ist es, Bester, es kann nicht sein, dass du oben vom Felsen aus einen heiteren Garten, einen herrlichen Wald, eine blühende Landschaft, einen lichten Wasserspiegel sähest'; und jetzt eben wiederum, Bester, haben wir deine Rede also vernommen: 'Ich sehe da, Bester, oben vom Felsen aus einen heiteren Garten, einen herrlichen Wald, eine blühende Landschaft, einen lichten Wasserspiegel.' Und jener spräche: "So lange ja mich eben, Bester, dieser hohe Felsen gehindert hat, habe ich das Sichtbare nicht gesehen."

Ebenso nun auch, Aggivessano, aber noch mächtiger, hat gewaltiges Unwissen Jayaseno den Königsohn gehindert, gehemmt, angehalten, eingeschlossen. Dass der etwa das, was durch *freiwilligen Verzicht* erkennbar, ersehbar, erreichbar und erwirkbar ist, auch mitten in *Begehren* lebend, Begehren genießend, von begehrlichen Gedanken verzehrt, von begehrlichem Fieber entzündet, eifrig dem Begehren nachgehend, erkennen, ersehen, erreichen oder verwirklichen könnte: das ist unmöglich.

(Majjhima-Nikāya, 125)

Grundlagen der Wohlfahrt

Was aber, Vyagghapajja, ist *edler Umgang*? In dem Dorfe oder der Stadt, wo der edle Sohn wohnt, was es dort an Hausvätern gibt oder Hausväter-Söhnen, jung und von reifem Charakter oder alt und von reifem Charakter, denen Vertrauen, Sittlichkeit, Freigebigkeit und Weisheit eignet, mit solchen pflegt er Umgang, unterhält sich mit ihnen, führt Gespräche mit ihnen. Und den solcherart Vertrauensvollen eifert er im Vertrauen nach, den solcherart Sittenreinen eifert er in Sittlichkeit nach, den solcherart Freigebigen eifert er in Freigebigkeit nach, den solcherart Weisen eifert er in Weisheit nach. Das, Vyagghapajja, nennt man *edlen Umgang*.

(Aṅguttara-Nikāya, VIII, 54)

* * *

Dritter Teil

Wirkungen einer Begegnung II

Nyāṇaponika Mahāthera, Forest Hermitage 1991

Die Bedeutung des Ehrwürdigen Nyāṇaponika Mahāthera für die westliche Welt

Erich Fromm

Dass sich in einer Welt, in der es keine Werte gibt als die des Erfolgs, keine Normen außer dem Gebot, Produktion und Konsum endlos zu steigern, in der sich Menschen in Dinge verwandeln und dem manipulierten Geschmack und der dirigierten Meinung blind unterwerfen – dass sich in in einer solchen Welt ein Bedürfnis herausbildet, wieder einen Sinn im Leben zu suchen, eine Sehnsucht nach einer Art religiöser Renaissance, ist nur zu verständlich. Christentum und Judentum haben heute auf die Jugend nur geringe Anziehungskraft, wohl wegen ihrer autoritären und anti-rationalen Elemente. Größer ist die Rolle und die Neigung zu fernöstlichen Religionen, besonders zu Buddhismus und Zen-Buddhismus, zu fernöstlichen Techniken wie Yoga und Meditation.

Unglücklicherweise, aber gar nicht überraschenderweise, wird dieses Interesse auch durch "Kulte" missbraucht, die unernsthaft und zum Teil gar Schwindel sind. Sie appellieren an dieselben Schwächen, die sie zu "heilen" versprechen; statt eine neue Entwicklung durch Einsicht und Aktivität zu fördern, beeinflussen sie die Menschen durch Massensuggestion, durch Abhängigkeit von sogenannten "Meistern", durch die verdummenden Methoden zeitgenössischer industrieller und politischer Propaganda. "Heilen" wird zum großen Geschäft. Meist genügt es schon, aus Indien zu kommen, um sich als Guru anpreisen und Einfluss über Hunderttausende gewinnen zu können.

Vor diesem Hintergrund muss man die Bedeutung der Person und des Werkes von Nyāṇaponika Mahāthera verstehen. Er ist ein Gelehrter, ein Lehrer, ein Helfer – kein Guru, kein Führer und kein Verführer. Als Gelehrter ist er eines der hervorragendsten Mitglieder der Theravāda-Schule in Ceylon, und seine Übersetzungen klassischer Werke des Buddhismus ins Deutsche und Englische stellen eine kulturelle Leistung von großer Bedeutung dar. Nicht nur sein Werk ist das eines Gelehrten, auch seine Person trägt die Züge aller großen Gelehrten in allen Kulturen: er ist objektiv, unfanatisch, zuverlässig im Großen und im Detail und bescheiden. So wichtig auch seine Übermittlung der buddhistischen Texte ins europäische Sprachgut ist, von noch größerer Bedeutung ist seine Rolle als Lehrer und Helfer. Ich kenne kein anderes Buch über Buddhismus als sein *Geistestraining durch Achtsamkeit*, das mit solcher Klarheit die wesentlichen Gedanken des Systems dieser für den Europäer so paradoxen "atheistischen Religion" darstellt. Sein Stil ist immer einfach, aber es ist jene Einfachheit, die nur von einem Menschen ausgehen kann, der einen komplizierten Gegenstand so durchdrungen hat, dass er ihn einfach ausdrücken kann.

Der Leser allerdings tut gut daran, wie ich es getan habe, viele Sätze, Abschnitte und Abhandlungen wieder und wieder zu lesen, wenn er den Autor ganz verstehen will. Sein Stil entspricht noch einem anderen Zug seiner Persönlichkeit: Er will überzeugen, ohne zu überwältigen; seine Person tritt ganz hinter der Logik seiner Argumente zurück. Diejenigen, die sich einem "Guru" unterwerfen wollen, die Klarheit in der Obskurität suchen, werden seine Schriften bald beiseite legen.

Nyāṇaponika Mahāthera, auch hierin ein echter Schüler des Buddha, will nicht nur lehren, er will helfen, heilen, dem Schüler einen Weg zeigen, wie er sich selbst heilen kann. Er könnte diese Aufgabe wohl kaum so erfüllen, wie er es getan hat, wenn er nicht auch als junger Europäer des ersten Viertels unseres Jahrhunderts ein tiefes Wissen von dem psychologischen Problem des heutigen Menschen mitbrächte. So genannte religiöse Probleme als solche existieren für ihn nicht; sie sind ein Ausdruck menschlicher Probleme, und auf diesem Gebiet erweist sich Nyāṇaponika Mahāthera als Psychologe oder, um es besser auszudrücken, als philosophischer Antropologe von erstem Rang. Er versteht den Menschen, die Grundbedingungen seiner Existenz, seine Leidenschaften und Ängste in einer so tiefen Weise, dass er den Buddhismus als eine Antwort auf die seelischen Bedürfnisse der Menschen von heute – oder vielleicht sogar von morgen – darstellen kann.

In der Tat, die Schriften von Nyāṇaponika Mahāthera sind ein "Führer der Verirrten" im letzten Viertel dieses Jahrhunderts.

Sie sind das exakte Gegenteil der populären Kulte. In seinem schon erwähnten Buch über buddhistische Meditation ist es ihm gelungen, die Methode echter Meditation in so klarer Weise aufzuzeigen, dass sie jedem zugänglich ist, dem es ernst ist und der die Anstrengung nicht scheut. Aber weit über die Meditation hinaus hat Nyāṇaponika Mahāthera diejenigen Elemente im Buddhismus betont, die an die besten Kräfte des heutigen ernüchterten, kritischen und dennoch sehnsüchtigen Menschen appellieren: Rationalität, Unabhängigkeit, das Aufgeben von Illusionen, den Verzicht auf Autoritäten, denen man sich unterwirft, und die volle Erfassung der inneren Realität, "das Sehen der Dinge entsprechend ihrer Realität". (Hier ist ein Berührungspunkt buddhistischer Selbsterforschung mit der Psychoanalyse, wie ich sie verstehe, auf den ich hier nur hinweisen kann.) Nyāṇaponika

Mahāthera hat im Gegensatz zu vielen falschen Interpretationen betont, dass Friede und Freude, nicht Zerstörung und Nihilismus wesentlich für die Gefühlswelt des Buddhismus sind. Er hat besonders darauf hingewiesen, dass der Buddhismus nicht nur denen helfen will, die auf das absolute Ziel – Nibbāna – ausgerichtet sind (und wenige erreichen es), sondern auch den Laien, die dahin streben, "sich selbst zu erkennen, wenn auch nur zeitweilig und teilweise, frei von der Versklavung an die Leidenschaften, an die Blindheit der Selbsttäuschung; sein eigener Herr zu sein und im Licht der Erkenntnis zu leben und zu denken" (Nyāṇaponika Mahāthera, 1970). Dies ist nicht der Platz, das Bild des Buddhismus, wie es Nyāṇaponika Mahāthera gibt, darzustellen. Ich kann auch nicht darauf eingehen aufzuzeigen, in welchen Punkten ich von der buddhistischen Doktrin in ihrer Totalität abweiche. Eine solche Aufgabe würde die detaillierte Analyse des Unterschieds zwischen meiner Position eines radikalen Humanismus und der buddhistischen Lehre erfordern, eine Aufgabe, die nur im Rahmen eines besonderen Buches gelöst werden könnte. Ich kann nur berichten, dass die Bekanntschaft mit den Werken von Nyāṇaponika Mahāthera mir viele neue Einsichten gegeben hat und dass von den Personen, denen ich seine Bücher zum Studium empfahl, viele berichtet haben, dass sie der Beginn einer neuen Orientierung und einer neuen Praxis waren. Ich bin überzeugt davon, dass sein Werk die Aussicht hat, einer der wichtigsten Beiträge zur geistig-seelischen Erneuerung Europas zu werden, wenn es nur genügend Menschen bekannt wird und so den Lärm der falschen Gurus übertönen kann.

* * *

Der ehrwürdige Nyāṇaponika in der Schweiz

Kurt Onken

Für mein kleines Land und besonders für mich gewann der ehrwürdige Nyāṇaponika eine große Bedeutung. Um sie verständlich zu machen, muss ich zunächst die Rolle aufzeigen, die er in meinem Leben spielte.

Um mit dem Anfang, also meiner Geburt, zu beginnen: Der Ort war Zürich, die Zeit ein sonniger Sonntag im Jahre 1914, das Kamma offensichtlich ein gutes, schien doch die Sonne über all die 87 Jahre seither. Und ich hatte auch – wen wundert's – sehr liebe Eltern ausgewählt: Mein Vater war sogar nicht lange vor meiner Geburt bei seiner Suche nach Erklärung der menschlichen Existenz auf die Lehre des Buddha gestoßen, und zwar mit Hilfe Arthur Schopenhauers.

Da meine drei Jahre ältere Schwester wie auch ich für die Schönheit der Sprache offene Ohren hatten, hörten wir dem lieben Vater gerne zu, wenn er uns eine Lehrrede des Buddha vorlas, obwohl wir als Kinder von deren Inhalt nicht allzu viel verstanden. Jedenfalls wurde mir der Wortlaut der Sutten in der wunderbaren Übersetzung des Wiener Indologen Karl Eugen Neumann zu dem, was Goethe seinen Faust den "Klang von Jugend auf gewöhnt" bezeichnen lässt.

Ich darf an dieser Stelle einfügen, dass auch der ehrwürdige

Nyāṇaponika als junger Mann mit Hilfe dieser Texte tief in die Lehre einzudringen vermochte und mit 25 Jahren eine Arbeit über das *Mūlapariyāya Sutta* ("Urart", Mittlere Sammlung, Nr. 1) verfasste, das er in Neumanns Übertragung zitierte. Und als er bei nachlassendem Augenlicht vermehrt Tonkassetten hörte, auf denen meine Schwester verschiedene Lehrreden im Neumann-Original vorliest, schrieb er mir, dass man die Reden eigentlich schon von ihrer originalen Form her nicht lesen, sondern anhören sollte und dass dies bei der Neumann-Übersetzung besonders deutlich werde.

In meiner Lehrnachfolge beschränkte ich mich nach Ausmessung meiner Grenzen auf das, was der ehrwürdige Nyāṇaponika in so einleuchtender und lebensnaher Weise stets empfahl: "auf das mittlere Maß der Kräfte". Doch blieb ich mir dabei stets bewusst, *"dass noch mehr zu tun sei"*, und bewunderte vertiefter als je zuvor jene konsequenten Jünger, die *"vom Haus in die Hauslosigkeit"* ziehen und das heilige Ziel als Ordensmitglied zu erreichen trachten.

Noch fehlte mir zu Anfang der Meister, also ein lebendiges Vorbild, das einen ermutigt und dem man nachstreben kann. Ein solcher Lehrer aber war im damaligen Europa und besonders im deutschsprachigen Raum nicht leicht zu finden. Ja, die Lehrvermittler der ersten Stunde waren mit der typischen Übergewichtung des dualistisch trainierten Intellekts bei der Interpretation der Lehre schon bald in die Extreme geraten und bedachten sich wechselweise "mit unsanften Redeweisen". Sie legten als "streitende Buddhisten" einen unerfreulichen Schatten über die reine Lehre und verwirrten die schlichteren Geister so weit, dass auch diese falsche Ansichten übernahmen und sie entsprechend heftig verteidigten. Besonders kampfesfreudig erwiesen sich jene, welche die Front gewechselt hatten und nun ihre früheren Genossen mit vermehrtem Argwohn beobachteten. Es war zuweilen recht schwierig, mit dem Wimpel der mittleren Lehre an diesen wogenden Fronten unbeschadet vorbeizureiten.

Ich schildere diese bedauerliche Situation in der Absicht, meine Freude verständlicher zu machen, als ich schließlich in der Person des ehrwürdigen Nyāṇaponika jenes Vorbild fand, das meiner Vorstellung eines in der Lehre geläuterten Meisters entsprach. Mit ihm schloss sich in schönster Weise der Kreis meiner Lehrnachfolge, der mit dem Ansatz meines verehrten Vaters und der kongenialen Übersetzung Karl Eugen Neumanns so verheißungsvoll vorgezeichnet war.

Gewiss, ich hatte inzwischen auch andere Lehrvermittler entdeckt, denen ich viel Dank weiß. Beim ehrwürdigen Nyāṇaponika jedoch war schon in seinen Schriften, die ich nach und nach in der deutschsprachigen Zeitschrift mit dem Titel "Die Einsicht" vorfand, jene milde Toleranz zu spüren, die nicht nur den Geist, sondern auch das Herz anspricht und die ich in den geschilderten Streitgesprächen so schmerzlich vermisst hatte. Und dieser Eindruck der Güte wurde beim Ehrwürdigen in seiner friedvollen Gegenwart, die ich schon bald erleben durfte, besonders spürbar.

Meine Schwester hatte geheiratet, und mein Schwager Paul Christiani gab nach vorsichtiger Annäherung an die Lehre in seinem Verlag die erwähnte Zeitschrift und mehrere namhafte Bücher der ehrwürdigen Nyāṇatiloka und Nyāṇaponika heraus. Von 1968 an, also nach 32 Jahren in Sri Lanka, machte der ehrwürdige Nyāṇaponika seine erste Reise in die Schweiz, vor allem um seinen Jugendfreund Dr. Max Kreutzberger in Locarno zu besuchen. Zur Besprechung einer Verlagsangelegenheit kam er auch in das Haus meines Schwagers in St. Gallen, wo ich ihn am 10. Juni 1970 kennenlernte.

Und wie wirkte er auf mich? Nun, ich notierte anderntags in mein Jahrbuch, das dem einzelnen Tag nur wenig Raum lässt: "Fein, kultiviert, liebenswürdig, eben ein Mönch!"

In der Festschrift zum 75. Geburtstag des ehrwürdigen Nyāṇaponika, die ich mit dem Titel "Des Geistes Gleichmaß" 1976 zusammenstellte, schrieb ich in der "Zueignung" unter anderem: "Wer immer diesem der Ehre wahrhaft Würdigen begegnete oder durch sein Wirken ergriffen wurde, sah sich beschenkt und beglückt. Mag des Mahāthera allumfassendes Wohlwollen hinter der stillen Zurückhaltung, die dem Adel seines Wesens entspricht, oft nur langsam aufleuchten, es erwärmt und erhebt schließlich das Gemüt eines jeden, der in seiner Nähe weilt. Seine Demut und Bescheidenheit sind so ausgeprägt, dass sich dem Gesprächspartner auch die Tiefe seiner Lehrkenntnis und die Weite seiner Betrachtungsebene nicht unmittelbar, sondern allmählich, ja fast zögernd aufschließen. Denn die Antwort auf eine Frage mag dem Ehrwürdigen noch so rasch zu Gebote stehen, er wird sie zunächst immer noch bedenken und behutsam ihre beste Formulierung wählen. Diese Achtsamkeit, die in seinem Werk einen bedeutenden Raum einnimmt, hat er in einem langen Mönchsleben so ausgebildet, dass sie nunmehr vollkommen natürlich und entspannt wirkt. Das Gelehrte und das Gelebte sind zu einer Einheit herangewachsen, Wissen und Wandel, Weisheit und Tugend zur Harmonie eingestimmt."

Ich hatte bei dieser Festschrift die Freude, dass sich neben den zwölf bedeutenden deutschsprachigen Buddhisten, die ich um einen Beitrag gebeten hatte, auch der damals berühmte Psychologe und Philosoph Erich Fromm bereit fand, eine Würdigung zu verfassen. Diese brachte meine Schwester zu Gehör, bevor wir ihm die Festschrift überreichten, und wir freuten uns an dem stillen Staunen des Geehrten, der sich über diese ihm unbekannte Lobpreisung wunderte.

Wir hielten die kleine Feier der Übergabe anlässlich eines Wochenendtreffens im "Haus der Besinnung" ab, das er mit viel Zuspruch gefördert und mehrfach mit mildstrahlender *mettā* erfüllt hatte. "Ich will hoffen", schrieb er mir im April 1974 noch vor dessen Erwerb, "dass Ihre Appenzeller Variante eines Berghauses der Stille zustande kommen und dem beabsichtigten Zweck dienen wird. Solche sozusagen 'extraterritorialen Inseln des *Dhamma*' sind ja heute innerhalb *Māras* Herrschaftsbereich besonders wertvoll."

Auch in den folgenden Jahren kam der ehrwürdige Freund regelmäßig in die Schweiz und ins "Haus der Besinnung", wo wir uns oft seiner gütigen Ausstrahlung erfreuen und ihm Lehrfragen vorlegen konnten. So wurde er zum Mentor und geistigen Mittelpunkt unseres buddhistischen Kreises. Mit den 80er Jahren wurde ihm dann die Reise zu beschwerlich, doch flog nun mancher von uns nach Sri Lanka, um ihn in seiner Waldeinsiedelei zu besuchen.

In lieber Erinnerung ist mir auch der 21. Juli 1981, also sein 80. Geburtstag, geblieben, zu welchem Anlass meine Schwester und ich ihn bei einem Zwischenhalt im Flughafen von Zürich beglückwünschen konnten. Er kam von Paris, wo er einen Neffen als seinen wohl einzigen Verwandten besucht hatte, und flog nach Colombo zurück. Ich überreichte ihm zu diesem Tag ein recht eigenartiges Buch: Es war schön gebunden, trug den Titel "Die Wurzeln von Gut und Böse" und hatte "Nyāṇaponika" zum Autor; neben meiner Zueignung enthielt der Einband jedoch, da der ehrwürdige Verfasser selbst bei der Korrektur der deutschen Übersetzung noch mitwirken sollte, nur leere Seiten. Er blätterte es bedachtsam durch und bemerkte schließlich: "Welch interessanter Beitrag zum Problem der *suññatā*!"

Großes Vergnügen bereitete mir fünf Jahre später die Zusammenstellung und Gestaltung der Festschrift zu seinem 85. Geburtstag; sie trug als Titel die Übertragung seines Mönchsnamens, also "Zur Erkenntnis geneigt", und enthielt mehrere kleine Schriften aus seiner Feder, ja sogar sein einziges Gedicht. Hinzu kamen

Gespräche mit einem Psychologen und einem Soziologen, ferner Auszüge aus seinen Briefen und weitere Würdigungen, diesmal von verschiedenen Seiten, so von einem Philosophen, einem evangelischen Pfarrer und ... einem Buddhisten. Hierbei kam sogar meine liebe Ehefrau zu Wort, eine standfeste, unbeirrbare Katholikin, mit der ich bis zu ihrem Tod eine 53jährige, glückliche und ökumenisch-harmonische Gemeinschaft verlebte und die den ehrwürdigen Nyāṇaponika überaus verehrte. "Ja, wusste ich", schrieb sie über ihn, "so sehen sie aus, die Lauteren, so müssen sie sein: Er unterscheidet die Menschen, gewiss, aber seine Güte gibt er jedem uneingeschränkt. Er mag Einzelne lieber haben als andere, aber er hat allen gegenüber dasselbe Wohlwollen, dieselbe Hilfsbereitschaft. Er erfühlt und sieht das Herz seines Gegenübers, sein Güte-Radar nimmt das Echo beim anderen unmittelbar auf... Der Ehrwürdige bezieht seine Kraft aus der Lehre und aus der Stille seines Herzens: Alle liebend, alle verstehend, das sind für mich die Merkmale des Erlösten, in christlicher Sicht: des Heiligen.... Der Ehrwürdige ist der Einzige, den ich so sehe. Ich hoffe, auch einmal einen Christen dieses Herzensformats zu treffen. Aber ich bin glücklich und dankbar, einem in dieser Tiefe Geläuterten begegnet zu sein und in seiner befriedenden Nähe geweilt zu haben."

Und noch einmal durfte ich ein Buch für ihn gestalten: Es kam 1989 mit dem Titel "Im Lichte des Dhamma" heraus und führte jene Arbeiten des Ehrwürdigen zusammen, die auf deutsch in Zeitschriften verstreut gewesen, und einige wenige, die noch nicht aus dem Englischen übersetzt worden waren. Mit dieser Ausgabe wurde das Werk des ehrwürdigen Verfassers in deutscher Sprache fast vollständig zugänglich.

Wie schon im Jahr zuvor hatte ich auch zu Anfang 1994 das Glück, den ehrwürdigen Mahāthera während einer ganzen Woche in seiner *Forest Hermitage* täglich etwa anderthalb Stunden lang zu besuchen. Er hatte mir gestattet, seine Antworten auf die vielseitigen Fragen einer Amerikanerin zu übersetzen und als ein Bodhi-Blatt, den kleinen Heften der *Buddhist Publication Society* ähnlich, herauszugeben. Mit seiner ungeminderten Geistesklarheit überprüfte er die Texte noch einmal und "entpersönlichte" dabei jene Passagen, in denen er in der freien Rede das "Ich" verwendet hatte.

Der kleinen Einleitung, die ich zu dieser letzten von ihm herrührenden Druckschrift schrieb, stellte ich als Motto eine abgewandelte Lehrtextstelle voran: *"Seid heiter, Freunde, seid heiter! Als Berater ist der Ehrwürdige da, als Helfer und Unterweiser."* Nun, schrieb ich nach seinem Tode, da dieser gütige Botschafter des *Dhamma* das Ende des *Vassa* abwartete, um aus dieser Welt zu wandern, wollen wir nicht traurig sein: Dankbarkeit für sein Vorbild und für den Segen seiner Lehrvermittlung stärke unser Bemühen, ihm nachzustreben.

Andachtsraum im "Haus der Besinnung", Dicken/Schweiz, mit Buddha-Statue sowie Reliquienbehälter und Bronzeskulptur des ehrwürdigen Nyāṇaponika Mahāthera.

Forest Hermitage – Ein letzter Besuch bei Nyāṇaponika Mahāthera

Alfred Weil

Unser diesmaliger Aufenthalt in Sri Lanka sollte nicht ohne einen Besuch des Ehrwürdigen Nyāṇaponika Mahāthera zu Ende gehen. Ich hatte mir vorgenommen, ihn um ein Interview über Buddhismus in Sri Lanka zu bitten und einige speziellere Fragen zum Verständnis des *Dhamma* an ihn zu richten. Schon von Deutschland aus war unser Kommen vereinbart.

Anfang August 1994 stehen in Sri Lanka Parlamentswahlen unmittelbar bevor – die ersten seit 17 Jahren, mit großer Spannung erwartet und von anhaltenden politischen Unruhen begleitet. Das ganze Land scheint nur ein Thema zu kennen, und auch führende Teile des buddhistischen Sangha beteiligen sich an der Diskussion um die politische Zukunft der Insel. Wollen sich einerseits die großen politischen Parteien der Unterstützung durch die Bhikkhus versichern, so ist andererseits mancher Träger der Robe an direkter politischer Einflussnahme interessiert – zugunsten des Sangha oder seiner selbst. Gelegentlich kommt es in diesen Tagen sogar zu gewaltsamen Auseinandersetzungen, vor allem in den Städten. Deshalb sind für die Tage nach dem Urnengang Ausgangssperren im ganzen Land angekündigt, und wir entschließen uns, die *Forest Hermitage* möglichst bald aufzusuchen. Am 14. August wollen wir gegen halb drei dort sein.

Also machen wir uns an diesem Sonntag nach dem Mittagessen auf den Weg. Meine Frau und ich gehen die quirlige und verkehrsreiche Senanayake Road hinunter bis zum kleinen Zweigpostamt, wo wir nach rechts abbiegen. Vorbei am President House, dem Trinity-College und dem Sri Dalada Thapowane Meditation Centre kommen wir den Hügel hinaufsteigend in den angrenzenden Wald. Bald erreichen wir das Haupttor, das einen geschützten Teil von dem übrigen Forst trennt. Wir sagen der Aufsicht, wohin wir wollen und dass wir angemeldet sind. Er erklärt uns darauf hin noch einmal den Weg: viermal die linke Abzweigung und dann rechts – schon seien wir vor der *Forest Hermitage.*

Unsere kleine Wanderung setzt sich noch einmal über eine knappe halbe Stunde fort, durch unberührten üppigen Dschungel. Eine bunte Vielfalt von Bäumen, Sträuchern, Kletter- und Schlingpflanzen ringt in einem lautlosen Kampf um Raum und Licht. Das wuchernde Grün wölbt sich über modernde Äste und fauliges Laub. Einige wunderschöne Schmetterlinge, deren farbenfrohe Pracht besonders zart und zerbrechlich ist, kreuzen gelegentlich unseren Weg; und an einer Stelle geraten wir in eine Affenhorde, die in den Bäumen um uns und über uns ihr lautes und hektisches Spiel in dem sonst so stillen Wald treibt – unentwegt auf der Suche nach Essbarem oder einem Leckerbissen.

Unserem Gefühl nach müssten wir jetzt gleich am Ziel sein, und wir biegen in einen kleinen Seitenweg ein. Tatsächlich sehen wir nach einigen Metern ein Haus. Es sieht allerdings anders aus, als wir die *Hermitage* von Bildern her kennen. Wir sehen zwei einheimische Mönche, von denen uns einer heranwinkt. Wohin wir wollen, fragt er, lässig in einem Sessel auf der Veranda sitzend, die Füße vor sich auf einem Hocker. Die Zeitung mit den neuesten Nachrichten nimmt er nicht aus der Hand. Wie sich herausstellt, sind wir nicht ganz falsch. Wir hätten nur etwas später abbiegen müssen, um die *Forest Hermitage* von vorne zu erreichen. Aber so geht es auch. Fünfzig Meter weiter auf einem kleinen Pfad, und wir sind schließlich da.

Wir gehen um das kleine Haus, um vielleicht jemanden zu entdecken, der uns öffnet. In diesem Moment geht die Türe auf, und heraus tritt Bhikkhu Bodhi, der uns erwartet hat und hereinbittet. Die Schuhe sollen wir mitnehmen, denn es gibt auch hier viele Affen, die sonst womöglich Schabernack mit ihnen treiben. Wir folgen dem Bhikkhu durch den Vorraum, der zugleich Büro- und Arbeitsraum ist. Unmittelbar darauf betreten wir das Zimmer des Ehrwürdigen Nyāṇaponika. Es ist sehr schlicht eingerichtet: ein Bett, zwei Stühle. Auf dem kleinen Schreibtisch einige Kassetten und Arbeitsutensilien, das "Glasperlenspiel" von Hermann Hesse, außerdem der Fragenkatalog, den ich zuvor übersandt hatte. Links neben dem Schreibtisch sitzt der Ehrwürdige auf seinem Stuhl. Die Hände auf dem Schoß kommt der schmächtige Körper des nunmehr 93-Jährigen in Bewegung, als wir eintreten.

Bhikkhu Bodhi ist vorausgegangen und kündigt uns an. Er spricht laut und geht nahe heran. Er greift in Richtung Schreibtisch, auf dem ein kleiner Verstärker liegt. Nyāṇaponika setzt den Kopfhörer auf, und ich nehme das Mikrophon in die Hand. Nur auf diese Weise sind noch Gespräche möglich. Augenlicht und Gehör haben in den letzten Jahren sehr nachgelassen. Da Nyāṇaponika schon lange nicht mehr selbst lesen und schreiben kann, bildet dieses Gerät das wichtigste Bindeglied zur Außenwelt. Ingeborg und Götz Nitzsche, die in Kandy leben und den Ehrwürdigen seit einiger Zeit intensiv und aufmerksam betreuen, lesen ihm regelmäßig aus Briefen und Büchern vor. Zu der eigenen Disziplin zwingt all dies, sich nur mit Wesentlichem zu beschäftigen und die Notwendigkeit von Worten noch mehr zu erwägen.

Nach der Begrüßung danken wir für die Bereitschaft, uns zu empfangen und über den *Dhamma* zu sprechen. Schon zuvor hat uns unser Gastgeber mitteilen lassen, dass er sich nicht mehr imstande sehe, etwas zu einer Veröffentlichung beizutragen. Er bleibt sich so seiner Devise treu, mit jedem Satz exakt und uneingeschränkt zuverlässig zu sein. Deshalb seine Bitte um ein nur persönliches Gespräch.

Überrascht bin ich von der Tatsache, dass der Ehrwürdige nichts Verallgemeinerndes über den Buddhismus in dem Land sagen will, in dem er doch über Jahrzehnte gelebt hat. Er sei nicht viel herumgekommen, meint er, und kenne sich deshalb nicht so gut aus. Er empfiehlt, einen der Mönche in der benachbarten Anlage zu befragen. Aber Fragen zum *Dhamma* werde er gerne beantworten.

Mich interessieren vor allem Hinweise zum Verständnis der buddhistischen Meditation und der meditativen Praxis. Auf Nachfrage betont der Ehrwürdige das Wechselverhältnis von Ruhe- und Einsichtsmeditation (*samatha* und *vipassanā*). Geistesruhe und Einsicht förderten sich wechselseitig, doch seien die Lebensverhältnisse im Westen nicht gerade dazu angetan, tatsächlich innere Stille zu erlangen und Beschaulichkeit zu üben. Das mache die Erreichung der meditativen Versenkungszustände (*jhāna*) nicht leicht, obwohl sie für den Übungsweg von Vorteil seien. Oft legten deshalb Lehrende und Praktizierende den Schwerpunkt auf die reine Einsichtsmeditation. Wenn gelegentlich vor den Vertiefungen gewarnt werde, dann nur für den Fall, dass sie ausschließlich und ohne die nötige Achtsamkeit geübt würden. Entscheidend für die Meditation sei nicht das mit ihr möglicherweise verbundene Glücksgefühl, sondern der klare Anblick der Daseinswirklichkeit. Die durchdringende Erfahrung der Vergänglichkeit, der Leidhaftigkeit und Unpersönlichkeit aller Erscheinungen sei das eigentliche Kernstück des Dhamma; Dreh- und Angelpunkt der Buddhalehre sei zweifellos die *Anattā*-Lehre, gibt er uns nachdrücklich mit auf den Weg.

Aufschlussreich ist ebenfalls sein Hinweis, dass auch der Theravāda die Technik der visualisierenden Betrachtung in der Meditation kennt, wenn diese auch nicht eine so ausgeprägte Rolle spiele wie etwa in der tibetischen Tradition. Der Ehrwürdige nennt als Beispiel die Reduktion des menschlichen Körpers auf die Visualisierung von 32 bestimmten Teilen, sowie die Übung, sich den eigenen Körper in neun verschiedenen Stadien des Verfallsprozesses nach dem Tod vorzustellen. So könne man sich der wahren Beschaffenheit des Körperlichen vergewissern. Von einem Mönchskollegen berichtet er darüber hinaus, wie dieser bei der 'Betrachtung über den Erleuchteten' *(buddhānussati)* ein Bild des Buddha visualisiere und imaginativ über dessen hohe Qualitäten meditiere.

Wir bemerken sofort, wie anstrengend jeder Satz ist, den der Ehrwürdige ausspricht. Wir fühlen uns unwohl bei dem Gedanken, ihn über Gebühr mit eigenen Anliegen zu bedrängen. Doch beruhigt man uns später, dass er dieser Herausforderung bedürfe, und er sie gerne auf sich nehme. Es ist nicht die intellektuelle Seite der Unterhaltung, die Schwierigkeiten bereitet. Man spürt genau, dass bei jedem Stichwort die Antwort unmittelbar da ist, ohne langes Überlegen und Nachdenken. Aber die Umsetzung in Sprache macht große Mühe. Leise und stockend kommen die Worte, der ganze Körper zittert unter der Anstrengung. Von Zeit zu Zeit braucht es einige Momente der Erholung, bis die Unterredung fortgesetzt werden kann. Oft ist der Kopf nach hinten gesunken, die Augenlider sind geschlossen. Das Instrument des Körpers ist verbraucht und abgelebt, es gehorcht kaum noch. Dazu kommt, dass der Ehrwürdige Nyāṇaponika am Tag zuvor in seinem Zimmer gestürzt und dadurch zusätzlich geschwächt ist.

Nach etwa einer halben Stunde signalisiert der Ehrwürdige Nyāṇaponika, dass er ermüdet ist, und wir beenden das Gespräch.

Nach dem Abschied und allen guten Wünschen verlassen wir das Zimmer. Draußen begegnet uns noch einmal Bhikkhu Bodhi, wir sagen auch ihm auf Wiedersehen und treten vor die Tür. Zum Schluss machen wir noch ein Foto von der *Hermitage* und der Rückweg beginnt.

Etwa zwei Monate später, am 19.10.1994, erreicht die Freunde Nyāṇaponikas in Deutschland ein Telegramm. Es beginnt mit den Worten: “Heute morgen um 4.30 Uhr hat der Ehrwürdige Nyāṇaponika seinen Lebensweg beendet; er schlief ruhig ein ...”

* * *

Ein Quell, der lautere Freude spendet,
ein Glück des höchsten Preises wert, –
Dies schafft sich, wer, die Segensfrucht im Sinn,
des Menschtums Bürde kraftvoll trägt.

Snp. 256

Nachwirkung einer Begegnung

Ingeborg Nitzsche

Bhikkhu Bodhi kam mit der Almosenschale des Ehrwürdigen Nyāṇaponika Mahāthera aus dem "Andachtsraum" der *Forest Hermitage.* In ihr lagen nun, einige Tage nach der Feuerbestattung und bis zu ihrer Überführung nach Polgasduwa, der *Island Hermitage* im Ratgama-See, die körperlichen Überreste des Ehrwürdigen. Bhikkhu Bodhi kam auf uns zu mit der Bemerkung: "Ich frage mich, ob Sie auch das Knistern in der Schale hören können?"

Ich neigte den Kopf über die Schale und sah, was da übrig geblieben war, erkannte wie wenig, wie leicht der materielle Rest des großen alten Mönchs nun wog. Meine Nase hatte den dumpfbrenzligen Knochengeruch wahrgenommen, und der Gehörsinn stellte sich auf das "Lebendige" in diesem unansehnlichen Haufen ein: Ja, da war ein Knistern, das sich anhörte, als ob man in ein Glas frisch eingeschenkten Mineralwassers hineinlauscht.

Gewiss gibt es wissenschaftliche Erklärungen für die Entstehung dieses Geräusches, aber nicht für dessen Wirkung auf mich. Ich war ergriffen von der Stimme weiterwirkender Verwandlung in allem Gewordenen, so tönt also *Aniccas* Lied, das Lied der Vergänglichkeit, selbst in unseren zurückgelassenen Knochenresten fort ...

Lektionen dieser Art können wir freilich nur von edlen Freunden erhalten, die dafür sorgen, dass wir uns öffnen und von der

Wahrheit ergreifen lassen, und die die Kraft haben, uns für einen entscheidenden Augenblick energisch dazu anzuhalten. Wir nennen dies "Götterboten", selbst wenn es eines Schocks bedarf, um die fällige Erkenntnis in uns zur Welt zu bringen.

Es gab Augenblicke, in denen ich bereute, kein Tagebuch geschrieben zu haben, während jener Zeit, als mein Mann Götz und ich den Ehrwürdigen Nyāṇaponika regelmäßig besuchten. Solche Aufzeichnungen könnte ich nun zur Hand nehmen, wäre nicht allein auf meine Erinnerung angewiesen, die sich zwischenzeitlich durch nachfolgende Entwicklungen verändert haben mag. Sollte ich aber auf die Begegnungen mit dem ehrwürdigen Freund zurückschauen, ohne zuerst die Almosenschale mit den Knochenresten betrachtet zu haben? Es wäre sicherlich unangemessen, an konservierten Aufzeichnungen festzuhalten, den Erfahrungen ihre Verwandlungskraft zu nehmen und damit die Begegnung in der Vergangenheit einzufrieren.

Mein Mann und ich waren im Mai 1992 nach Sri Lanka gekommen, um unserem Leben nicht allein eine geographische Wendung zu geben. Wir wollten die Lehre des Buddha an ihrer Quelle kennen lernen und die Meditation vertiefen, mit der wir in den hinter uns liegenden Jahren ein wenig "ins Blaue hinein" begonnen hatten. Unsere Kenntnisse der Lehre und unsere Erfahrungen mit ihr waren gering. Positiv gewendet kann man es "Anfängergeist" nennen, was uns auszeichnete. Den freilich hatten wir, und dazu reifte uns beiden wohl ein günstiges Karma heran. Im rechten Augenblick und bevor wir in attraktive falsche Richtungen abdriften konnten, wie es hier so oft geschieht, wenn "Westler" auf der Suche nach dem Weg des Buddha sind, hatten wir den Pfad zur Höhle des Ehrwürdigen Sumedha genommen. Hier fanden wir den hilfreichen edlen Freund und Lehrer, auf dessen Rat wir uns stets verließen. Er hat uns mit Voraussicht und Weisheit Stolpersteine auf diejenigen Wege gelegt, die uns sicherlich von unserem Ziel weggeführt hätten, das wir ja noch gar nicht so genau kannten. Und da war zum Glück auch Ayyā Nyāṇasiri, die amerikanische Nonne, die regelmäßig einmal in der Woche den Ehrwürdigen Nyāṇaponika besuchte und uns wissen ließ, dass da jemand fehle, der ihm regelmäßig in deutscher Sprache vorlesen könnte, nachdem er nun fast blind sei. Ja, genau das war die Aufgabe, die wir suchten! Wir kannten und verehrten den Ehrwürdigen von vorausgegangenen Besuchen in der *Forest Hermitage*, und wären ohne diesen Hinweis nicht auf den Gedanken gekommen, ihm in irgendeiner Weise von Nutzen sein zu können.

Wie das so ist im Westen: man ist immer versucht, seine Annäherungen zu motivieren. Möglichst mit einer wissenschaftlichen Arbeit oder einer Veröffentlichung anderer Art. Wir hatten anfangs die Idee gehabt, Mönche aus westlichen Ländern zu befragen, aufgrund welcher Entwicklungen sie buddhistische Mönche geworden sind. Es wurde aber bald deutlich, wie wenig Interesse die Mönche an derartigen "Persönlichkeitsbildern" hatten, und wir verstanden ihre Argumente. Also gaben wir diesen Plan schließlich auf und dies um so lieber, nachdem wir erfahren hatten, dass der Ehrwürdige Nyāṇaponika unsere regelmäßigen Besuche auch ohne solchen Vorwand schätzte.

Jeden zweiten Nachmittag, um halb drei, kamen wir zu seiner Waldeinsiedelei, zu Fuß, mit dem Auto oder Taxi, bei Regen und Hitze – wenigstens einer von uns, etwa, wenn der andere krank war. Bei der Lektüre und der Erledigung der Korrespondenz in deutscher Sprache ersetzten wir dem Ehrwürdigen die altersbedingt fehlende Augenkraft, indem wir ihm vorlasen oder seine Diktate niederschrieben. Dies mag Ende 1992 begonnen haben, und das war noch zu der Zeit, als er an seine Freunde zu schreiben pflegte: "... zum Glück bin ich bis heute von schwerer Krankheit verschont geblieben..."

In meine Erinnerung hat sich ein stets gleich bleibendes Bild eingeprägt, das sich uns darbot, wenn wir nach der Hektik der Stadt, auf dem Weg durch den Udawattekele Wald zur Ruhe gekommen und bei der stillen, kleinen *Forest Hermitage* angelangt waren: Der Ehrwürdige erwartete uns im hinteren Zimmer. Er saß aufrecht in einem hölzernen Stuhl mit hoher Rückenlehne und Armstützen, die Hände ruhten im Schoß übereinandergelegt. Mich faszinierte diese innere Anwesenheit im ganzen Körper und die Energie, die die äußere Unbewegtheit aufrechterhielt. Menschliche Würde, so dachte ich, auf den kleinsten Nenner gebracht. Dass hohes Lebensalter, wenn es mit Weisheit gepaart ist, anziehender wirkt als jugendliche Anmut, das war uns neu. Wie ist es möglich, so fragten wir uns, den Tag in einem Stuhl zu verbringen, der in einer halbdunklen Kammer steht, und dabei in innerem Frieden zu wohnen? Wie unterscheidet sich doch dieses Dasein in seiner Qualität von dem, was jene armen Menschen plagt, die, ohne zur Weisheit zu reifen, altern und Leid statt Frieden erfahren.

Mit diesem Anker im Herzen begann ich die Bücher des Ehrwürdigen Nyāṇaponika zu studieren, auf der Suche nach eben diesem "Geheimnis". Und ich erschrak! Beim Essen, so las ich, möge man regelmäßig diese Betrachtung üben: Als seien wir – so zitiert er ein drastisches Gleichnis des Buddha – Eltern, die mit ihrem Söhnchen die Wüste durchqueren und sich kurz vor aller Tod dazu entschließen, ihren geliebten Sohn zu töten und aufzuessen, um ihr eigenes Leben zu erhalten. So wie diese verzweifelten Eltern keine Freude und keinen Genuss an der Nahrung haben, so sollten auch wir die Aufnahme von Speise betrachten (vgl. Nyāṇaponika, Die vier Arten der Nahrung, in *Im Lichte des Dhamma*, Christiani Verlag, Konstanz 1989, S. 179 ff.) Sich wie gewohnt zur Mahlzeit guten Appetit zu wünschen, das wäre dann freilich undenkbar. Sollte dies der Grund sein, dass man diesen Wunsch vor dem Essen in Sri Lanka nicht kennt?

Mich provozierte dieser Schock zu meiner ersten *Dhamma*-Frage an den Mönch: ob man durch solche Betrachtung den Weg nicht vorzeitig aufzugeben versucht sein könne? Da lächelte der Ehrwürdige Nyāṇaponika wissend und gütig und tröstete mich mit dem Hinweis, dass ich da vielleicht doch etwas früh auf harte Kost gestoßen sei. Es helfe aber doch sehr, um übermäßige Gier zu dämpfen. Nun, das wirkte auf mich gerade so, als sei hier zunächst Vertrauen notwendig, um der Sache später mit Verständnis begegnen zu können, wenn man nur weitergehe ...

Unsere Vorlesestunden galten der uns hier erreichbaren deutschen Literatur. Die Auswahl war zu treffen unter dem, was man selbst im Bücherschrank hatte, und dem, was man sich von deutschsprachigen Freunden beschaffen konnte. Glücklicherweise hatte meine inzwischen 86-jährige Mutter ihre Freude daran, die führenden Tages- und Wochenzeitungen in Deutschland mit Einfühlsamkeit auch daraufhin durchzulesen, was wir in Sri Lanka dem Ehrwürdigen vorlesen könnten. Sie schickte wöchentlich ein dickes Kuvert aus Deutschland, das wir ihm dann als "neue Lieferung der Agentur Argus" ankündigten.

Unsere Bücher und alles, was sich in den über zwanzig Jahren, in denen wir in unserem Haus in Freiburg gewohnt hatten, angesammelt hatte, waren verschenkt, bis auf die wenigen, die in drei Leichtmetallboxen passten und die wir hatten schicken lassen. Das Haus hatten wir vollständig geräumt, um es vermieten zu können. Auch Hausleute können so gewisse Erfahrungen des Weges in die Hauslosigkeit nachvollziehen. Beispielsweise, dass man sich nach all dem Anhangen und Erwägen schließlich auf das besinnt, was man noch tragen kann: Zwei Koffer sind insofern schon eine Annäherung an die Besitzlosigkeit, da man die Leichtigkeit nach dem Abwurf von Ballast bereits am Flughafen als ein wunderbares Gefühl von Freiheit empfindet. "Aussteiger" nannten uns die Zurückbleibenden. Wir aber fühlten uns als

"Einsteiger", die das Weggehen gewiss nicht in nestbeschmutzender Weise umzusetzen gedachten, sondern als eine unumgänglich notwendige Bedingung für das Neue.

Dennoch hatten wir unter den wenigen Büchern, die zur Verfügung standen, auch noch diejenigen gefunden, deren erneute Lektüre der Ehrwürdige Nyāṇaponika sich wünschte: Hölderlins Gedichte und Hermann Hesses "Glasperlenspiel". Sehr fröhlich gingen wir durch Watzlawicks "Anleitung zum Unglücklichsein". Da war es oft nicht möglich weiterzulesen, wenn der aufmerksame Zuhörer Nyāṇaponika in sich hineinlachte und die Darstellungen des allzu menschlichen Knotenspiels mit der trockenen Bemerkung: "Ja, so sind's!" kommentierte, wobei auch diese Bemerkung so wahr, so treffend, so unerwartet irdisch und doch so achtsam hingelegt erklang, wie es dem Humor des Ehrwürdigen entsprach.

Lange veränderte sich scheinbar nichts. Wir erhielten einen Schlüssel zur *Forest Hermitage*, damit der Ehrwürdige sich nicht auf abenteuerliche Exkursionen mit seiner Gehhilfe begeben müsse, wenn einmal niemand da wäre, um uns die Tür zu öffnen. Er war zwar seinem Alter entsprechend dem Nachlassen der körperlichen Kräfte ausgesetzt, jedoch bei guter Gesundheit. Geist und Erinnerungskraft, sowie die Verfügbarkeit seines Wissens, waren von jeder Beeinträchtigung bewundernswert frei geblieben. Die Vergänglichkeit hielt sich in jener Zeit im Verborgenen.

Zeichen körperlichen Zerfalls zeigten sich zunehmend erst, nachdem der Ehrwürdige zu Anfang des Jahres 1994 im Bad gestürzt war. Er hatte sich zwar nicht ernsthaft verletzt, aber nun wurde mehr und mehr seine körperliche Hinfälligkeit deutlich und damit auch die regelmäßige Anwesenheit eines Pflegers notwendig. Hinzu kamen Hautschäden, die an den Beinen aufgetreten waren und regelmäßiger Pflege bedurften. Nach diesem Sturz schien es so, als holte sich nun die Vergänglichkeit, was ihr in jener Zeit entgangen war, als sie sich nicht so offen zeigte.

Ergriffen beobachteten wir, wie der Ehrwürdige Nyāṇaponika sich nun an die letzten Aufräumungsarbeiten machte, die aus den Pflichten dieses Lebens noch zur Regelung anstanden. Ein Krankenhausaufenthalt im August 1994 stand damals kurz bevor. Es waren Fieberschübe und Nierenstörungen vorausgegangen, die den Körper sehr schwächten. In den Wunden der offenen Beine hatten sich winzige Ameisen gesammelt, deren der Pfleger auch mit Hilfe des eigens dazu angeschafften Staubwedels nicht Herr wurde. Es ist schwer zu glauben, wenn man es nicht selbst gesehen hat. Das Informationssystem der Ameisen in den Tropen reagiert mit besonderer Schnelligkeit auf jede Art von Fleisch. Ob es sich nun um eine weggeworfene Büchse mit Resten von Corned Beef oder die offenen Beine eines großen alten Mönchs handelt: Die Ameisen überziehen den Ort und fressen sich hinein.

Im Krankenhaus, so hofften wir alle, könnten solche unnötigen Schmerzen vermieden werden. Dorthin kamen wir nun täglich, brachten leichte, selbst gekochte europäische Kost, denn jetzt wurde es schwierig mit der Nahrungsaufnahme für den ehrwürdigen Freund, besonders wenn das Essen landesüblich scharf gewürzt war. Und es war auch geboten, ihm beizustehen! Hier im Krankenhaus fehlte die Präsenz des Ehrwürdigen Bodhi, dessen respektvoll-einfühlsame Zuwendung in der *Forest Hermitage* so wohltuend und liebenswert die edle Freundschaft der beiden Mönche kundtat. Er war es auch, der dem Pfleger Grenzen setzte, wenn der so unermüdlich Tüchtige seine Fürsorge zu rigide ausübte.

Der Ehrwürdige Nyāṇaponika wies pflegerische Aktivitäten nie zurück, noch zeigte er jemals eine wie auch immer geartete Abneigung gegen sie. Er ertrug sie auch dann, wenn sie in einen sinnlosen Kampf gegen den Zerfall ausarteten. Der Pfleger seinerseits benutzte seine Alleinherrschaft im Krankenhaus, um jeden Zweifel daran auszuschließen, dass, wer sich erst einmal seiner Pflege anvertraut, die Illusion gänzlich aufzugeben hat, er habe wenigstens noch ein Mitbestimmungsrecht über den Körper. Welch hartes Training!

Es konnte geschehen, dass mir im Spital gesagt wurde, der Mönch habe heute Kopfschmerzen und ich solle wieder gehen, der Ehrwürdige dies aber verneinte, worauf ihm ein feuchtes kaltes Tuch auf die Stirn gelegt wurde und man mir mitteilte, der Mönch wisse eben nicht, dass er Kopfweh habe ...

Nach einer Woche bat der Ehrwürdige Nyāṇaponika ihm "morgen früh um neun das Auto der *BPS* zu schicken." Die Krankenhausverwaltung wollte aufgrund einer Rücksprache mit den Belegärzten eine Verlegung zwar nicht verantworten, doch hatten alle großen Respekt vor der Entscheidung des Mönchs.

Der Einzug in die *Forest Hermitage* fand termingemäß statt, und der zurückgekehrte Patient soll die Schwelle freudig mit den Worten "home, sweet home" überschritten haben. "Schreiten" und "home" ist hier freilich nicht im üblichen Sinne zu verstehen.

Von nun an zweifelte niemand mehr daran, dass die letzte Phase des körperlichen Zerfalls bevorstand. Die kleinen Erholungen, die auf die Schwächephasen während der Fieberschübe folgten, lernte man bald wie eine Schwingung um eine Linie zu sehen, die unerbittlich und unaufhaltsam zu Ende geht.

Immer weniger Besucher kamen, eigentlich nur noch die vertrauten Freunde. Die letzten Briefe an seine engsten Freunde im Ausland hatte der Ehrwürdige noch gegen Ende der Zeit im Krankenhaus diktiert, als es ihm für kurze Zeit wieder möglich war, in einem Sessel zu sitzen. Zu seinem Mönchsfreund, dem Ehrwürdigen Sumedha, sprach er öfter von der "Reizlosigkeit des Daseins."

Ich hätte damals über diese Bemerkung nachdenken sollen, denn es dauerte viel zu lange, bis es mir möglich war zu erkennen, dass diese "Reizlosigkeit" eine Frucht des Lebens im *Dhamma* und nicht etwa eine Klage war. Konkret gefasst: dass ich dagegen *besser* nicht ankämpfe, indem ich meine Energie auf die Reizerhöhung der Lektüre und der Nahrungsqualität konzentriere. Dass es unsinnig ist, mir den Kopf darüber zu zerbrechen, ob es da vielleicht noch eine emotionsbesetzte Geschmackserinnerung an die Kinderzeit geben könnte, eine lange nicht geschmeckte und doch leicht verträgliche Kost, vielleicht Griesbrei mit Zucker und Zimt ... oder was sich da alles so im Denken abspielte, bevor ich endlich erkannte, worum es ging!

Nun, es war dann ein sehr schönes Lächeln des Ehrwürdigen Nyāṇaponika, das mir geschenkt wurde, als ich ihm eines Tages sagte: "Bhante, ich glaube, nun kann ich Sie mit diesen Süppchen und Puddings wohl nicht mehr am Leben halten." Darüber hinaus wurde diese vermeintliche Niederlage zur entspannenden Einsicht gewendet, als wir beide, mein Mann und ich, ihn daraufhin fröhlich sagen hörten: "Ab heute möchte ich Sie Ingeborg und Götz nennen." Er muss es als Glück empfunden haben, dass wir über das Sterben reden können, und dass wir ihn loslassen.

Zuletzt lasen wir nur noch unregelmäßig vor, wann es eben ging. Es war, wenn ich mich recht erinnere, der 17. September 1994, als wir ihm eine Würdigung des Lebens und Schaffens K.E. Neumanns durch Hugo von Hofmannsthal vorlasen, die wir kurz zuvor "zufällig" beim Durchblättern einer Werksausgabe gefunden hatten. Er saß an diesem Tage, anders als sonst, zum Fenster gewandt, in einem bequemen Stuhl in halbliegender Position. Wir ahnten, dass dies unsere letzte Vorlesungsstunde sein würde, und waren sehr ergriffen. Erstmals fasste der Ehrwürdige nicht mehr die wichtigsten Punkte des Gelesenen zusammen, immer das positiv Hervorzuhebende zuerst, zu Kritisierendes deutlich klargelegt, aber freundlich kommentiert. Der Ehrwürdige schwieg an diesem Tag – er hatte Schmerzen.

Von da an sahen wir ihn nur noch im Bett liegend. Die Pfosten des Bettes hatte man in Flüssigkeitsbehälter gestellt, um die Ameisen fernzuhalten. Ab und zu hörten wir ihn unter großen Schmerzen stöhnen und suchten nun nach schmerzlindernder Medizin, die den Geist nicht beeinträchtigt. Dies ist ein schwieriges Kapitel in Sri Lanka. Hier gibt es zwischen Panadol und Morphin keine Abstufungen und darum zu wenig Hilfe für jene, die diese Welt mit klarem Geist verlassen wollen. Zum Glück hatte der Ehrwürdige Sumedha aus den für seine Erste-Hilfe-Station gespendeten Beständen noch einige Medizin aus Europa und Amerika, die die gewünschte Linderung wenigstens zeitweise verschaffen konnte. Der Rücken und die Beine hatten nun tiefe Löcher, die große körperliche Schmerzen verursachten.

Auf dem stillen Weg durch den Udawattekele Wald hatten wir uns in den letzten Wochen oft gefragt, ob der Ehrwürdige wohl bei unserer Ankunft noch am Leben sei, wenn er tags zuvor geschwächt vom Fieber gewesen war oder große Schmerzen litt.

Am dritten Tag vor seinem Hinscheiden hörte ich zum letzten mal sein Lachen, als ich ihm "androhte", den Suppenkaspar aus dem Struwwelpeter vorzulesen, aus gegebenem Anlass natürlich, es war aber schon ein sehr geschwächtes Lachen.

Der vorletzte Tag ist in meiner Erinnerung der traurigste: Wir kamen zu seinem Bett, und er bemühte sich sehr, uns etwas zu sagen. Er versuchte es mehrmals und erkannte dabei selbst, dass seine Sprache für uns nicht mehr verständlich war.

Als wir am darauf folgenden Tag, dem 18. Oktober wiederkamen, hofften wir, dies möge sich nicht wiederholen. Der Ehrwürdige Nyāṇaponika lag da mit geschlossenen Augen; wir standen schweigend, dachten, dass er schliefe. Doch da öffnete er die Augen, und sein Blick, der anfangs noch ganz nach innen gerichtet war, wendete sich nach außen, er sah uns an – kurz nur – und ging ins Innere zurück, schloss die Augen wieder. Es war so klar, dass dies ein Abschied war. Schweigend verabschiedeten wir uns mit einer Verneigung.

Es war der Vollmondtag in Sri Lanka (durch die Zeitverschiebung war in Deutschland erst am 19. Oktober Vollmond). Die traditionelle "Regenzeit" endet an diesem Tag für die Mönche, und es ist ihnen nun erlaubt, wieder vom Kloster wegzugehen ... weiterzuwandern.

Dies hat der Ehrwürdige Nyāṇaponika Mahāthera noch vor dem Morgengrauen des 19. Oktobers 1994 getan. Genau zu der Stunde, in der auch im Westen der Vollmondtag anbrach. Der Pfleger berichtete, er habe einige laute Atemzüge gehört, durch die denen er kurz vor fünf Uhr morgens erwachte. Es sei aber schon kein Atem mehr da gewesen, als er ans Bett trat.

Wie weise die Zeit gewählt war, um ruhig sterben zu können!

Als wir am Vormittag des 19. Oktober in die *Forest Hermitage* kamen, war dies für uns ein Grund zur Freude. Es lag in allem etwas vollkommen Gelungenes.

Wir saßen noch lange bei diesem zurückgelassenen Körper, in Gedanken und Gefühlen mit dem "zur Erkenntnis Geneigten" verbunden. Und fragten uns auch später manches Mal, was wohl mit jener Neigung geschehen sei, die ihn bis zuletzt begleitete.

Einhundert Jahre sind seit seiner Geburt vergangen.

Da brachte doch ein Gast zu seinem letzten, dem 93. Geburtstag, eine dieser goldenen Pappdekorationen mit der lorbeerumkränzten Zahl "100" zur *Forest Hermitage.* Ein heiterer Scherz war zu vernehmen, mit der Anspielung darauf, "dass dies wohl auch noch zu schaffen sei". Der Ehrwürdige Nyāṇaponika wollte sich aber für diesen Gedanken nicht erwärmen lassen und meinte, "das sei nun wohl doch ein bißchen zu viel verlangt, den Tag sollten wir lieber mal ohne ihn feiern."

Gut, so sei es!

Mit größter Dankbarkeit für das Herzensgeschenk des Mitseindürfens in den letzten beiden Jahren eines so Beispiel gebenden Lebens und Sterbens. Dankbar für die Begegnung mit einem Menschen, der die Lehre des Erhabenen durchdrungen und gelebt hat, und der ihre heilsamen Wirkungen bis zum letzten Atemzug bezeugte. Einem entfalteten Geist, der nicht allein über das Medium des Intellekts verfügte, sondern eine unmittelbare Wirkung im zwischenmenschlichen Bereich entwickelt hatte, und damit denjenigen Menschen zu Hilfe kam, die nach einer ergreifenden Erfahrung, einer gesicherten Witterung für den rechten Weg suchen.

Noch schmerzt der Gedanke daran, dass es dazu einer letzten Lektion bedurfte; ich meine das Knistern der Knochenreste in der Almosenschale, diesen Schock einer spirituellen Rosskur.

Gesetzt den Fall, der Ehrwürdige Nyāṇaponika Mahāthera lebte noch: ob ich ihm diesen Text wohl vorlesen könnte?

Ich höre im Geist ein vertrautes Lachen.

* * *

Ein Vorbild und Lehrer

Raimund Beyerlein

Als der Ehrwürdige Bhikkhu Bodhi vergangenes Jahr für einige Tage bei uns zu Gast war und wir nach seiner Abreise mit unseren Kindern Theresa und Raymond (6 und 11) über die Eindrücke, die sein Besuch bei uns hinterließ, sprachen, da brachten es die Kinder auf einen wunderbaren Punkt: "Es war, wie wenn eigentlich niemand da war." Diese kindliche Feststellung hat meine Frau und mich tief beeindruckt, denn sie traf, wie es so oft bei spontanen Äußerungen von Kindern ist, genau den Punkt.

Der Ehrwürdige kam direkt von New York, wo er eine Rede bei den Vereinten Nationen gehalten hatte, in unser ländliches Gegenteil "Herrnschrot", wo sich "Fuchs und Hase gute Nacht sagen", und wir erlebten einen Gast, der "wie nicht da war" und dies im allerbesten Sinne. Ein echter Mönch war bei uns zu Gast, einer, dem es um die Läuterung, um die innere Befreiung geht und dessen Ausstrahlung daher Leichtigkeit und Heiterkeit ist. Unbelastet und frei fühlt man sich in der Nähe derer, die schon einiges vom "selbstbewussten Ego" losgelassen haben, die dessen Lächerlichkeit und Wahngestricktheit durchschaut haben.

So empfand ich es besonders beim Ehrwürdigen Nyāṇaponika; dies war der tiefste Eindruck, den er auf mich machte: Die Freiheit und Heiterkeit, die er ausstrahlte, die milde und liebevolle Hinwendung an den Besucher, der ihm gegenübersaß. Man spürte sofort, hier ist ein Großer, der schon viele Jahre und Jahrzehnte ernsthaft dem vom Buddha gezeigten Weg gefolgt ist und der in der großen Spur des Erwachten seine eigene Spur hinterlässt, damit andere es leichter haben, die auch der gewaltigen Elefantenspur des Buddha folgen wollen. Der Ehrwürdige war keiner der den anderen ein Lehrer sein wollte, er ging seinen Weg der Befreiung von Gier, Hass und Wahn und wurde dadurch zum Vorbild für viele. Solche Großen hinterlassen ihre Werke ohne Belehren-Wollen, denn ihnen ging und geht es um die eigene Läuterung, so wie Paul Debes einst auf meine bewundernden Worte über sein Werk ganz lapidar antwortete: "Ach, das habe ich doch zuallererst für mich getan, um meinen Weg der Nachfolge zu gehen." Das ist keine Überheblichkeit, es ist zutiefst Demut, die immer nur die eigenen Verstrickungen sieht, die es noch zu beseitigen gilt; die sich nicht als Lehrer von anderen sehen kann, in ihrer Ernsthaftigkeit jedoch zum echten lehrreichen Vorbild wird.

"Die Lehre sei euer Meister", und "strebet ohne Unterlass", dies ist das Vermächtnis des Buddha und das ist für den ernsthaften Nachfolger die Wegweisung.

Heute erleben wir in der spirituellen "Welt" (auch im Buddhismus) eine unheimliche Flut von Lehrern und Lehrerinnen, ja man hat oft den Eindruck, dass es vor lauter Lehrenden kaum noch Schüler gibt. Schlägt man eine der einschlägigen Zeitschriften auf, dann lachen einem viele liebe und strahlende Gesichter solcher Meister und Meisterinnen entgegen, die alle etwas mitteilen wollen. Niemand von ihnen sei ihre Ernsthaftigkeit und ihr guter Wille abgesprochen, aber es mutet doch seltsam an, dass jene, die sich am ehesten Lehrer nennen könnten, geradezu vor diesem "Ehrentitel" zurückschrecken und sich bestenfalls als Mitschüler oder Klassensprecher titulieren lassen, wenn sie um Anleitung gebeten werden.

Warum ist das so? Weil eben nur die im besten Sinne Lehrer oder Lehrerinnen sind, die sich nicht als solche fühlen. Sie wissen, der Buddha und seine Lehre, das sind die wirklichen Lehrer und jene, die ernsthaft diesem Wege folgen, werden – ob sie wollen oder nicht – zu Lehrenden, denn nur ein echtes Vorbild – und das sind die Verwirklichten auf dem achtgliedrigen Heilsweg – ist auch ein echter Lehrer oder eine echte Lehrerin.

Meine eigene Erfahrung zeigt mir das am deutlichsten. Als die Lehre bei mir "einschlug" war ich erfüllt von einem Enthusiasmus ohnegleichen, die Wahrheit, endlich war die Wahrheit gefunden. Noch ziemlich allein mit meiner Wahrheit, richtete sich mein Sinn darauf, diese unbedingt anderen mitzuteilen, Seminare zu veranstalten usw., welch herrliche Sache: "Ich" konnte den anderen einen Weg zeigen, etwas Gutes tun. "Ich" wollte Bücher schreiben, mich mitteilen, vielen zum Nutzen – das war ein wirklich gutes Gefühl. Doch im Laufe der Jahre nahm dieser Enthusiasmus mehr und mehr ab und wich einer nüchternen Einschätzung meiner "wirklichen" Situation. Ich sah die Fallen, die mir gerade mein "leuchtendes Ich" stellte, denn es verdeckte die tiefer liegenden, seit Urzeiten eingewachsenen Strukturen der Gier, des Hasses und der Verblendung, die Erstere nährt. Ich musste anerkennen, dass nur mühselige Kleinarbeit, die zur Auflösung dieser "Persönlichkeitsstruktur" führt, wirklich frei macht. Traurig nahm ich von meinem leuchtenden "Ich" Abschied, es war doch gar zu schön. Heute sehe ich, dass die ernsthafte Nüchternheit in Bezug auf sich "selbst", eine der wichtigsten Begleiterinnen auf dem Weg ist, und dass die Täuschung überall dort lauert, wo sie vergessen wird, auch in den schönsten und erhebendsten Meditationen. Dabei darf der nüchterne Ernst aber andererseits nicht zur Selbstqual führen. Die Mitte finden, heißt auch wirkliche Freude finden.

Unsere Welt ist voll von Worten, von guten und von schlechten, aber sie ist arm an von Gier, Hass und Wahn befreiten Menschen und solchen, die es wirklich werden wollen.

* * *

Die Verkörperung des Dhamma

Amadeo Solé-Leris

Wie so manche andere Suchende, schulde auch ich dem Ehrwürdigen Nyāṇaponika Mahāthera größte Dankbarkeit. Vor bald drei Jahrzehnten, im Jahre 1972, als ich eben mit dem Versuch begann, den wahren Sinn des *Dhamma* zu ergründen, riet mir ein freundlicher Bhikkhu, das klassische Werk des Meisters, *Geistestraining durch Achtsamkeit*, sorgfältig zu studieren. Das tat ich auch (und zwar vorerst in der englischen Fassung *The Heart of Buddhist Meditation*), und es war der Beginn eines großen, heilbringenden Abenteuers.

Eine frühere Lektüre hatte den Weg schon vorbereitet, nämlich die jenes anderen Klassikers der buddhistischen Literatur des 20. Jahrhunderts: "Das Wort des Buddha", die Sammlung von Texten aus dem Pāli-Kanon, zusammengestellt und übersetzt vom Ehrwürdigen Nyāṇatiloka, dem Lehrer des Ehrwürdigen Nyāṇaponika.

Das Lesen der Worte des erleuchteten Buddha, getreu übersetzt und mit einleuchtenden Erklärungen ausgestattet, war eine fruchtbare Vorbereitung. Das darauf folgende Studium der Werke des Ehrwürdigen Nyāṇaponika brachte mir dann eine klare, verständliche und sinnreiche Bestätigung des Geahnten und wurde auch, darüber hinaus, zu einem tief greifenden Erlebnis.

Äußerst hilfreich war einerseits der sachliche Gehalt des Buches, der die höhere Bedeutung der praktischen Lehrausübung über das rein begriffliche Verständnis heraushob (ohne jedoch dieses zu vernachlässigen). Damit wurde der direkte Weg gewiesen, der durch die Ausübung der stetigen Achtsamkeit zur erlösenden Erkenntnis führt. Tief beeindruckend war andererseits die Art und Weise, in der die Lehre von ihm dargeboten wurde: heiter, gleichmütig und eindeutig, aber nie aufdringlich, sodass der Autor dadurch eben die Eigenschaften auswies, die mich bei der Lektüre der Worte des Erleuchteten so tief beeindruckt hatten: Güte und Gleichmut. Nach so vielen Jahrhunderten lag vor mir ein lebendiger Beweis für die außerordentlichen Eigenschaften, die in den Menschen, die nach der Lehre zu leben verstehen, zur Vervollkommnung gelangen. Der Ehrwürdige Nyāṇaponika war für mich tatsächlich eine Verkörperung des *Dhamma*.

Die Qualitäten, die ich bei der Lektüre erkannt hatte, wurden später in einem regelmäßigen Briefwechsel mit dem Meister, seit dem Jahr 1975, reichlich bestätigt. Gleich am Anfang wurde mir guter Rat dadurch zuteil, dass ich zum Studium der Pāli-Sprache ermuntert wurde, und dass für die Ausübung der Klarblicks-Meditation *(vipassanā)* mir vom Ehrwürdigen (und seinem treuen Mitarbeiter Richard Abeyasekera) die Intensivkurse eines indo-burmesischen Meditationslehrers empfohlen wurden, die mir all die Jahre eine höchst wohltuende *Dhamma*-Praxis ermöglicht haben.

Noch wichtiger als die Korrespondenz war jedoch unsere persönliche Begegnung. Im März 1984 gelang es mir endlich, den Ehrwürdigen in seiner *Forest Hermitage* in der Nähe von Kandy zu besuchen. Die Erinnerung an jene allzu kurzen Tage ist immer noch lebendig in mir. Der Ehrwürdige war damals fast 83 Jahre alt und hatte immer mehr Schwierigkeiten mit der Sehkraft seiner Augen und mit dem Gehvermögen. Dessen ungeachtet war er voll unverwüstlicher Tatkraft, immer offen und gut gelaunt. Er war stets bereit, sein tiefes Verständnis der Lehre des Buddha und seine eingehende Kenntnis der kanonischen Sprache, des Pāli, mit anderen zu teilen. Immer auf die charakteristische Art und Weise des echten *Dhamma*-Lehrers: aufschlussreich und überzeugend, freundlich und beredt, aber stets voll Achtung dem Gesprächspartner gegenüber und ohne je zu versuchen, dem anderen Anschauungen oder Deutungen aufzuzwingen.

Für uns, die das Glück einer persönlichen Beziehung zum Ehrwürdigen erfahren konnten, bleibt das, was wir von ihm gelernt haben, für immer ein wesentlicher Bestandteil unserer Geisteswelt und eine zuverlässige Anleitung auf dem Weg zu einer vollkommeneren Verwirklichung der Lehre. Vielen anderen hat er, durch die von ihm angeregte und über 30 Jahre lang geleitete *Buddhist Publication Society* in Kandy, einen ebenso wertvollen Dienst erwiesen, indem er auf diese wirksame Weise die weltweite Verbreitung des *Buddha-Dhamma* ungemein förderte. Durch die periodischen Veröffentlichungen der "Wheel"- und "Bodhi Leaves"-Schriftenreihen in englischer Sprache, sowie weitere Bücher, haben bis heute viele Menschen auf der ganzen Welt Gelegenheit, den Geschmack des *Dhamma* zu kosten und die Freude eines wachsenden Verständnisses zu erleben. Mit der in den Reden des Buddha oft wiederholten Formulierung kann man von dem Ehrwürdigen Nyāṇaponika tatsächlich sagen, dass es durch ihn für uns so war, "wie wenn einer Umgestürztes wieder aufrichtete, oder Zugedecktes öffnete, oder Verirrten den Weg zeigte, oder eine Lampe in der Dunkelheit anzündete: Die da Augen haben, werden die Dinge sehen."

* * *

Der Buddha und die Krankheit

Hellmuth Hecker

Der Ehrwürdige Nyāṇaponika Mahāthera gehörte zu den Menschen, die durch früheres gutes Wirken, trotz eines hohen Alters, geistig bis zuletzt völlig klar im Geiste geblieben sind und körperlich relativ wenig zu leiden hatten. Das Augenleiden nahm zwar zu und machte allmählich das Lesen immer mühsamer bis unmöglich. Und auch eine Kreislaufschwäche stellte sich ein. Aber im Vergleich zu anderen Menschen war dies noch ein milder Tribut an die Hinfälligkeit und das Leiden am Alter. Die Kreislaufschwäche interpretierte er als Leiden am Daseinskreislauf *(Saṁsāro)*, in dem es weit leidigere Störungen und Möglichkeiten gibt. Und vor allem ertrug er mit großer Geduld alle Unbilden des Alters und war darin ein vorbildlicher Mönch.

So kann man von ihm sagen, dass er, ebenso wie der Buddha, relativ "wenig Bedrängnis" *(app'ābādha)* erlebte, nämlich am Körper. Wenn in der folgenden Abhandlung die Krankheiten des Buddha berichtet werden, dann mag uns dies als eine Erinnerung daran dienen, dass das Menschentum selber schon eine Bedrängnis ist und dass die wahre Gesundheit eben darin besteht, sich geistig von allen vergänglichen und unbeständigen Daseinsfaktoren abzulösen. Diese "Gesundheit ist das höchste Gut" *(Majjhima-Nikāya 75)*.

In der Festschrift zum 85. Geburtstag des Ehrw. Nyāṇaponika Mahāthera habe ich unter dem Titel "Vierzehn Tage mit Nyāṇaponika" meine Begegnungen mit ihm, verteilt auf zehn Jahre (1968-1977), geschildert. Daraus geht hervor, welch freundschaftliches Verhältnis uns in der Lehre verband, vor allem durch einen jahrzehntelangen Briefwechsel über die verschiedensten Lehrfragen. Im täglichen Umgang mit der Lehre sind mir nach wie vor seine Übersetzung des *Sutta-Nipāta* und seine Überarbeitung der *Angereihten Sammlung* unentbehrliche und stets neu willkommene Hilfen.

Die verschiedenen Arten des Leidens, das mit dem Fleischleib verbunden ist, hat auch der Erwachte erlebt:

Die meisten körperlichen Leiden des Menschen sind selbst verschuldete Wirkung des Karma dieses Lebens, und zwar durch die Nichtbeachtung der Grenzen des Körpers. Der Hauptfall ist zu viel und zu ungesundes Essen. Beim *Bodhisattva* war es die gegenteilige Ursache: durch zu wenig Luft und Nahrung magerte der künftige Buddha zum Skelett ab. Er schwächte dadurch seinen Körper so sehr, dass er sich kaum noch aufrecht halten konnte. Seine Unkenntnis über den rechten Weg zur Überwindung der im Leben inkarnierten Triebe führte ihn zu dieser Kasteiung, bis seine Weisheit ihn die Nutzlosigkeit der Selbstqual erkennen und den rechten Weg finden ließ. Nie mehr, in der ganzen noch kommenden Lebenszeit, fügte er sich wieder selbst körperliches Leiden zu.

Körperliche Leiden gibt es auch als Folge unheilsamen Wirkens in früheren Leben, die einem durch andere aus Vorsatz oder Fahrlässigkeit zugefügt werden. Hier erlebte der historische Buddha das Attentat, das Devadatto auf ihn verübte. Dieser löste mit einem Felsbrocken eine Steinlawine aus. Von einem abspringenden Felssplitter wurde der Erwachte am Fuß verwundet.[1] Er blutete und wurde auf einer Bahre ins Kloster getragen. Er hatte heftige Schmerzen und Qualen, die er achtsam und wissensklar ertrug *(Saṁyutta-Nikāya 4, 13)*.

Untrennbar mit dem Körper ist auch seine Abnutzung, sein Altern, verbunden. Dies zeigt sich selbst am Astralleib sinnlicher Götter, wenn auch sehr abgemildert. Wer sich einen solchen Leib erwirkt, erwirkt damit auch das Leiden des Alterns. So erlebte der Buddha manchmal nach einem längeren Lehrvortrag Rückenschmerzen und streckte sich aus, worauf er anderen befähigten Mönchen die Fortführung der Belehrung überließ.[2)] Ein weiterer Aspekt von der Abnutzung des Körpers im 80. Lebensjahr des Buddha ist weiter unten aufgeführt.

Das, was wir unter Krankheit verstehen, heißt im Pāli *ābādha.* Dies bedeutet soviel wie "besondere Bedrängnis" oder "stärkere Beschwer". "Gesundheit" bezeichneten die Inder als ein Erleben des Körpers mit "wenig Bedrängnis" *(app'ābādha).* Was der historische Buddha an *ābādha* erlebte, soll nun im Einzelnen geschildert werden:

Im *Vinaya* und in vier der fünf Lehrredensammlungen werden sieben Fälle von Krankheiten des Buddha berichtet. Mehr oder weniger ausführlich werden auch die näheren Umstände mitgeteilt. Diese Fälle lassen sich chronologisch wie folgt ordnen:

Saṁyutta-Nikāya 7, 13:

In Sāvatthī im Siegerwaldkloster hatte der Buddha "Windbeschwerden". Aus dem Zusammenhang ergibt sich, dass darunter Stoffwechselbeschwerden, Verdauungsstörungen und Blähungen zu verstehen sind. Damals war noch der Mönch Upavāno[3)] der Aufwärter des Buddha. Da diese Aufgabe in den letzten 25 Lebensjahren des Buddha von Ānando erfüllt wurde, wird deutlich, dass das geschilderte Ereignis in die Frühzeit fällt. Der Buddha bat nun Upavāno, ihm heißes Wasser zu besorgen. Dieser ging zu einem Brahmanen und bekam von ihm eine Traglast heißes

Wasser. Außerdem gab er Upavāno eine Tüte Melasse für den Buddha mit. Upavāno badete den Buddha in dem heißen Wasser und gab ihm von der Melasse zu trinken. Dadurch legten sich die Beschwerden. Das geschilderte Ereignis war also lediglich eine leichte Erkrankung.

Mahā-Vagga VIII, 1, Nr. 30:

In Rājagaha erlitt der Buddha einen Anfall von Fehlsteuerung *(dos´abhisanna)*. Der indischen Heilkunst nach gab es im Körper drei Störfelder, nämlich Galle, Schleim und Wind. Waren deren Funktionen gestört, so traten Fehler, Mängel *(dosa)* auf. Damals war schon Ānando der Aufwärter. Der Buddha sagte ihm, dass er ein Abführmittel benötige – es handelte sich anscheinend wieder um Verdauungsstörungen. Ānando ging zu Jīvako, dem Hofarzt, der ein Anhänger der Lehre war. Dieser verordnete nun eine detaillierte Therapie. Zuerst solle der Leib einige Tage mit Öl eingerieben werden. Danach bereitete Jīvako aus Lotussen drei Portionen Medizin, die der Buddha inhalieren sollte. Bei jeder Portion würde er sich je zehnmal entleeren. So geschah es. Danach sollte er, bis der Körper sich erholt habe, nur Saft trinken.

Mahā-Vagga VI, 17:

In Rājagaha hatte der Buddha noch einmal Windbeschwerden. Ānando erinnerte sich, dass dem Buddha bei früherer Gelegenheit die oben genannte dreifache starke Flüssigkeit geholfen hatte. Ānando hatte das Rezept Jīvakos behalten und betätigte sich nun als ayurvedischer Apotheker, indem er in seiner Hütte diese Medizin herstellte, welche wiederum half. Der Buddha nahm dies zum Anlass, genaue Vorschriften zu geben, in welchen Ausnahmefällen ein Mönch selber Arzneimittel herstellen darf.

Aṅguttara-Nikāya III, 73:

In Kapilavatthu hatte sich der Buddha bei einem seiner Besuche in seiner Heimat von einer Krankheit erhoben. Hier steht der Begriff *gilāna*, was etwa mit Siechtum übersetzt werden kann. Jedenfalls wird dieses Wort benutzt, wenn jemand bettlägerig ist. So ist *gilāna-sala* in einem Kloster das "Siechenhaus", das Krankenrevier. Näheres über diesen Krankheitsfall wird hier nicht gesagt. Es heißt nur, dass kurz nachdem der Erhabene sich von seiner Krankheit erhoben hatte, Mahānāmo zu ihm kam und eine Lehrfrage über das Verhältnis von Einigung des Geistes (Sammlung) und Erkennen (Einsicht) stellte. Da dachte der fürsorgliche Ānando, dass der Buddha eben erst von einer Krankheit genesen sei, und dass Mahānāmo eine sehr tiefgründige Frage stellte. Er nahm daher Mahānāmo beiseite und beantwortete, um den Buddha zu schonen, selbst die Frage.

Saṁyutta-Nikāya 46, 16:

Wiederum in Rāgaha war der Buddha "beschwert, leidend und schwer krank" *(ābādhiko hoti dukkhito bālhā-gilāno)*. Diese Formel wird im Kanon sehr häufig verwendet, wenn eine schwerere Erkrankung vorliegt. Neumann übersetzt sie mit "unwohl, leidend, schwerkrank" oder "siech, leidend, schwer bresthaft". Jedenfalls ist es eine Krankheit, die ans Bett fesselt. Da nun begab sich der Ehrwürdige Mahā-Cundo zu ihm, begrüßte ihn ehrerbietig und setzte sich zur Seite nieder. Offenbar wollte er sich nach dem Befinden des Erhabenen erkundigen, der zu Bett lag. Da wandte sich der Erhabene an ihn und bat ihn, ihm mögen die sieben Erwachungsglieder einfallen. Mahā-Cundo sprach:

> "Diese sieben Erwachungsglieder, o Herr, die der Erhabene vollkommen erfahren, entfaltet und ausgebildet

hat, führen zum Überblick, zur Erwachung, zum Nirvāna" – und dann nannte er sie einzeln.

Der Buddha erwiderte:

"Wahrhaftig, Cundo, das sind die Erwachungsglieder; wahrhaftig, Cundo, das sind die Erwachungsglieder".

Und die Rede endet wie folgt:

"Also sprach der Ehrwürdige Mahā-Cundo und der Erhabene hatte es gebilligt. Es erhob sich der Erhabene von jener Krankheit. Es war vom Erhabenen jene Krankheit überwunden".

Hier heilte sich der Buddha anscheinend durch die Kraft seines Geistes, indem er sich auf die Ebene der Erwachung stellte, auf der man sich nicht mehr mit dem Körper identifiziert. Gleichzeitig machte er seinem Jünger Mahā-Cundo die Freude, sich an die sieben Erwachungsglieder zu erinnern und seinen Meister wieder gesund zu sehen.

Dīgha-Nikāya 16, II = Saṁyutta-Nikāya 47, 9:

Auf der letzten Wanderung seines Lebens verbrachte der Buddha die letzte Regenzeit (Juli-Oktober) im Dorfe Bilva bei Vesāli im heutigen Bundesstaat Bihar. Er stand im 80. Lebensjahr. Hier stieg ihm nun eine Krankheit mit starken Wehgefühlen auf, sie war lebensgefährlich *(ābādho uppajji bālhā vedanā vattanti maranantikā)*. Er ertrug sie achtsam und klarbewusst, ohne sich verstören zu lassen. Er sagte sich aber, dass es unpassend sei, wenn er in die Erlöschung eingehe, ohne seinen Aufwärter oder die Jüngerschaft zu verständigen. So wandte er dann diese Krankheit durch Willenskraft von sich ab und verweilte gestützt auf die Lebenskraft-Gestaltung *(jivita-sankhāra)*. Da beschwichtigte sich dann diese Krankheit.[4] Nachdem er sich von der Krankheit erhoben hatte, trat er aus der Hütte und setzte sich an die Schattenseite der Wand. Ānando kam und setzte sich zu ihm und sagte, wie sehr er sich freue, dass es dem Erhabenen leidlich gehe. Er sei bei dieser Krankheit sehr mitgenommen gewesen, habe aber die Zuversicht besessen, der Erhabene werde nicht erlöschen, ohne der Jüngerschaft noch etwas angeordnet zu haben. Der Buddha erwiderte, er habe bereits alles gelehrt und nichts zurückgehalten. Er habe auch keinen Ich-Gedanken mehr im Hinblick auf die Leitung des Ordens:

> "Ich bin doch jetzt alt geworden, ein Greis, hochbetagt, bin meinen Weg gegangen, am Ziel angelangt, stehe im 80. Jahre. Gleichwie etwa ein abgeratterter Karren mit Ach und Krach weitergebracht wird, ebenso auch wird, mit Ach und Krach, der Leib des Vollendeten weitergebracht.
> Zu einer Zeit, wo der Vollendete keinerlei Vorstellungen Raum gegeben und einzelne Empfindungen aufgelöst hat, also im Bereich einer geistigen Vertiefung ohne Vorstellen verweilt: Wohlsein mag zu einer solchen Zeit der Leib des Vollendeten erwirken.
> Darum aber wahrt euch selber als Leuchte, euch selber als Zuflucht, ohne eine andere Zuflucht, wahrt euch die Lehre als Leuchte, die Lehre als Zuflucht, ohne eine andere Zuflucht".

Dīgha-Nikāya 16, IV = Udana VIII, 5:

Ein halbes Jahr später, nach seiner letzten Wanderung, weilte der Erhabene im Frühjahr bei Pāvā im Mangohaine des wohlhabenden Goldschmieds Cundo. Nachdem Cundo vom Buddha belehrt worden war, lud er ihn für den nächsten Tag zum Essen ein und hatte als besonders gutes Mahl Ebermorcheln zubereitet.[5] Der Buddha aber erkannte, dass auch giftige Pilze darunter waren. Er bat Cundo, nur ihm die Pilze vorzusetzen, und das Übrige den ihn begleitenden Mönchen. Nach dem Essen wandte er sich an Cundo und hieß ihn, die übriggebliebenen Pilze zu vergraben, denn außer vom Vollendeten könne das von niemandem in der Welt verdaut werden. Cundo mag sich gewundert haben, aber er tat, wie geheißen. Dann erfreute der Buddha Cundo wiederum in lehrreichem Gespräch.

Nachdem der Buddha in seine Unterkunft im Mangohaine zurückgekehrt war, traten Beschwerden auf, blutiger Durchfall[6] und heftige, lebensgefährliche Wehgefühle. Diese ertrug der Buddha wieder geduldig, ohne sich beunruhigen zu lassen. Es heißt hier aber nicht, dass er Willenskraft einsetzte, vielmehr brach er mit Ānando nach Kusinara auf, wo er in den letzten Nachtstunden, also den ersten Stunden des folgenden Tages, in die vollkommene Erlöschung einging. Dass er das Mahl Cundos einnahm und es nicht ablehnte, geschah von Mitgefühl bewogen, denn er sagte, dass das letzte Mahl, das einem Vollendeten gespendet werde, großes Verdienst bringe. Da die Lebenszeit des Buddha nach seinen Worten abgelaufen war, hätte er auch ohne jenes Gericht den letzten Leib abgelegt.

Es bleibt nun aber noch folgende Textstelle zu klären. Da heißt es bei Nyāṇatiloka, der Buddha habe von sich als unvergleichlichem Asketen gesagt:

"Was es aber an Krankheiten gibt, die in der Galle, dem Schleim oder dem Wind ihren Ursprung haben, oder durch deren Verbindung entstehen, oder solche, die durch Luftwechsel, ungeregelte Lebensweise, Verletzungen oder als Karma-Ergebnis entstehen, von solchen Krankheiten bleibe ich stets verschont und bin nie krank" (*Aṅguttara-Nikāya IV, 87*).[7]

Das aber steht in direktem Widerspruch[8)] zu obigen Berichten, besonders da auch in mehreren Fällen von Karma-Ergebnissen die Windkrankheit beim Buddha auftrat, außerdem Verletzungen (durch Devadatto) und Beschwerden durch ungeregelte Lebensweise (Schmerzensaskese).

Prüft man aber den Pāli-Text, dann ergibt sich etwas anderes. Es heißt dort: *tani me na bahud eva uppajjanti, appābadhao'ham asmi*, wörtlich: "solche steigen mir nicht viel auf, wenig bedrängt bin ich". Als etwas Besonderes wird also beim Buddha genannt, dass er nicht oft und nicht schwer erkrankt. Wenn man sich nun vergegenwärtigt, wie oft im Durchschnitt ein Mensch von Schnupfen, Husten und Grippe, Kopf-, Zahn- und Bauchweh, Rückenschmerzen, Rheuma usw. im Verlaufe seines Lebens heimgesucht wird, so ist es demgegenüber wenig, wenn der Buddha nur diese sieben Krankheiten im Verlauf von 45 Jahren erlebte, also durchschnittlich nur alle sechs Jahre krank wurde. Verglichen mit dem Durchschnitt war er also relativ wenig bedrängt.

Man könnte auch noch eine andere Relativität bedenken. Bei Berücksichtigung der ungeheuren Vergewaltigung seines Körpers durch die Jahre der Schmerzensaskese könnten die geschilderten Krankheiten des Buddha Spätfolgen davon sein, deren Belastungen aber im Verhältnis zu dem Eingriff durch die Askese selbst gering sind.

Schließlich aber sind die Texte der oben angeführten Lehrreden über den unvergleichlichen Asketen nicht sehr klar. Es soll offenbar gezeigt werden, dass der Buddha nicht nur ein Erlöser war, sondern auch in seiner Gesundheit andere überragte. Was dabei aber als hervorragend beschrieben wird, ist von keiner guten Trennschärfe, denn viele andere Jünger erlebten die Schauungen (Vertiefungen), zahllose Jünger wurden Triebversiegte und viele waren noch weniger krank als der Buddha. Die Texte sind nicht überzeugend.

Nun gibt es aber Jünger, die noch weitaus weniger krank waren als der Buddha. So heißt es von Bakkulo, der sieben Tage nach seiner Ordination heilig wurde, dass er dann bis zu seinem Tode noch 80 Jahre als Mönch lebte und in dieser Zeit niemals krank war, auch nicht die leichteste Krankheit hatte, nicht einmal einen Husten *(Majjhima-Nikāya 124)*.[9] Daher wird unter den Spitzen der Jüngerschaft Bakkulo als der Erste hinsichtlich Gesundheit genannt.

Der Überlieferung folgend hatte er sich in früheren Leben auf ein Wirken spezialisiert, das zu dieser unverwüstlichen Gesundheit führte. Mit Waldkräutern hatte er den Buddha Vipassi und dessen Mönche geheilt, die von einer Seuche befallen waren, und noch früher heilte er die Windkrankheit eines anderen Buddha.[10] Auf vielfache Weise hatte er als Wohltäter und Helfer gewirkt.

Der Buddha hatte, wie *Dīgha-Nikāya 30* zeigt, auf ganz breiter Front menschliche Qualitäten über viele Leben geübt, vor allem aber Weisheit. So konnte er als Erster die Unwissenheit durchbrechen und zur Erwachung gelangen, ganz aus sich selbst heraus. In heilsamen spirituellen Dingen war er der unübertreffliche Lehrer. Bakkulo dagegen war vergleichsweise schmal veranlagt: Er hatte nicht viele Triebe und benötigte daher auch nicht viel Weisheit, um den Wahn zu durchdringen. Die Qualitäten, die er kultiviert hatte, führten ihn zu einer ungewöhnlichen Gesundheit.

Was aber hätte ihm diese Gesundheit genützt, wenn er nicht die Lehre des Buddha gehört und verstanden hätte? Dann wäre er bestenfalls noch einige weitere Leben von hervorragender Gesundheit gewesen, aber nicht vom Leidenskreis befreit. So hatte er bereits bei zwei früheren Buddhas die Lehre gehört, ohne ihr jedoch nachzufolgen. Hiermit zeigt sich, dass die eine positive Eigenschaft Bakkulos (Gesundheit) in keinem nennenswerten Verhältnis zu der unermesslichen Weisheit und Kraft eines Vollkommen Erwachten steht. Nur in manchen asketischen Praktiken übertreffen einige Jünger den Buddha, aber keiner übertrifft ihn in den inneren Dingen und geistigen Eigenschaften.

In *Sutta-Nipāta* (Vers 311) heißt es:

"Drei Gebrechen gab es früher nur: Begierde, Hunger und das Alter. Doch achtundneunzig neue stiegen auf, seit man das Vieh zur Schlachtbank führt."

Am Anfang jedes Weltzeitalters waren die Menschen so edel, dass sie überhaupt keine Tiere schlachteten, um sie zu verzehren. Wegen dieser Tugend hatten sie nur drei "Gebrechen" *(roga)*, nämlich ein psychisches (Begierde, Verlangen: *iccha*) und zwei physische (Hunger und Alter). Wenn die Menschen am Ende eines Weltzeitalters wieder in Tugend vollkommen werden, gelangen sie erneut in den Anfangszustand und die 98 Krankheiten verschwinden, nachdem sie keine Tiere mehr schlachten. Dann gibt es wieder nur noch jene drei Gebrechen, die das Mindestmaß an Leiden im Menschtum darstellen.

Der Buddha sagt weiter in *Saṁyutta-Nikāya 22, 1,* dass ein Mensch sich 100 Jahre von physischem Siechtum *(āturo)* freihalten könne, aber nicht einen Augenblick von psychischem – ausgenommen ein Arahat, ein Heiliger, Geheilter und Wahnversiegter. Die tief verwurzeltste Krankheit ist eben Gier, Hass und Verblendung, und der Satz *"Gesundheit ist das höchste Gut"* in *Majjhima-Nikāya 75* bezieht sich eben auf den Geheilten – er ist wirklich und für immer von der Wahnkrankheit gesundet.

Was aber den Hunger angeht, so kann ein Mönch darunter wohl leiden, wenn er keine Almosengabe erhält. In *Saṁyutta-Nikāya 4, 18* wird berichtet, dass es auch dem Buddha so erging. Einmal hatte Maro die Brahmanen eines Dorfes in Magadha umstrickt, sodass sie dem Buddha auf dem Almosengang nichts gaben. Er musste daher mit leerer Schale wieder umkehren.

Was schließlich das dritte Gebrechen betrifft, das Alter, so ist darüber oben für den Buddha bereits Näheres gesagt worden.

Es wird nun auch Folgendes verständlich: Jede Existenzform unterliegt dem zeitlichen Dreitakt von Anfang (Geburt), Schwinden (Alter) und Ende (Tod). Diese Dreiheit wird als Inbegriff des Leidens hundertfach im Kanon beschrieben. Innerhalb einer Existenzform, besonders in höheren Welten, gibt es aber Existenzen ohne Krankheit im physischen Sinne. Darum werden Gesundheitsstörungen weniger oft als viertes Übel neben Geburt, Alter und Tod genannt. Wenn sich auch durch Tugend Krankheit derart zeitweise überwinden lässt, so kommt sie doch immer wieder vor. So lange der *Saṁsāro* mit Geburt, Altern und Sterben dauert, so lange gibt es auch immer wieder Krankheit. Insofern gilt:

"Dass das der Krankheit Unterworfene nicht erkranken möge, dafür kann niemand sich verbürgen." *(Aṅguttara-Nikāya IV, 182)*

Anmerkungen

1) Nach der Überlieferung hatte der Bodhisattva in einem früheren Leben einmal seinen Bruder einen Abhang hinuntergestürzt. Und als er in einem anderen Leben König gewesen war, hatte er willkürlich 70 Menschen hinrichten lassen. Als Überrest dieses Karma sei jetzt dies Attentat Devadattos auf ihn als Ernte zugekommen.

2) *Majjhima-Nikāya 53, Dīgha-Nikāya 33, Saṁyutta-Nikāya 35, 202.* Jeweils überließ er Ānando, Sāriputto, Mahāmoggallāno die Fortführung der Belehrung.

3) Upavāno wurde ein Heiliger. In seinen Versen *(Theragāthā 185-186)* berichtet er jene Episode.

4) Neumann gibt hierzu (Längere Sammlung II, Anm. 117) einen Bericht von Goethe zu Eckermann vom 7.4.1829: "... wo ich bloß durch einen entschiedenen Willen die Krankheit von mir abwehrte. Es ist unglaublich, was in solchen Fällen der moralische Wille vermag. Er

durchdringt gleichsam den Körper und setzt ihn in einen aktiven Zustand, der alle schädlichen Einflüsse zurückschlägt."

5) Über die letzte Mahlzeit des Buddha ist viel gerätselt worden. Dazu klärend Neumann in *Längere Sammlung II, Anm. 150.*

6) Neumann übersetzt mit "blutiges Erbrechen", das Pāli-Wort bedeutet aber Durchfall, Dysenterie. Im Pāli-Text folgen dann zwei Verse des Kommentators, vielleicht Ānandos. Darin heißt es: "Geplagt von Schluchzen hat der Meister gesprochen." *Viriccamāno* heißt aber Entleerung. Daher übersetzt Franke richtig: "Durch Entleerung frei werdend sprach der Erhabene: Ich gehe zu der Stadt Kusinara." Also: Nachdem der Buddha die vergiftete Speise entleert hatte, beschloss er, nach Kusinara weiterzuwandern.

7) *Aṅguttara-Nikāya (AN) IV, 87*, ebenso stereotyp zu wiederholen in *AN IV, 89-90*, wo im Pāli nur ein "usw." steht. Ferner *AN V, 107*, wo gesagt wird, mit fünf Voraussetzungen sei man ein unvergleichlicher Asket: dort werden dieselben Dinge wie in *AN IV, 87* aufgezählt und sie auch dem Buddha zugeordnet.

8) Auf diesen Widerspruch hat Christine Schoenwerth mit Recht hingewiesen: YANA 1987, S.265

9) Nach der Überlieferung wurde er 160 Jahre alt. Die Lehrrede *Majjhima-Nikāya 124* spielt lange nach dem Tode des Buddha.

10) So nach *Milinda-Pañhā* (Ansata-Verlag, 1985, S. 211 f.) im Kapitel "War Bakkula dem Buddha überlegen?" Weiteres siehe "Dictionary of Pāli Proper Names", Band II, S. 261.

* * *

Vierter Teil

Die Kultur des Geistes

Die Buddha-Botschaft als Lehre vom menschlichen Geist lehrt ein Dreifaches:

den Geist zu <u>erkennen</u>, ihn, der so nahe ist und doch so unbekannt;

den Geist zu <u>formen</u>, ihn, der so widersetzlich ist und doch so willfährig;

den Geist zu <u>befreien</u>, ihn der so vielfach gefesselt ist und doch auch frei sein kann; hier und jetzt.

Antworten aus einer Waldeinsiedelei

Nyāṇaponika

In den ersten Monaten des Jahres 1991 suchte den Ehrwürdigen Nyāṇaponika eine amerikanische Buddhistin auf, die dem Mahāthera eine Reihe von Fragen vorlegte. Der "Waldeinsiedler" beantwortete sie jeweils nach kurzem Nachdenken und in freier Rede.

Diese englisch gesprochenen "Talks" wurden auf Tonband festgehalten und von der Ehrwürdigen Nyāṇasiri, einer Nonne amerikanischer Herkunft, zu Papier gebracht.

Kurt Onken besorgte die Übersetzung eines Teils der Antworten und brachte sie in der Schriftenreihe "Bodhi-Blätter" im Jahre 1994 erstmals heraus. Der Veröffentlichung hatte der Ehrwürdige nach einigem Zögern zugestimmt, gab aber zu bedenken, dass es sich bei den Antworten um eher ungeordnete und vor allem unbearbeitete Gedankenfolgen handle.

Der Leidensbegriff in der Buddhalehre

Der Umstand, dass die Leidhaftigkeit jeglicher Existenz den Ausgangspunkt der Buddhalehre bildet, hat viele Menschen im Westen dazu geführt, den Buddhismus als einseitigen Pessimismus zu brandmarken und abzulehnen. Vergessen wird dabei, dass die dritte Heilswahrheit die Möglichkeit der Leidbefreiung formuliert und die vierte Wahrheit einen gangbaren Weg dazu aufzeigt.

Das obige Fehlurteil über den Buddhismus hat zwei Hauptgründe:

1. Das Hängen am Wohlsein und am Wohlseinswunsch, sodass man nicht gern vom Leiden hört.
2. Die Unkenntnis des umfassenden Geltungsbereiches des Leidensbegriffs in der Buddhalehre. Dieser Leidensbegriff *(dukkha)* beschränkt sich nämlich nicht nur auf körperlichen und geistigen Schmerz, sondern schließt das Unbefriedigende, Unzulängliche und Unvollendbare aller Daseinsebenen ein.

In einer seiner Lehrreden hat der Buddha eine dreifache Definition des Leidens gegeben: das Leiden im eigentlichen Sinne *(dukkha-dukkhatā)* als körperlicher und geistiger Schmerz, das Leiden aller bedingten Daseinsgebilde *(sankhāra-dukkhatā)*, das Leiden der Veränderlichkeit *(viparināma-dukkhatā)*.

Damit werden alle drei Gefühlsarten erfasst: das körperliche und geistige Schmerzgefühl, das neutrale Gefühl, welches mit der Erkenntnis der bedingten und unpersönlichen Daseinserscheinung verbunden ist, sowie das angenehme Gefühl, das Leiden bewirkt, indem es sich verändert.

Der Buddha erwähnt einen Ausspruch brahmanischer Lehrer der körperlichen Kasteiung, wonach Leiden durch Leiden aufgegeben werden müsse. Dagegen setzte der Buddha sein Diktum, dass Leiden durch Glück aufgegeben werden kann. Dies sagte der Buddha, weil seine Lehre eine Erweiterung der Möglichkeiten lauteren Glücks ergibt. So wird das innere Glück erweitert, wenn man Mitfreude *(muditā)* am Glück und Erfolg anderer empfindet und zum Ausdruck bringt. Auch die Liebende Güte *(mettā)* und der Gleichmut *(upekkhā)* stellen solche Glückserweiterungen dar. Weitere Glücksmöglichkeiten innerhalb der Lehre sind: das stille Glück meditativer Vertiefung und das Glück wachsender Befreiung.

Doch trotz solcher Betonung der Glücksmöglichkeiten weist die Lehre auf die Wichtigkeit der vertieften Betrachtung des Leidens hin. Dadurch wird der Ansporn und die Motivierung für das Befreiungsstreben verstärkt.

Der Buddha sagt: Gäbe es in der Welt keinen Genuss, so würden die Wesen nicht nach der Welt begehren. Gäbe es in der Welt kein Elend, so würden die Wesen nicht der Welt überdrüssig werden. Gäbe es in der Welt kein Entrinnen, so könnten die Wesen der Welt nicht entrinnen.

Jedoch muss bei der Leidensbetrachtung sorgfältig beachtet werden, dass sie nicht zu Depression und zu einer Identifizierung mit dem illusionären Ich führt.

Im Kommentar zur Lehrrede von den Grundlagen der Achtsamkeit *(Satipaṭṭhāna-Sutta)* heißt es: "Man möge sich nicht hinreißen lassen vom Unwirklichen und nicht zurückschrecken vor der Wirklichkeit."

Willenskraft

Da wir seit undenkbaren Zeiten in den *Saṁsāra* verstrickt sind, bedarf es großer Willens- und Tatkraft, um aus ihm herauszukommen. Wir müssen unsere ganze Willensstärke mitsamt weiteren Fähigkeiten aufbieten, die für das Werk der Befreiung nötig sind. Die erste Bedingung zur Entwicklung der Willenskraft ist Vertrauen, nicht zuletzt Selbstvertrauen. Dieses Selbstvertrauen gründet auf der Zuversicht, dass Kraft und Anstrengung zum Erfolg führen werden.

Da nun aber der Krafteinsatz nicht zum Extrem überspannter Erregung führen sollte, ist der Geist in ausbalancierter Ruhe zu halten, in *samādhi.* Und wenn diese Geistesruhe im strikten Sinne des Wortes *samādhi* stattfindet, nämlich in meditativer Konzentration des Geistes, um so besser. Auf jeden Fall, auch im weiter gefassten Sinne, sollte die Willenskraft durch einen ruhigen Geist stets im richtigen Gleichmaß bewahrt bleiben. Auch dabei hält der *Dhamma* den mittleren Weg ein, hier den Mittelweg zwischen Willenskraft und Ruhe. Das Extrem des Krafteinsatzes führt zu Erregung, das Extrem der Ruhe zu Lässigkeit.

Im *Visuddhi Magga* wird ein Gleichnis gegeben: Ein Chirurg der damaligen Zeit wurde vor die Aufgabe gestellt, ein großes Lotosblatt in einer Wasserschale so zu durchschneiden, daß es dabei nicht ins Wasser sinke. Machte er es zu kraftvoll, dann wurde das Blatt unter Wasser gepresst, ging er zu zaghaft ans Werk, konnte er es nur etwas ankratzen. Wie die kräftige, aber doch ruhige Hand des Chirurgen, so sollte der übende Geist beides haben: Kraft und Ruhe.

Als eines der sieben Erleuchtungsglieder hat die Willenskraft die Qualität des Gleichmaßes. Sie hat auch ihren Platz unter den *indriya*, den fünf Fähigkeiten des Geistes, und ist natürlich ebenfalls ein Glied des edlen Achtfachen Pfades als *sammā-vāyāma*, der Rechten Anstrengung.

Um unsere Willenskraft anzuregen, sollten wir uns klar machen, dass wir ohne sie im *Saṁsāra* mit all seinen Leiden verhaftet bleiben und dass wir uns anstrengen müssen, um unsere falschen und schlechten Gewohnheiten zu durchbrechen und um gute Gewohnheiten durch wiederholte Übungen und Betrachtungen heilsamer Dinge zu entwickeln. Dabei zeigt sich unsere Willenskraft als vierfach, entsprechend den vier Teilen der Rechten Anstrengung im Achtfachen Pfad: Das Mühen, unheilsame Geisteszustände zu vermeiden, sie, falls solche entstanden sind, aufzulösen, heilsame Geistesverfassungen zu erzeugen und schließlich solche, die bereits erreicht wurden, zu pflegen.

Damit ist ein weites Betätigungsfeld für unsere Willenskraft gegeben, um uns erfolgreich auf dem Befreiungsweg der Lehre fortschreiten zu lassen.

Widerstand gegen Veränderung

Die Abneigung gegen jede Veränderung kann verschiedene Ursachen haben. So kann jemand stolz auf seine Persönlichkeit sein und keine Änderung in der Art seines Denkens oder seiner Lebensweise wünschen. Wenn auch der einzelne Anlass nicht wichtig sein mag, so wird er für den mit Eigendünkel Behafteten, der sich mit seinen Ansichten und Gewohnheiten identifiziert, bedeutend. Er glaubt bereits das Richtige für sich gefunden zu haben, denkt sogar sein Tun und Handeln sei auch für alle anderen Menschen der rechte Weg.

Ein anderes Motiv der Abneigung liegt einfach im Vermeiden des Unbehagens, das Veränderung mit sich bringt, sei es bei der Geisteshaltung, sei es bei den Gewohnheiten des Alltags. Gerade hier macht sich ein "natürlicher" Widerstand bemerkbar, da Ideen und Gewohnheiten durch Wiederholung immer stärker werden. Selbst wenn der Intellekt erkennt, dass eine Alternative besser sei und zum Besseren hinführe, versucht ein solcher Mensch noch lange, die Anstrengung eines Wechsels zu vermeiden.

Und dieser Widerstand gegen Veränderung, Veränderung nicht zuletzt im Sinne der vom Buddha empfohlenen Weise, hat dieselben drei Wurzelursachen wie der Ich-Dünkel: Begehren, Dünkel und falsche Ansichten. Jede dieser drei Wurzeln trägt zum Widerstand bei, und jede ist gleich schädlich.

Schließlich rührt die Abneigung gegenüber dem Verändern von dem Glauben her, etwas zu verlieren, womöglich etwas von dieser vorgeblichen Persönlichkeit oder gar von den Vergnügen des Lebens. So kann der Widerstand gegen Veränderung nur bekämpft und schließlich besiegt werden durch die Beobachtung der Bedingtheit dieser Lebens- und Denkgewohnheiten.

Wenn man untersucht, wie geistige Vorgänge unter bestimmten Bedingungen zustande kommen und wie sie durch Änderung dieser Bedingungen verändert werden können, dann verliert man angesichts dieser Bedingtheit den Glauben, dass diese gewohnheitsmäßigen Kräfte, die man zu verteidigen sucht, wirklich so stark sind. Indem man aber erkennt, dass diese Gewohnheitskräfte ihre schwachen Stellen haben, kann man das Schwert der Weisheit dort ansetzen und die für automatisch gehaltene Aufeinanderfolge durchschneiden.

Was sich demnach einer Veränderung widersetzt – all diese unheilsamen und schädlichen Tendenzen in uns – erscheint sehr kraftvoll und ist nicht zu unterschätzen. Schon deshalb sollten wir diese Neigungen nicht mit bloßer Gewalt unterdrücken wollen, sondern unsere Achtsamkeit und unsere Einwirkung auf ihre Bedingtheit richten. So können wir ihre Kraft allmählich schwächen. Auf diese Weise sehen wir die schwachen Punkte immer deutlicher und mehren damit die Chance einer wirksamen Veränderung zum Wohle einer Läuterung des Geistes.

Normalerweise vermeidet der Mensch die Unbequemlichkeit eines Wechsels. Das erklärt denn auch, weshalb viele Nachfolger aller Religionen, einschließlich der buddhistischen, ihr Leben mit nur geringer Änderung weiterführen. Sie beteuern zwar lebhaft ihre Anhänglichkeit zu ihrem Glauben und sind vom Wissen um seine Vorzüglichkeit hochbefriedigt, aber dieses Wissen ist eben nicht stark genug, um eine Änderung in ihrer Lebensweise zu bewirken.

Der Widerstand gegen Veränderung ist zugleich Bejahung des Lebens. Hinzu kommen andere tief verwurzelte Tendenzen, welche die Persönlichkeit gegen Wechsel zu verteidigen bereit ist. Schon deshalb sollte man sehr sorgfältig vorgehen und ja nicht die Gegenseite forcieren. Es gilt ja allgemein, dass grundlegende Lebenstendenzen nicht mit Zwang anzugehen sind; sie können nur durch Umgestaltung wachsen. Man kann beispielsweise die geringfügigen schädlichen Gewohnheiten durch vorteilhafte ersetzen und so die große Macht der Gewohnheit ausnutzen.

Doch wie kraftvoll erweist sich der Widerstand gegen Veränderung! Durch ihre gesamte Geschichte haben die Menschen immer und immer wieder dieselben Dummheiten begangen. Deshalb sagte der Erwachte, dass es nur wenige gebe, deren Augen mit wenig Staub bedeckt seien und die seine Lehre verstehen könnten. Er erwartete keineswegs, dass große Menschenmengen eine Transformation, eine innere Umwandlung, zu erwirken vermöchten. Doch selbst ein leichter Fortschritt im moralischen Bereich ist von großem Gewicht, da er das Absinken in tiefere Bereiche bis hin zu untermenschlichen Regionen aufzuhalten vermag. Um Wünsche und Begehren zu befriedigen, gibt es Wege, die sich ganz automatisch und spontan anbieten, sozusagen, um Energie zu sparen. Und gerade deshalb sind sie so schwer zu brechen, es sei denn, man mache sich dieses Vorgehen voll bewusst und erkenne seine Bedingungen.

Wenn man sich ändert, verwandelt, wird die Bedeutung der Achtsamkeit sehr klar. Nicht zuletzt Achtsamkeit auf alles, was sich spontan und fraglos abspielt und nun so vor die volle Aufmerksamkeit gestellt wird, dass es wieder und wieder nach seiner wahren Natur befragt werden kann, ob es veränderlich, leidvoll und ohne Selbst sei. Und so führt auch dies zu den vier Grundlagen der Achtsamkeit.

Die Aufgabe der Achtsamkeit bei der Befragung und Untersuchung geistiger Prozesse ist in dem Gleichnis vom Torwächter ausgedrückt, der alle, welche die ummauerte Stadt betreten wollen, befragt, nur die Vertrauenswürdigen einlässt und die des Vertrauens Unwürdigen, die Unheilstifter, abweist.

Karma als Zuflucht

Ein gutes Karma *(kamma)* ist im Sinne heilsamen früheren Wirkens eine Zuflucht, auf die man bauen kann; es wird uns schützen und bei weiterem Fortschritt behilflich sein, selbst bei Gegenkräften durch schlechtes Karma oder durch Folgen von Nachlässigkeit. Stets wird uns das gute Karma helfen. Wir können auch sicher sein, dass nichts, was uns zustößt, von außen kommt, aus willkürlichen Quellen. Alles ist die Auswirkung von Karma, einschließlich der Mängel menschlicher Existenz. Und so können wir verstehen, dass unser gutes Karma unsere Zuflucht ist, die uns selbst angesichts leidvoller Situationen ermöglicht, furchtlos zu sein.

Auch unter dem Druck großer Lebensschwierigkeiten kann man sich sein selbst geschaffenes gutes Karma vergegenwärtigen und ebenso all die guten Bestrebungen, die uns wie ein Kraftvorrat zur Zuflucht dienen.

Der Dichter Hans Carossa hat einmal gesagt: "Man kann nicht tiefer fallen als in sich selbst", was durch die buddhistische Karmalehre bekräftigt wird. Es bedeutet letztlich: In allem Unglück begegnen wir immer nur unserem eigenen Karma.

Es gibt viele Menschen, ganz besonders in buddhistischen Ländern, die im populären Verständnis oder teilweisen Missverständnis nur an die Konsequenzen in künftigen Leben denken, wenn wir von Karma sprechen. Es ist jedoch wichtig, die Wirkungen schon für das gegenwärtige Leben zu bedenken, denn was wir heute tun, reden und denken, wandelt ja uns selbst. Daran gibt es nichts zu zweifeln: es ändert uns, zum Besseren oder zum Schlechteren hin.

Wenn wir spüren, dass das von uns gewirkte dreifache Karma in Taten, Worten und Gedanken ein positives und nützliches ist, dann kann dieses Karma uns Zuflucht auch in der Gegenwart sein und unsere Hoffnung stärken, unsere Zukunft werde sich als ebenso vorteilhaft erweisen.

Ist Erleuchtung auch außerhalb des Ordens möglich?

Auch im Laienstand kann natürlich ein gutes Vorwärtskommen in der Lehrnachfolge erreicht werden, falls die Bedingungen dafür günstig sind: dass man diesem Zweck die nötige Zeit widmen kann, ausreichend für den inneren Fortschritt, und dass die Ansprüche des Weltlebens nicht zu groß und zu hart sind.

Ist man jedoch auf dem Heilspfad weiter gelangt, so wird man ohnehin wünschen, das Leben der Entsagung zu führen und in den Orden einzutreten. Aber auch dies ist keineswegs absolute Bedingung. Es wird ja von Hausleuten berichtet, die den Stromeintritt erreicht haben, doch sagt die Tradition, dass ein Laienanhänger, der die höchste Stufe der Heiligkeit *(arahatta)* verwirklicht, entweder am selben Tage stirbt oder Mönch bzw. Nonne wird.

Zweifellos ist es sehr viel schwerer, die Befleckungen des Geistes im Hausstand zu überwinden, da dort ja viele Pflichten, viele Konflikte und viele Versuchungen hinderlich sind. Andererseits ist das Entsagungsleben als Mönch oder Nonne nur sinnvoll, wenn man fühlt, dass damit die Aufgabe der Verwirklichung leichter wird. Es sollte als ein Akt der Selbstbefreiung von nutzlosen Bindungen empfunden werden und nicht etwa neue Schwierigkeiten zu den schon vorhandenen hinzufügen. Aus diesem Grunde sollte man sich genau prüfen, ob einem durch eine solche entsagungsvolle Lebensweise wirklich geholfen ist und ob man sich in ihr glücklich fühlt. Es darf sich also nicht um einen schmerzlichen Verzicht handeln, sondern um ein freies Loslassen. Denn nur dann wird der Weg zum inneren Werk der Geistesläuterung ein befreiender sein. Im gleichen Sinne sollte der rechte Verzicht nicht eine Flucht vor der Begegnung mit den so genannten Versuchungen sein.

Heutzutage werden im Westen so genannte "Retreats" angeboten; sie geben Gelegenheit zur Intensivierung der Lehrnachfolge für eine begrenzte Zeit und zur Übernahme einer solchen Erfahrung ins Alltagsleben. Sie ermöglichen damit dem Teilnehmer, sein normales Weltleben als eine Gelegenheit zu betrachten, den Dhamma darin einzubauen und damit das zu üben, was heilsam ist.

Dr. Paul Dahlke, der Stifter des Buddhistischen Hauses in Berlin-Frohnau, hat einmal gesagt, er habe der Einsamkeit viel, wenn nicht alles zur Förderung seiner Erkenntnis zu danken, jedoch sehr wenig zur Mehrung der Tugend. Daraus lässt sich auch die Notwendigkeit der Begegnung mit der Umwelt entnehmen, um sicher zu sein, dass man nicht einfach fliehen will, sondern fähig ist, solchen Situationen im Geiste des *Dhamma* erfolgreich zu begegnen. Ein Ordensleben, das seine wahren Aufgaben vernachlässigt, mag auch manchmal dazu führen, Befleckungen des Geistes zu überdecken. Auch wenn es nicht zu einem tatsächlichen Durchbruch, zum Abbau der geistigen Befleckungen kommt, bleiben diese oft stark genug, um einen entscheidenden Fortschritt zu hemmen.

So kann denn die Erfahrung des Weltlebens sehr wertvoll sein. In der Begegnung mit den Befleckungen des Geistes lernt man diese kennen, und kennt man sie in ihrer wahren Natur, können sie sehr nützliche Lehrer werden.

Es sollte sich niemand dadurch beunruhigen lassen, dass er sich zum Leben als Mönch oder Nonne nicht bereit fühlt. Man kann gewiss auch im Hausleben schon weit kommen und manche Erfahrung machen, die später, wenn die Zeit für den Ordenseintritt gekommen ist, sehr hilfreich sein wird. Es bedarf freilich großer Entschlossenheit, sich vor allen Einflüssen der Umwelt zu schützen, die vom rechten Wege wegführen. Je stärker die Anziehungskraft des *Dhamma* ist, desto leichter wird es sein, den Versuchungen und Hindernissen des weltlichen Lebens zu begegnen.

Wir pflegen uns ja ganz natürlich an das zu binden, was uns die stärkste Befriedigung schenkt. Und wenn diese Befriedigung durch die Lehre erfolgt, dann entwickeln sich ebenso „natürliche" Neigungen, eine Umgebung und auch Situationen zu meiden, die uns vom Heilspfade abirren lassen.

Unruhe in der Meditation

Unruhe *(uddhacca)* ist eine der fünf Hemmungen und bei der Meditation eine der häufigsten. Der an Aktivität gewohnte Geist hat natürlich Mühe stillzuhalten. Eine Möglichkeit, die Unruhe loszuwerden, besteht in dem aufmerksamen Verfolgen der rastlosen Schwingungen des Geistes, sich also diese Schwingungen ganz bewusst zu machen, ohne sich mit ihnen zu identifizieren. Und dieses Bewusstmachen verlangt natürlich viel Konzentration, sowie einen ruhevollen Geisteszustand, um auf diesem Wege zu ermöglichen, die Unrast zu meistern.

Wenn Unruhe inmitten der Beschäftigung mit dem Hauptgegenstand einer konzentrierten Achtsamkeitsübung aufkommt, beispielsweise während der Atembeobachtung, und es sich nun als schwierig erweist, den Körper und den Atmungsprozess zu beruhigen, empfiehlt sich als Hilfsmittel die Vorstellung eines besänftigenden Objekts, etwa eines Buddha-Bildes oder ähnliches. Gewiss, es entsteht dadurch eine Unterbrechung in der Meditation, aber sie kann zu einer beruhigten Wiederaufnahme des Meditationsobjektes hilfreich sein.

Sehr oft und vielleicht sogar als erstes Mittel hilft das Ein- und Ausatmen bei voller Aufmerksamkeit und der völlig spannungslosen Zielsetzung eines tiefen und ruhigen Atmungsablaufs.

Wenn keine andere Maßnahme erfolgreich ist, bleibt als letzter Ausweg, aufzustehen, bei voller Achtsamkeit hin- und herzugehen und damit die Aufmerksamkeit von der Unruhe abzulenken; es ist möglich, dass die Unruhe geschwunden ist, wenn man nun seinen Sitz wieder einnimmt.

Eine dieser Methoden sollte wohl helfen, es sei denn, dass die Unruhe durch Körperspannungen oder Verkrampfungen verursacht ist. Aber auch diese lassen sich oft durch achtsames und ruhiges Auf- und Abgehen auflösen.

Aggression

Die Frage, ob Aggression dem Menschen angeboren sei oder nicht, wird von Psychologen und Anthropologen seit je lebhaft diskutiert.

Aus buddhistischer Sicht ergibt sich, dass Aggression beim Menschen als Potenzial aus früheren Existenzen karmisch erworben ist, und zwar als ein extremer Ausdruck der unheilsamen Wurzelursachen Gier, Hass und Verblendung. Jede dieser drei Wurzeln kann zu Aggressionen führen.

Die gehinderte Gier- und Wunscherfüllung bewirkt Verstimmung und Ärger, aus welchen Aggression hervorgehen kann. Besonders nahe liegend ist es, dass die Aggression aus Hass entsteht. Es lässt sich auch oft genug verfolgen, wie die Aggression aus ideologischer Verblendung hervorgeht.

Diese Zusammenhänge bedeuten nun keineswegs, dass Aggression unveränderbar sei und vom Menschen nicht zu trennen ist. Aggression ist durch ihre Nahrung bedingt, die sie keineswegs immer erhält, denn es muss berücksichtigt werden, dass auch Ergebnisse eines günstigen Karmas vorhanden sind und dass im Allgemeinen menschliche Existenz durch die drei heilsamen Wurzelursachen: Gier- und Hasslosigkeit, sowie Unverblendung ermöglicht wird, die in mehr oder minder starker Ausprägung vorliegen mögen.

Allerdings ist in dem unerlösten Weltling, dem *puthujjana*, stets auch der Hang zu den drei unheilsamen Wurzeln vorhanden; sie werden von diesem Hang am Leben erhalten und ernähren ihrerseits Aggression und Gewalt.

Die tiefste Verblendung, aus der sich Aggression ergibt, ist der Persönlichkeitsglaube *(sakkāya-ditthi)* und der Ich-Dünkel *(māna)*. Aggression ist ja als Helfer im Dienste des angeblichen Egos gedacht und fußt meist auch auf Gier, Gier nach Besitz, Gier nach Macht. Und diese durch Gier bedingte Aggression zeigt sich im Leben des Einzelnen, bei Menschengruppen bis hin zu den Aggressionskriegen der Nationen.

Wie schon erwähnt, kann Verblendung ebenfalls eine besondere Ursache von Aggression und Gewalt sein, und zwar im Sinne von ideologischer Verblendung, von Rassenvorurteilen, von Religionskriegen, Klassenkämpfen usw. Alle diese Abirrungen haben ihre unheilsame Wurzel in der Verblendung und im Ich-bin-Glauben: Das Ego, das sich ja mit einer Gruppe identifiziert oder mit einer Gesellschaftsklasse, einer Nation oder mit was auch immer.

Die Aggression im Leben des Einzelnen entwickelt sich nicht zuletzt durch Gefühle der Rachsucht oder Rivalität etc. Doch sie hat ihren tiefen Urgrund, tiefer jedenfalls als diese augenfälligen Motive. Wir haben alle schon erlebt, wie kleine Kinder zuweilen sehr gewalttätig sein können, wie sie sichtbares Vergnügen daran finden, Dinge zu zerstören, ihre eigenen Spielsachen zu zerreißen oder sogar kleine Tiere zu töten. Das mag vielleicht vom

Wunsche herrühren, ihre Kraft zu zeigen, mag also eine Form von *māna* sein, von Eitelkeit und Stolz auf ihre eigene Stärke. Sie möchten gewissermaßen ihre Muskeln spielen lassen und ihrem Drängen nach Aktivität Luft machen, was alles zur Aggression hinleitet.

Nun besteht natürlich kein Grund, dass Aggression oder Gewalt dominant werden. Wenn bei der Wiedergeburt als Mensch die Wurzel des Nichthassens, also von *mettā*, kräftig ist, wird die Neigung zu Aggression und Gewalt gewiss viel geringer sein. Daraus ergibt sich die Möglichkeit, die Ursache des Hasses herabzumindern und sie am Ende sogar ganz aufzuheben, falls die anderen Fesseln *(saṁyojana)* ebenfalls schon stark reduziert wurden.

Wenn wir berücksichtigen, wie selten und kurz Perioden des Friedens in der Menschheitsgeschichte gewesen sind, müssen wir zugeben, dass die Neigung zu Aggression und Gewalt nicht durch Überredungskünste oder Vernunftgründe zu beheben ist. Sie ist eben unvernünftig. Vernünftiges Überlegen hätte ja aufgezeigt, wie überaus schädlich es für die Menschheit und selbstverständlich auch für das Leben des Einzelnen ist, dem Aggressionsdrang freien Lauf zu lassen.

Was diese Erscheinungen der zu Aggression führenden Verblendung anbelangt, so rührt ja Gewalt auch von Stolz und Ehrgeiz her, wiederum im Leben des Einzelnen oder der Nationen. Hierin steckt auch das Gewaltmotiv aller Diktatoren der Geschichte, der Wunsch zu dominieren, der Wunsch, ihre Kraft und Macht zu beweisen.

Schließlich sind sogar noch Überreste des Verhaltens primitiver Stämme vorhanden, die jede Abweichung, sei es im Einzelnen oder bei Gruppen, als feindselig und bedrohlich werten und zum Anlass ihrer Aggressivität nehmen. Doch ungeachtet dieses eher düsteren Bildes, das die Menschheitsgeschichte enthüllt und zu Aggression wie Gewalt ermutigt, sollten alle, die zu durchschauen vermögen, jene Kräfte entwickeln, die diesen schädlichen Neigungen entgegenwirken, und zwar: Liebende Güte, Mitgefühl und Mitfreude.

Dhamma-Gedanken zum Krieg

Gedanken, die sich im Sinne des *Dhamma* mit dem Krieg beschäftigen, haben vor allem das Verständnis der Leidenswurzeln im Auge, die im Zusammenhang mit einem Krieg so hervorstechend sind: Gier, Hass und Verblendung. Jede der drei ist Ursache für dieses Leiden, das man “Krieg” nennt.

Gier nach Macht, Hass auf den Widersacher und Verblendung, die zu Gier und Hass hinführt, die ihrerseits erneute Verblendung bewirken. Wie sehr sie sich wechselweise ernähren, wird in Kriegszeiten besonders deutlich. Wir können regelrecht beobachten, wie Gier, Hass und Verblendung sogar zu Selbstvernichtung führen, zum Elend, das sich die Menschheit immer wieder selber zufügt.

Gewiss, im Bereich einfachster Menschlichkeit sind da auch Regungen des Erbarmens, die für jene Wesen entstehen, welche durch Krieg körperlich, geistig und gefühlsmäßig zu leiden haben. Mitleid aber ebenso mit jenen, die aus ihrem Nichtwissen die drei unheilsamen Wurzeln stärken und die sich damit eine unglückselige Zukunft in künftigen Existenzen schaffen. So hat es sich seit je in der Menschheitsgeschichte abgespielt, woraus sich die Notwendigkeit ergibt, alle Kraft aufzubieten, um die drei Wurzeln all des Unheilsamen in uns zu schwächen und sie schließlich auszumerzen. Sie sind es ja, die allzu oft zum Konflikt auf allen Ebenen verführen, nicht nur zum Krieg zwischen Nationen, sondern auch zum Streit innerhalb der Nation, der Familie oder der Umwelt, und so sind sie unentwegt die Schöpfer von Elend und Qual. Wie tief diese Verblendung, *moha*, im Menschen verankert ist und durch die Jahrtausende hindurch erhalten wurde, zeigt sich allein schon darin, dass der Mensch nicht einmal die Einsicht zum Selbstschutz gegen selbst geschaffenes Elend aufgebracht hat. Die Gefährlichkeit des *Saṁsāra* wird besonders deutlich durch die Tatsache, dass so viele Menschen darin verstrickt sind und größeres Leiden zu erfahren haben, obwohl sie sich persönlich für das Geschehen nicht verantwortlich fühlen.

Aber es ist eben die unvollkommene Gesellschaft, in der wir leben, auf deren Stufe wir in den *Saṁsāra* verstrickt sind und woraus alle diese Formen des Leidens entstehen. Da gibt es tatsächlich keinerlei Sicherheit außerhalb der Lehre oder auf einer Weltebene, wo heilsames Karma so kräftig auftreten kann, um der betreffenden Person ein friedvolles Leben zu ermöglichen.

Während in unserer Zeit, verglichen mit früheren Jahrhunderten, die Kunst des Heilens vervollkommnet wurde, wurde zugleich die Technik des Tötens perfektioniert. Und diese "Kunst der Vernichtung" schließt nun sogar die Umwelt ein.

Wir müssen es wirklich als einen großen Segen würdigen, dem Dhamma begegnet zu sein, der uns in die Lage versetzt, unserem Leben eine heilsame Richtung zu geben.

Die Beziehung zwischen dem Ich-Dünkel und dem Persönlichkeitsglauben

Māna bedeutet Ich-Dünkel wie auch Stolz. Selbstverständlich fußen Stolz und Dünkel auf dem Persönlichkeitsglauben *(sakkāyadiṭṭhi)*. Das gilt sogar im Falle des *Sotāpanna*, des "Stromeingetretenen", der zwar theoretisch keinen Persönlichkeitsglauben mehr hat, aber eben immer noch einen feinen Stolz oder etwas "Selbstbewusstsein" besitzt, freilich nicht in groben Formen. *Sakkāyaditthi* bezieht sich auf den Glauben, dass eine der fünf Gruppen des Daseins *(khandha),* oder alle zusammen, ein beständiges Ego, eine bleibende Persönlichkeit bilden. Unter den vielen möglichen Formen des Persönlichkeitsglaubens gründen sich viele auf die drei Formen des Ich-Dünkels: den Überlegenheitsdünkel ("ich bin besser"), den Gleichheitsdünkel ("ich bin so gut wie du") und den Unterlegenheitsdünkel ("ich bin schlechter"). Alle drei Formen des Dünkels bestehen im Vergleich seiner selbst mit anderen.

Wer also *māna,* Ich-Dünkel hat, muss nicht unbedingt auch den theoretischen Persönlichkeitsglauben besitzen. Er kann sogar überzeugt sein, dass in den fünf Daseinsgruppen kein Selbst zu finden sei, doch mag diese Überzeugung noch nicht so tief verwurzelt sein, dass sie zum Stromeintritt führen kann. Dazu ist noch die Unterstützung durch andere Faktoren erforderlich. Natürlich ist dieser Unterschied zwischen theoretischem Verstehen und erlebter Erkenntnis augenfällig. Es gibt zweifellos viele Buddhisten, die nicht an die Existenz eines Selbst glauben, zumindest theoretisch glauben sie es nicht, und doch haben sie eine gehörige Portion Dünkel.

Aus diesem Grunde sprechen die Kommentatoren von den drei Wurzeln des Ich-bin-Glaubens: Begehren *(tanhā),* Dünkel *(māna)* und falsche Ansicht *(ditthi).* Dies schöpft das Problem wirklich aus. Darin steckt die sehr feine Analyse des Entstehungszusammenhangs des Ich-bin-Glaubens. Die falschen Ansichten müssen nicht in jedem Fall beteiligt sein. Der Durchschnittsmensch, der an philosophischen Überlegungen nicht interessiert ist, besitzt den theoretischen Persönlichkeitsglauben nur in rudimentärer Form. Er hält es für selbstverständlich, dass er ein identisches Selbst besitzt. Aber er mag ein sehr starkes Begehren für sein vermeintliches Ich und auch einen mehr oder weniger starken Dünkel haben.

Der Todeswunsch

Zunächst ist der Todeswunsch Ausdruck der Sehnsucht nach Nicht-Dasein *(vibhava tanhā)*, eine der drei Arten des Begehrens, welche die zweite der vier Edlen Wahrheiten bilden. Obwohl jedoch der Todeswunsch einen weiten Bereich von Motivationen und Geisteshaltungen umspannt, scheint bei allen Formen, einschließlich der subtilsten, Übereinstimmung darin zu bestehen, dass es sich weniger um ein Verwerfen des Lebens schlechthin handelt als vielmehr um das Enttäuschtsein von dem, was das Leben gibt oder zu geben versäumt. Ferner mag vielleicht auch eine verfeinerte Form des Todeswunsches mitspielen, wie sie die Griechen in der Verwandtschaft zwischen Liebe *(eros)* und Tod *(thanatos)* sahen. Dies ist wohl nicht so sehr als Todeswunsch zu werten, sondern eher als Wunsch der Auflösung der Persönlichkeit durch Aufgehen in einem anderen menschlichen Sein oder im Kosmos. Ausdruck hat dieser Wunsch in Richard Wagners "Tristan und Isolde" gefunden mit dem Text: "Unbewusst höchste Lust". Es ist die Sehnsucht nach Selbstvergessen, die diesen Menschen eine Art innerer Befriedigung vermittelt, sodass Wagner mit gutem Recht das Wort "Lust" verwendet.

Überdenkt man weitere Ausdrucksformen des Todeswunsches, so fallen sie unter den Typ von Leiden *(dukkha)*, der in den Formulierungen der ersten der vier Edlen Wahrheiten beschrieben ist mit "Nichterlangen, was man begehrt, ist Leiden". Das kann natürlich auf einer sehr materiellen Ebene stattfinden, aber auch auf einer verfeinerten höheren. Es kann sich ebenso um sehr bescheidene und elementare Dinge der Wunscherfüllung handeln oder etwa nur darum, dass die Welt insgesamt anders sein möge, als sie ist.

Sich durch Selbstmord freiwillig das Leben zu nehmen ist eine der Ausdrucksformen des Todeswunsches, die ebenfalls sehr verschiedene Motive haben kann. Sie mag etwa auf einem der tragischen Lebensumstände beruhen, in den jemand eingefangen ist und keinen Ausweg mehr findet. Oder weil einer sein Leben so unglücklich verfahren hat und keinerlei Hoffnung für sich sieht. Der Todeswunsch bis hin zum Freitod hat sich in den letzten Jahren so verbreitet, dass inzwischen bereits Handbücher zum Selbstmord herausgebracht wurden, Anleitungen zu dessen einfachster Durchführung. Der Verleger würde sie wohl kaum veröffentlichen, wenn er nicht genügende Käuferschaft erwartete. Das ist freilich nur ein Symptom der sozialen Anfälligkeit unserer Gesellschaft.

Nun kann es sein, dass jemand wegen körperlichen Zerfalls oder durch einen Schicksalsschlag keinen Ausweg mehr sieht und dadurch in einen vorübergehenden Zustand starker Gemütserregung versetzt wird, aus dem heraus er besonders dank freundlichem Rat und Zuspruch seinen Todeswunsch zu verlieren vermag. Es gibt heutzutage sogar telefonisch ansprechbare Berater, die Freitodwilligen beistehen, indem sie sich deren Gefühle und Sorgen anhören und ihnen behilflich sind, ihren Todeswunsch zu überwinden.

In der Buddhalehre gilt der Selbstmord als etwas Unheilsames, als eine Form des Begehrens, sei es nach einem besseren Lebensweg, sei es aus der Illusion oder Erwartung, dass der Tod das Ende von allem bedeute, mithin von dem vielfach erfahrenen Leid befreie. Beide Denkmöglichkeiten sind im Sinne der Lehre durch die falsche Ansicht bedingt, dass da ein "Selbst" sei, das nach dem Tode ein besseres Leben weiterführe bzw. durch die Tötung vernichtet werden könne.

Die buddhistische Haltung gegenüber der Selbsttötung ist die, dass ein freiwillig beendetes Leben das Leiden so wenig aufheben kann wie der normale Tod, da sich Leben ja fortsetzt. Wen also der Todeswunsch deshalb zum Freitod verleitet, weil er großes Anhangen hat oder sich in einer unlösbaren Situation vorfindet, der wird in den nachfolgenden Existenzen wieder mit derselben Situation konfrontiert sein. Der Tod ist nur eine Art verborgener Durchlass und führt keineswegs zu jenem Frieden, den der gläubige Christ erwartet. So steht auf Grabsteinen oft: *requiescat in pace*, "Ruhe in Frieden". Im Sinne des *Dhamma* erfüllt sich diese Hoffnung nicht, solange nicht alle Wurzeln des Leidens ausgerodet sind.

Es gibt eine Geschichte, die Lafcadio Hearn erzählt, der schöne Bücher über das Japan der letzten Jahrhundertwende schrieb. In einem Dorftempel, so berichtet er, lebte ein Priester, der so hübsch war, dass sich viele der Mädchen des Dorfes in ihn verliebten und einige ihm Liebesbriefe schickten. Und als er wieder und wieder solche Liebesbriefe auch von einem schönen und begehrenswerten Mädchen erhielt, fühlte er, wie seine Kraft, das Keuschheitsgelübde einzuhalten, immer schwächer wurde. Da er dieses Gelübde auf keinen Fall brechen wollte, warf er sich vor einen herankommenden Zug, der ihn tötete.

Lafcadio Hearn besuchte diesen Tempel, drückte dem Abt seine Bewunderung für diesen jungen Mönch aus, der sein Gelübde gehalten hatte, und sagte, dass er das wirklich heldenhaft fände. Der Abt erwiderte: "Nein, er ist ein Tor! In seinem künftigen Dasein wird er vor dieselbe oder eine ähnliche Situation gestellt sein, bis er sie auf diese oder jene Weise wirklich zu klären vermag. Es wäre für ihn besser gewesen, die Robe abzulegen und zu heiraten." Aber auch hier ist zu bedenken, dass die Begierde sich wiederverkörpert und nicht der Begehrende.

Der Selbstmord gilt im Buddhismus nicht als Sünde. Gemäß

der Ordensregel ist der Selbstmordversuch ein sehr geringfügiges Vergehen. Sie richtet sich allerdings nur an ihre lebenden Ordensmitglieder, regelt also nicht die Verantwortlichkeit jener, denen der Freitod gelang.

Der Buddha hat aber erklärt, dass wer noch Anhangen hat, zu tadeln sei, wenn er seinem Leben ein Ende setzt. Wer jedoch ohne Anhangen sei, könne es tadelsfrei tun. Das allerdings gilt nur für den Arahant, der das zutiefst wurzelnde Anhaften aufgelöst hat. Es ist wichtig, auch den Kontext zu sehen: Dieses Wort des Buddha betraf einen Arahant, der von einer schmerzhaften und unheilbaren Krankheit befallen war.

Meditation über Mitgefühl

Um die Meditation über Mitgefühl erfolgreich durchzuführen, sollten wir Mitgefühl mit den im *Saṁsāra* leidenden Wesen natürlicherweise auch schon im Alltagsleben empfinden. Sie leiden ja durch ihre Unwissenheit, und auch wir, so sollten wir uns bewusst sein, leiden noch immer durch unsere eigene Unwissenheit. Schon deshalb sollten wir, wie wir es ja bei der *Mettā*-Meditation tun, auch die Meditation des Mitgefühls zunächst auf uns selbst richten, als einen, der den Leidensweg im *Saṁsāra* so lange zu gehen hat, wie die drei Wurzeln des Unheilsamen – Gier, Hass und Verblendung – in ihm vorhanden sind.

Mitgefühl ist vor allem denen zuzuwenden, die aus Unwissenheit Übles tun, womit Gefühle des Grolls und Ärgers gegenüber schlecht handelnden Wesen in eine positive Qualität mitfühlender Weisheit verwandelt werden. So wird das Leben inmitten der vielen Menschen, die sich töricht benehmen, wesentlich leichter. Wir werden immer weniger Groll oder Reibung erleben, wenn wir diese Haltung des Mitgefühls entwickeln.

Wir sollten uns stets daran erinnern, dass es mitfühlendes Erbarmen war, das den werdenden Buddha bewog, den beschwerlichen Weg bis zur Erleuchtung zu gehen. So war Mitgefühl die bewegende Ursache und Weisheit das Mittel, mit deren Hilfe er selbst die Erleuchtung erreichte. Und Mitgefühl und Weisheit befähigten ihn, anderen zur Minderung ihres Leidens und schließlich zur Aufhebung von Gier, Hass und Verblendung zu verhelfen.

Hinzugefügt sei, dass Mitgefühl frei von Sentimentalität sein sollte. Man sollte nicht Schmerz oder Verzweiflung empfinden, wenn man das vielfältige Leiden rundherum sieht. Damit unser Mitgefühl zu einer heilenden Kraft wird, ist wenigstens ein gewisser Grad von Gleichmut förderlich.

Wenn man sieht, wie wenig Mitgefühl in der Welt sich heutzutage zeigt und wie die Menschen sich ohne Zögern gegenseitig Leid zufügen, dann erkennt man zugleich, wie notwendig Mitgefühl in dieser Welt ist. Wie schwer aber ist es, in der Welt, in der wir leben, einen Platz zu finden, an dem sich Mitgefühl ungehindert ausdrücken kann.

Die Beziehung zwischen Mitgefühl und Gleichmut

Der Gleichmut gegenüber der leidenden Welt entsteht aus der Einsicht in die Ursachen des Leidens, und eben dies verhindert, dass Mitgefühl zu einem Anlass der Traurigkeit oder Verzweiflung wird, womit ja das Leiden nur noch vermehrt würde. Dank des Gleichmuts wird klar, wie eine gefühlsbetonte Reaktion das eigene Leiden nur noch vergrößert, ohne dass dadurch anderen im Geringsten geholfen würde.

Gleichmut versetzt auch in die Lage, die Leidensursachen klar zu erkennen, sei es beim Einzelnen, sei es in der Totalität des *Saṁsāra*. Und schließlich ist der Gleichmut für die Betätigung des Mitgefühls unerlässlich; er wird ein Wirken aus Mitgefühl mit der nötigen Gemütsruhe versehen und das Verständnis für die Art und Weise mehren, mit welcher Hilfe geleistet oder auch nicht geleistet werden kann. Denn sehr oft wird durch unverständiges Mitgefühl, wenn es in falscher oder untauglicher Form eingesetzt wird, das Leiden anderer sogar noch vergrößert.

Es waren die Fähigkeit zum Gleichmut und der Einblick in den Grundzusammenhang, die den großen Kommentator der Buddhalehre Buddhaghosa von der "herz-erbarmenden Kühle" sprechen ließen. Wir sind eher geneigt, an die Wärme des Erbarmens zu denken, zumal sie natürlich ebenso beteiligt ist. Jedenfalls sollte das Mitgefühl als eine Kraft, die uns selbst wie anderen leidenden Wesen helfen kann, frei von Erregung und Verzweiflung sein.

Glück

Inneres Glück entsteht, wenn man frei ist von den Fesseln des Begehrens, der Abneigung und der Verblendung. Freisein vom Zugriff des Wünschens und Begehrens bedeutet eben das Glück der Freiheit, der Unabhängigkeit von den Objekten des Begehrens.

Freiheit von der Abneigung bedeutet, Mitgefühl und Allgüte gegenüber anderen zu empfinden. Mitgefühl, wenn es Auge und Herz für das Leiden öffnet, befreit aus der Ich-Bezogenheit, aus den Fesseln des Egoismus. Und so kommt es dazu, dass das Verströmen von Mitgefühl auch eigenes Glück auslöst. Und *mettā*, die Allgüte, bewirkt aus sich heraus schon Glücksgefühl.

Die Freiheit von Verblendung schließlich ist selbstverständlich die relative Freiheit des allmählichen Entwicklungsweges. Sie ist das Glück der zunehmenden Geistesklarheit, die Freiheit von Konflikt schaffenden Meinungen.

Die Freiheit liegt natürlich und vor allem in der Wohltat, den *Dhamma*, die Lehre, zu kennen, und das ist eben eine seltene Erfahrung. Wenn wir in diese Welt der Verblendung blicken, dann werden wir sogleich die Tatsache würdigen, dass wir den *Dhamma* gefunden haben. Und wenn da einer nur einen Schimmer der Leidenswahrheit erfasst hat und begreift, dass ein Weg aus diesem Leiden gezeigt wurde, dann sollte er beglückt sein. Es ist doch gewiss die entscheidende Erkenntnis im Leben, dass wirklich ein Weg aus diesem Elend führt.

Hinzu kommt noch die Anteilnahme am Glück jener, die ebenfalls ergebene Nachfolger im *Dhamma* sind. Ja, es gibt so viele Ursachen und Möglichkeiten der Beglückung, dass es schwer fällt zu begreifen, weshalb der *Dhamma* als pessimistisch bezeichnet worden ist.

Besorgnis

Wir sollten uns stets bewusst sein, dass wir in einer Welt des Wandels leben und dass sich die Dinge jederzeit anders, als wir es erwarten, verändern können. Sind wir darauf gefasst, dass Veränderung auch im unerwünschten Sinne geschehen kann, werden wir nicht unsere Sorgen der künftigen Entwicklung vorauseilen lassen. Wir werden das tun, was die Situation von uns erfordert, und das Nachfolgende erwarten, ohne fruchtlos und sinnlos nach der Zukunft auszuschauen.

Das Grübeln über den künftigen Verlauf der Dinge ist ja wirklich ein hilfloses Unterfangen. Zumal wenn wir uns klarmachen, dass diese Entwicklung nicht immer in unserer Hand liegt, wird uns Besorgnis als besonders nutzlos erscheinen. Dies gilt vor allem von Dingen, die außerhalb unserer Kontrolle liegen. Aber ebenso können die Dinge innerhalb unseres Kontrollbereiches eine unerwünschte Richtung einschlagen. Wir fügen demnach durch unsere Besorgnis dem Leiden, das sich aus einer Situation ergibt, unnötigerweise weiteres Leiden hinzu.

Wenn wir also merken, dass Sorge in uns aufkommen will, dann sollten wir sie mit einer Analyse der Situation angehen: Welcher Umstand liegt vor oder wird voraussichtlich eintreten, was ist uns unbekannt, was unkontrollierbar? Wenn wir uns dies klarmachen, werden wir weniger zur Besorgnis neigen.

Sorge macht uns auch die Vorstellung unerquicklicher Zukunft, die uns oder anderen Leiden bereiten könnte. Auch diese Besorgnis kann sich letztlich als unnötig erweisen und als sinnlose Vermehrung geistigen Leidens.

Achtsamkeit auf das Gegenwärtige wird mithin behilflich sein, Besorgnis einzudämmen oder gar auszuschließen.

Natürlich gibt es Fälle, in denen es schwierig wird, der Besorgnis zu entgehen. Wenn beispielsweise ein geliebter Mensch krank ist, liegt die Sorge, der Zustand werde sich verschlechtern, sehr nahe. Aber auch hier hängt Sorge von der Stärke unserer Achtsamkeit ab, die sehr wohl auch in solchen Fällen hilfreich ist.

Dann ist auch unsere typische Sorge zu nennen, wir hätten etwas falsch gemacht; sie ist eine der fünf geistigen Hindernisse *(nīvarana)*, nämlich Gewissensunruhe *(kukkucca)*.

Schließlich gibt es Menschen, die sich um jedes und alles sorgen, bei denen Besorgnis zur stetigen Last und zur Natur geworden ist. Gerade in diesem Zusammenhang sollten wir darauf achten, dass uns die Sorge nicht zur Gewohnheit wird.

Alles in allem ist es in der Welt, in der wir nun mal leben, nicht auszuschließen, dass Sorge hier oder dort aufkommt. Eine Ausnahme gilt für denjenigen, der vollkommene Achtsamkeit und Kontrolle entwickelt und den Bereich der Heiligkeit erreicht hat. Er wird "der Sorgenfreie" genannt.

Voraussetzungen für die Verwirklichung des Nibbāna

Nibbāna (Nirvana) ist ohne Zweifel der un-bedingte Zustand. Wir können allerdings im *Saṁsāra* solche Bedingungen schaffen, dass *Nibbāna* verwirklicht werden kann. Wenn die drei Ursachen des *Saṁsāra* – Gier, Hass und Verblendung – in uns keinen Boden finden, ist *Nibbāna* verwirklicht. Es ist ja nicht so, dass *Nibbāna* erzeugt oder geschaffen werden könnte, sondern dass das, was uns vom Erreichen des *Nibbāna* abhält, nicht mehr entsteht. Dasselbe lässt sich auch umgekehrt sagen: Der Platz für *Nibbāna* entsteht dort, wo Gier, Hass und Verblendung nicht sind. Jedoch ist es nicht so, dass *Nibbāna* durch ihr Verschwinden geschaffen würde.

Mehr freilich lässt sich dazu nicht sagen, denn *Nibbāna* liegt jenseits der Sprache, jenseits der Begriffe.

Was also zu schaffen ist, sind diejenigen Geisteskräfte, welche das Wiedergeborenwerden zu einem Ende bringen. Es gibt da aber eine Art Vorgeschmack auf *Nibbāna*, entsprechend der Stufe der Loslösung.

Das Erleben von *Nibbāna* ist möglich, wenn neue Ursachen für künftige Wiedergeburt nicht mehr gewirkt werden. Es sind nur noch die Auswirkungen früheren Karmas, die Körper und Geist der Befreiten, der Arahants, noch in Gang halten.

Das vom Arahant verwirklichte *Nibbāna* lässt sich nicht in einen Teil vor und einen Teil nach dem Tode aufspalten, eine Vorstellung, die nur aus der Sicht des *Saṁsāra* möglich ist. Die Kommentatoren der Lehre waren in der Ablehnung jeglicher Spekulation bezüglich des *Nibbāna* sehr konsequent. Von *Nibbāna* wird ja vorzüglich in negativen Ausdrücken gesprochen: davon also, was es nicht ist. Obwohl die Worte negativ sind, vermitteln sie für unser praktisches Streben etwas eher Positives und Verbindliches.

Spätere Kommentatoren legten großen Nachdruck darauf, dass *Nibbāna* nicht nur die bloße Aufhebung der Befleckungen sei; aber das war auch alles, was sie zu sagen bereit waren. Und diese Aussage bedeutet: dass *Nibbāna* kein nihilistisches Ziel ist.

Als einmal ein Mönch erklärte, dass *Nibbāna* das Glück sei, fand ein anderer: "Wie kann dort Glück sein, wo es doch kein Gefühl gibt?" Worauf der andere sagte: "Das ist ja eben das Glück in *Nibbāna*, dass es dort kein Gefühl gibt!" Was bedeutet, dass dieses von den Gefühlen zwischen Glück und Unglück Hin- und Hergerissensein zu einem Ende gekommen ist.

Das Glück der wachsenden Befreiung vom Anhaften ist freilich ein wahrhaft lohnendes Ziel für jene, die es verstanden haben! Man kann es so sagen: Die wachsende Befreiung von den Anhaftungen schenkt wachsendes Glück, und die höchste Freiheit schenkt höchstes Glück.

Und so können wir uns glücklich fühlen, den *Dhamma*, die Lehre des Erwachten, gefunden zu haben.

* * *

Nur durch innere Wandlung
wandelt sich das Aussen,
auch wenn es noch so langsam
nachfolgt.

Über die rechte Achtsamkeit und das weise Erwägen

Nyāṇaponika / Mirko Frýba

Ehrwürdiger, darf ich Sie fragen, nach welcher Methode Sie Dhamma lehren? Aus meiner persönlichen Erfahrung kann ich über drei Ebenen sprechen, auf denen sich Ihre Instruktionen und die Gespräche mit Ihnen ausgewirkt haben.

Ich war nie als eigentlicher Meditationslehrer tätig, obzwar ich zu vielen Menschen über Meditation gesprochen habe, wenn sie zu meinem Waldhaus kamen. Da habe ich auch meistens betont, dass die Übung von *Satipaṭṭhāna*, die Entfaltung der rechten Achtsamkeit, nicht bloß gedacht ist für die Mönchsklausur oder für zeitlich begrenzte, strikte Übungen; sie muss ergänzt werden durch ein gesteigertes Achtsamkeitsniveau während des Alltags. Das wird auch in der sekundären Übung eines strengen Kurses bezweckt, wo erstrebt werden soll, dass möglichst viele körperliche Verrichtungen unter die Kontrolle der Achtsamkeit gebracht werden. Es gibt da eine ziemlich große Auswahl. Das ist wichtig, denn es soll der Kontrast vermieden werden zwischen Höhenpunkten der Konzentration und einem starken Abfallen im Alltag. Die Wirkung ist harmonischer, wenn die Achtsamkeit möglichst viele Tätigkeiten des Alltags erfasst, obschon nicht solche Einzelheiten wie in der strikten Übung. Das führt zu einer allgemeinen Erhöhung des Bewusstseinsniveaus. Wenn man lediglich die Meditation in strikten Kursen oder in begrenzten Zeiträumen übt, kann ein Zwiespalt entstehen. Es sei denn, dass die Konzentration wirklich sehr stark geworden ist; doch dann überträgt sie sich auch auf den Alltag.

Ihre Instruktionen waren für mich nicht nur bedeutungsvoll für das Hauptmeditationsobjekt – für die primäre Achtsamkeit, die sekundäre und die tertiäre – während der Meditationsübungen. Die Gespräche mit Ihnen wurden für mich ausschlaggebend für die Gestaltung des Lebens über Jahre hinweg.

Sie behaupten, dass Sie kein Meditationslehrer im engeren Sinne seien. Ich würde Sie als Dhamma-Lehrer bezeichnen, der sich nicht auf Instruktionen in Meditation beschränkt, sondern Dhamma als Lebensweise lehrt.

Ja. Dazu gehört natürlich die Pflege der Besonnenheit und der Achtsamkeit. Man wird eine Lebenssituation besser beurteilen und auch beherrschen können, wenn man in der Lage ist, sie klar mit Achtsamkeit zu sehen und mit Besonnenheit zu beurteilen, statt sich von impulsiven Entscheidungen fortreißen zu lassen. Das bringt eine schnellere und bessere Lösung von Problemen und Konflikten. Indem man die Haltung der rechten Achtsamkeit und Besonnenheit übt, erscheinen manche Konfliktsituationen, wenn man sie als Erkenntnisobjekte nimmt und recht beurteilt, gar nicht mehr als solche.

Ehrwürdiger, es sind vor allem die Methoden des reinen Beobachtens, der Wissensklarheit und besonders des weisen Erwägens, Yoniso Manasikāra, die ich von Ihnen erlernt habe. Bei anderen Lehrern, die ich sehr schätze – bei meinem ersten Lehrer Munindraji, bei den Ehrwürdigen Revata Dhamma und Piyadassi Mahāthera – habe ich die Betonung dieser Methoden nicht in so starkem Maße empfunden wie bei Ihnen. Auf was führen Sie die-

se Methoden zurück, die Sie mich und auch einige meiner Freunde in der Schweiz gelehrt haben?

Auf dieselbe Quelle, den *Dhamma*. Auf die Worte des Erwachten und auch auf diejenigen späterer Lehrer, die ebenfalls das *Yoniso Manasikāra*, das rechte Erwägen, betonen, die zum Beispiel auch in den Kommentaren gesagt haben: Der Unterschied zwischen rechtem und unrechtem Erwägen liegt nicht in den Gegenständen selbst, sondern in der Art des Erwägens.

Welches Sutta oder welchen Kommentar betrachten Sie für die Methode des rechten Erwägens als ausschlaggebend?

Es gibt da sehr viele Texte, wo *Yoniso Manasikāra* als der innere Helfer bezeichnet wird und der edle Freund als der äußere Helfer, beispielsweise im *Saṁyutta-Nikāya*.

Es ergibt sich aber auch ganz aus dem Verständnis rechter Achtsamkeit. Dies soll heißen, dass man zuerst einmal erwägt, was die betreffende Situation, die innere und äußere, ist und wie man ihr auf heilsame Weise begegnet. Das ist eine der wichtigsten Alltagsfunktionen der rechten Achtsamkeit. Natürlich nicht nur im Alltag. Diese Situation begegnet uns auch im Meditationsverlauf, z.B. gegenüber den schweifenden Gedanken, die in rechter Weise erwogen werden sollen.

Vermute ich richtig, dass ihre Sammlung der kanonischen Texte mit Kommentaren, die in dem Büchlein "The Roots of Good and Evil" ("Die Wurzeln von Gut und Böse") zusammengetragen sind, unter dem Gesichtspunkt des Yoniso Manasikāra, des weisen Erwägens, ausgewählt und geordnet wurden?

Ja, denn die Beurteilung dieser *"Wurzeln von Gut und Böse"* setzt natürlich rechtes Erwägen voraus. Wenn man weiß, dass Gier, Hass und Verblendung unheilsam sind, dann nennt man das rechtes Erwägen. Nur dadurch können diese geschwächt und aufgehoben werden, wenn Achtsamkeit und rechtes Erwägen zusammengehen und sich auf das Unheilsame einstellen, anstatt dass man von den Wellen der Gier, des Hasses oder der Verblendung durch irgendwelche Ideologien fortgeschwemmt wird. Wer zunächst innehält und erwägt, was im Geist vor sich geht, wenn sich Anwandlungen von Verlangen oder Abneigung zeigen, der wird sich nicht damit identifizieren.

Auf die Gefahr der extremen Ideologien machen Sie auch in einer Publikation aufmerksam, die kürzlich ins Deutsche übertragen worden ist: "Die abgetragene Haut". Sie warnen darin, nicht nach dem Muster des Brahmajala Sutta, sondern auf eine andere Weise, vor den Extremen und geben Hinweise auf die geläufigsten extremistischen Standpunkte in der modernen westlichen Psychologie und Philosophie. Dort ist auch das Methodische des Yoniso Manasikāra vorhanden.

Sicher, es ist eine sehr große Notwendigkeit, eine Lebensnotwendigkeit, dass man das rechte Erwägen einschaltet, also vorurteilslos erwägt. Das geschieht selten, beispielsweise auf dem Gebiet der Politik.

Ehrwürdiger, wurde von Ihnen zum ersten Mal die methodische Instruktion für die Brahma-Vihāra Meditation ausgearbeitet?

Keineswegs. Sie findet sich ja schon im *Visuddhi-Magga*, dem "Weg zur Reinheit". In meinen Betrachtungen darüber habe ich die Anwendungsweise in den verschiedenen Lebenszusammenhängen erwähnt. Die methodische Entfaltung beginnt, indem man Güte und Mitleid auf sich selber richtet und dann weiterführt zu einem aufgestuften Personenkreis, das findet sich schon im *Visuddhi-Magga*.

Sie würden aber nicht empfehlen, zur gleichen Zeit mit der Satipaṭṭhāna-Vipassanā Meditation auch die Brahma-Vihāra oder Mettā-Meditation auszuüben? Oder unter gewissen Umständen doch?

Man mag vielleicht die strikte *Vipassanā*-Übung mit einer kurzen *Mettā*-Meditation beginnen, aber ohne dabei starke Konzentration zu erstreben. Das kann hilfreich sein. Jedoch sollte man nicht zwei Objekte mit gleicher Intensität nebeneinander pflegen. Als begleitende Meditation ist *Mettā* sicher hilfreich. Es lockert etwaige Spannungen auf und mildert die Strenge der *Vipassanā*-Übung, wenn man sich den *Brahma-Vihāras*, den erhabenen Weilungen, kurz, jedoch regelmäßig zuwendet.

Abgesehen von strikten Meditations-Übungen sind die *Brahma-Vihāras* natürlich sehr wichtig für den Alltag. Wenn man mit vielen Menschen in Kontakt kommt, besteht die Möglichkeit zu Konflikten und Spannungen. Die Pflege der *Brahma-Vihāras* kann helfen, solche Spannungen zu vermeiden. *Mettā* wird mit einem Harnisch verglichen, mit dem man geschützt durch den Alltag gehen kann, unverstört durch all die Lanzenspitzen unfreundlicher Worte und unfreundlicher Handlungen. *Mettā* ist vor allem Selbstschutz. Man pflegt *Mettā* nicht so sehr, damit andere Menschen sich besser benehmen, sondern damit die eigene Einstellung die rechte bleibt.

* * *

Aus dem Tagebuch

November 1938 – Mai 1940

Nyāṇaponika

In der "Ziegelofen"-Hütte

In Weegulawatta bei Gampola, *Mitte November 1938* – während den in Deutschland und dem früheren Österreich zu dieser Zeit wütenden Juden-Verfolgungen – kommt von meiner Mutter aus Wien die Luftpost-Nachricht, dass sie, mein Onkel und dessen Familie, mit größter Beschleunigung Wien verlassen müssen und dass sie nach Ceylon kommen wollen. Die zur Erlangung der Einreise-Erlaubnis notwendige Bürgschaft für meine Mutter erhalte ich sofort von Frau A.E. de Silva zugesichert. Dagegen dauerte es ca. 10 Tage, bis ich einen Bürgen für meinen Onkel fand (J.R. Jayawardene). Meine singhalesischen Mönchs-Freunde Soma und Kheminda halfen tätig und durch liebenden Anteil. Sie erleichterten mir diese schweren Wochen. Mit meinem Lehrer [1)] hatte ich den Innen-Minister Sir D.B. Jayatilaka aufgesucht, dessen Empfehlung die Erteilung der Genehmigung förderte und beschleunigte. Inzwischen war aus Wien die Mitteilung gekommen, dass der Laden meines Onkels geschlossen wurde und dass sie auch aus der Wohnung exmittiert wurden.

Am *30. November* – genau drei Jahre, nachdem ich mit meiner Mutter Berlin (am ersten Dezember 1935) verließ – konnte ich die Erteilung der Genehmigungen für Mutter und Onkel nach Wien telegrafieren.

Zurück nach Gampola

Ende Dezember wieder nach Colombo zur Beschaffung der *Permits* für Gretel und ihren 8-jährigen Jungen, Willi. Da die Regierungsbüros bis nach Neujahr geschlossen sind, unternahm ich mit Soma, Kheminda und Nyāṇakhetto eine Wanderung zum Sri Pada (Adam's Peak) auf dem Wege über Kuruwita. Herrlicher dichter Dschungel.

Einsamkeit. Beschwerlicher Aufstieg. Letzte Nacht vor Erreichung des Gipfels "romantisches" Nachtlager in einem Ambalam (Rast-Halle). Um uns vor der empfindlichen Kälte ein wenig zu schützen, hatten wir in einer Ecke des Ambalam ein Feuer angezündet, das wir die Nacht hindurch unterhielten. Das Gras für unser Lager hatten wir vorher am Feuer getrocknet.

31. Dezember. Auf dem Gipfel des Sri Pada. Gewaltige, erhabene Schönheit. Herrliche Sonnenauf- und -untergänge. Der Schatten des Berges am Himmel deutlich sichtbar.

Das Jahr 1939

1. Januar. Sri Pada

2. Januar. Sri Pada. Mittags über Maskeliya-Hatton zurück nach Colombo.

3. Januar. Colombo. Erfolglose Suche nach Bürgen für Gretel und Willi.

8. Januar. Mittags nach Dodanduwa. Auf der Überfahrt nach Polgasduwa: Boots-Unfall.

9. Januar. Polgasduwa. Mittags nach Galle zu A. D. Jayasundara und Amarasuriya betreffend Bürgschaft. Erfolglos. Abends zurück nach Colombo.

10. Januar. Colombo.

11. Januar. Colombo. Dr. Cassius A. Pereira gibt beide Garantien.

12. -14. Januar. Colombo. Um auf Soma und Kheminda zu warten, die das Pirivena (Kelaniya) endgültig verlassen wollen, bin ich noch diese Tage dort geblieben.

15. Januar. Mittags nach Kandy (mit Soma und Kheminda). Dort Übernachtung.

16. Januar. Mittags nach Gampola. Spät abends bringt man mir eine Nummer der "Sinhala Bandhaya" (singhalesisches Wochenblatt der Mahā Ḃodhi-Society), die verleumderische Angriffe gegen mich enthält (im Zusammenhang mit meinen Bemühungen, meine Angehörigen nach Ceylon zu bringen).

17. Januar. Morgens mit Soma wieder nach Colombo! – Abends bei Sir D.B. Jayatillaka, der mit dem Herausgeber der "Sinhala Bandhaya" sprechen und Berichtigung veranlassen will.

18. Januar. Colombo.

19. Januar. Mittags zurück nach Gampola. (Wir wohnen alle drei in meiner "Ziegelofen"-Hütte!)

21. Januar. Abends Vorschlag von Frau Nawaratna, durch Mr. Abeyaratna das geplante Ashram nahe Dunhinde zu errichten.

22. Januar (Sonntag). Wir besichtigen den empfohlenen Platz, der ganz einzigartig schön und hervorragend für ein Ashram geeignet ist. Mittagsmahl bei den Wasserfällen von Dunhinde.

31. Januar. Die Regierungs-Erlaubnis für den Ashrambau wird erteilt und mit den Arbeiten begonnen.

2. März. Colombo. 3 Uhr nachmittags kommen meine Mutter und Onkel Hans mit Dampfer Marnix im Colomboer Hafen an.

Nyāṇaloka, Nyāṇakhetto, Nyāṇamālito, Mr. Siriwardhana und ich gehen an Bord. Welch ein Wiedersehen nach 3-jähriger Trennung! Das Hafen-Motorboot nähert sich dem großen Dampfer. Ich erblicke meine Mutter an der Reling, auch sie sieht mich und ruft meinen Namen.

So ist mein Gang in die Heimatlosigkeit auch für meine Mutter zum Guten geworden. Ihr Opfer, mich ziehen zu lassen, fand seinen Lohn. Und auch für meinen Onkel, der mir die Möglichkeit zur Pabbajjā (Novizenordination) gab, dadurch, dass er meine Mutter bei sich aufnahm, bedeutete es die Rettung aus ernster Situation.

3.-4. März. Colombo. Mutter und Onkel bei A.E. de Silva.

5. März (Sonntag). Morgens nach Gampola (mit Nyāṇaloka, Nyāṇakhetto, Nyāṇamālito). Nachmittags *Eröffnung des Ashram* in Gegenwart von Mutter und Onkel. Es erhält den Namen "Mahānadi-Ashram", das Ashram am großen Fluss. Erst zwei der Hütten und die kleine, sechseckige Speise- und Versammlungs-Halle sind fertig. Es ist ein Werk der Liebe und Hingabe so vieler Helfer; des jungen Lehrers Abeyaratna, der Dörfler, die Frauen trugen Sand, glätteten mit blutenden Händen den Lehmfußboden der Veranda; auch ein alter mohammedanischer Dörfler hatte Stroh für die Hütten-Dächer beigesteuert. Dieses Vertrauen müssen wir durch ernste Arbeit rechtfertigen.

6. März. Meine Mutter und Onkel wohnen bei Mr. Rodrigo in Gampola. Mittags Pindapāta für meine Mutter. Eine der glücklichsten und mir heiligsten Stunden meines Lebens. Den Rest des Mahles erhielten die Bettler.

14. März. Nachmittags besucht uns der holländische Mönch Rev. Dhammapāla. Früher katholischer Priester in England.

12. April. Regen die Nacht zuvor und den ganzen Tag, auch während unseres Mittags-Pindapāta. In der Mitte des Estate-Hügels treffen wir den alten Diener unseres Dayakas[2)] Mawalagedera und einen anderen Dörfler, die uns die Almosen-Speisen entgegenbrachten. "Schwierig ist dies für Euch bei dem starken Regen", sage ich. "O Herr, unser Leben würden wir Euch hingeben!" erwiderte der alte Mann, und als er später die Essen-Gefäße abholte, wiederholte er es nochmals.

19. April. Meine Hütte auf dem Hügel, unter dem geraden und schlanken "Nietzsche"-Baum, wird fertig.

26. April. Meine Tante Gretel und ihr Sohn Willi kommen in Colombo an.

30. April. Gretel will nach Deutschland zurück! Mein Onkel erkrankt, wobei sicher auch Gretels Unzufriedenheit und Rückkehrwunsch mitwirkte.

2. Mai. Vesak im Ashram. Wir sprechen zu unseren Besuchern über die Lehre. Unter diesen Besuchern war auch der Village-Committee Chairman, der früher nicht besser war als andere seines Amtes, doch in den letzten Jahren sich zu seinem Vorteil geändert hatte. Nachdem wir gesprochen hatten, brach er in die Worte aus: "Wahrhaftig, da gibt es keinerlei Ausflucht! Wer dies einmal gesehen hat, den hat die Lehre ergriffen." Wir waren glücklich über den Erfolg unserer Worte.

5. Mai. Rev. Dhammapāla bezieht meine alte Hütte.

Anfang Mai. An einem regnerischen Morgen ging Soma auf Pindapāta. Der Alte, den ich zuvor erwähnte, folgt ihm mit einer Getränk enthaltenden Flasche. Vor dem Ashram angekommen, bringt er in strömendem Regen seine Verehrung dar und spricht: "Möge ich mit Euch Ehrwürdigen zusammen wiedergeboren werden!"

8. Juni. Mit Soma nach Hanguranketa. Neben dem Vihāra wohnt der alte Thera Jinasāra. Er ist jetzt 85 Jahre alt. Mit 15 Jahren wurde er ordiniert. Fünf Tage nach dem Ordinieren erhielt er den Almosenschalen-Träger (eine Tragschlaufe), und seitdem ist er, seit 70 Jahren, auf Pindapāta gegangen! Unser Lehrer hat uns dazu angehalten: "Möge er die Buddhaschaft erreichen!" Heute aber schämen sich viele Mönche, vor den Häusern um Almosen zu stehen! Sieben Jahre ging er auch für seinen Lehrer auf Pindapāta, als dieser nicht mehr dazu fähig war. Ihm aufzuwarten und zu helfen, solange er lebte, war seine Hauptpflicht. Zu studieren habe er keine Zeit gehabt. Dies sagte er ohne einen Ton des Bedauerns in der Stimme. Wohl war es hauptsächlich die Bautätigkeit seines Lehrers gewesen, mit der er beschäftigt war. Doch die Einfachheit und Konsequenz seines Lebens ist und bleibt bewundernswert.

10. Juni. Auf Pindapāta mit Soma. Wir gehen durch unser Tal, langsam, die Achtsamkeit auf das Gehen geheftet. Der alte Vidāna trifft uns, und unser langsames Gehen veranlasst ihn zu der Frage, ob wir wohl krank seien. Soma verneint es kurz, und wir gehen weiter. – Diese kleine Episode erinnerte mich an die Geschichte von Thera Mahāphussadeva (Satipaṭṭhāna-Kommentar), der die "Regel des Gehens und Zurückgehens" übte. Als die Leute ihn bei getrübter Achtsamkeit zurückgehen sahen, sagten sie: "Dieser Thera wird wohl den Weg verfehlt oder etwas vergessen haben."

19. Juni. Soma erzählt: Während seiner 16-tägigen Sati-Übung berichtete er seinem Meditations-Meister, dass er in der Buddha-Betrachtung den Buddha vor seinem geistigen Auge gesehen und darüber große Freude empfunden habe. Der Meister sagte nur kurz und tadelnd "Piṇṇatti!" (=*paṇṇatti* "Begriffe") und ging, ohne irgendeinen weiteren Rat zu geben, hinaus, Soma in ziemlicher Verzweiflung zurücklassend. – Die *Sati*-Methode verkörpert in höchster Reinheit das Schlüsselwort des *Dhamma*: *"paccattani"*, "aus sich selbst heraus". Sie ist die Methode der Ver-Gegenwärtigung, in der der vergangene Buddha als *Meditations-Objekt* keinen Platz hat.

> "*Paccuppannañca yo dhamnani*
> *tattha tattha vipassati...*"

Eiskalte Höhenluft weht. *Sati* ist tiefste Er- und Ver-Innerung:

> "Accustomed long to studying, all by myself, my own experiences,
> I have forgotten the need of seeking, the opinions of friends and brethren.
> Accustomed long to application of each new experience to my own growth spiritual,
> I have forgotten all creeds and dogmas."[3)]

24. Juni. Soma erkrankt (Malaria).

26. Juni. Soma wird zum Krankenhaus gebracht.

28. Juni. Wir entschließen uns, das Ashram bis zum Ende der Malaria-Periode zu verlassen und nach dem Oberland zu gehen. Soma noch im Hospital.

29.-30. Juni. Kandy – Colombo – Kandy.

1. Juli. Nach Gampola. Mit Soma und Kheminda Übernachtung in der alten Hütte.

2. Juli. Soma und Kheminda fahren nach Bandarawela, ich nach Kandy.

3.-5. Juli. Colombo – Kandy.

6. Juli. Brief von Soma, dass auch Kheminda einen Malaria-Anfall hatte.

8. Juli. Telegramm von Soma über einen zweiten Malaria-Anfall Khemindas.

10. Juli. Nach Colombo: Onkel, Tante und Willi verlassen Ceylon. Abends nach Kandy zurück, Mutter zu ihrem neuen Wohnsitz (Mrs. Wijegunawardene) gebracht und noch in der gleichen Nacht nach Bandarawela.

11. Juli. Morgens 6.30 Uhr in Bandarawela. Khemindas Befinden ernstlich, doch am Nachmittag besser. Wir wohnen in einem großen leeren Bungalow, Khemindas Vetter D.L. Perera gehörig.

25.-27 Juli. Bei Khemindas Eltern in Lungalle.

28. Juli. Zurück in Bandarawela mit Auto, über Hindagala, einer Landschaft von ausnehmender Schönheit. Vorher Dāna in Yapamma, bei einem trefflichen alten Ehepaar, das mich an Nakulapīta und Nakulamātā erinnerte.

31. Juli. Übersiedlung zu einer leer stehenden Tee-Fabrik D. L. Pereras, drei Meilen von Bandarawela. Wir wohnen im früheren Haus des Teamakers, das sich aber für längeren Aufenthalt ungeeignet erweist.

Daher siedeln wir *Mitte August* in die Teefabrik selbst über, wohin auch Dhammapāla kommt.

3. September. Abends 10.30 Uhr kommt Mr. Joseph Pieris mit der Nachricht, dass England den Krieg erklärt hat.

4. September. Morgens 7 Uhr werde ich zwecks Internierung von der Polizei abgeholt und von Bandarawela aus, wo auch Nyāṇakhetto eintrifft, in das provisorische Internierungs-Lager nach Colombo gebracht (YMCA). Außer mir sind interniert: Bhante Nyāṇatiloka, Vappo, Nyāṇakhetto, Nyāṇamālito, Brūhana.

18. September. Nach dem Internment Camp Diyatalawa.

3. Oktober. Soma schreibt; nachdem unsere Gemeinschaft durch meine Internierung zerbrochen sei, sei für ihn das zurückgezogene, kontemplative Leben nicht mehr geeignet. Er wolle daher seine frühere Absicht wieder aufnehmen und sich der Buddhistischen Mission nach Süd-Indien anschließen. – "Das ist der Ausgang: 'meetings end in separation'[4)]." Ein Ideal begann in unserem Ashram Wirklichkeit zu werden, – und dies ist das Ende! Habe ich Soma zu stark nach einem Ideal hin gedrängt? Gewiss nicht! Ich wollte nur, dass er sich entscheidet, dass er seine Kraft an eine Aufgabe bindet, dass er in der Ruhe an Kraft gewinnt, um sie später nach *seinem* Belieben anzuwenden, auch für äußere Aktivität, wenn er es will. Ich habe an dem Tage, als ich den Brief bekam, sehr gelitten.

Das Jahr 1940

22. Januar. Soma schreibt in Erklärung seines Entschlusses: "I had lost faith in the rightness of our track, but did not have the courage to tell it."[5)] Die Folgerung, die ich daraus zu ziehen habe, kann nur die sein: Künftig auch das hier geübte Maß von "Beeinflussung" aufzugeben und lediglich auf das zu warten, was spontan aus dem anderen zu mir kommt. – Welche Mühe hatten wir alle drei – besonders Kheminda und ich – aufgewandt, um jene Leute fernzuhalten, denen Soma sich nun wieder zugewandt hat!

14. Februar. Mr. Abeyasekara – Kandy schreibt: "At Mr. Navaratna's home there were about a dozen books and some manuscripts, but the commentaries were not there… I learned that these had been the playthings of the village urchins. They had raided your Kuti and removed all the books. I felt sorry at their fate… It was with a tinge of sorrow that Abeyeratna told me that all the Kutis have now been demolished and the whole place transformed. It is materialism and not spiritualism that now pervades the atmosphere; and where anchorites once lived, there now thrive yams."[6)]

Unter den Dingen, die wohl verloren sind, befinden sich meine Excerpte aus buddhistischen Büchern, die Kommentare und die Fotografien meiner Eltern. Über den Verlust der letzteren empfand ich für einen Moment Bedauern. Doch dann kam sofort ein selten empfundenes Gefühl von Heiterkeit, Leichtigkeit und Freiheit. Ich bin glücklich darüber als ein kleines Zeichen, dass still und mir selbst verborgen Ablösung zunimmt. Ein Vorgeschmack von dem, was die Dhammapada-Verse ausdrücken:

> O wie so glücklich leben wir, die wir gar nichts
> besitzen, nichts!
> Von Heiterkeit durchsättigt, wie lichte Götter strahlen
> wir!"

Ich gedenke Milarepas Rückkehr zu seinem verwüsteten Haus:

> "…There is a preacher of 'tis vanity' ….
>
> The fine house, which used to be like a temple, was in a most dilapidated and minous condition. The set of sacred volumes had been damaged by the rain leaking in, and thick layers of dust and earth fallen from the ruined roof covered them… Wherever I looked, desolation and ruin met one, so that I was overwhelmed with despondency.
>
> ... buildings end in destruction."[7)]

Möge dieser mein Körper mir zur "Einsiedelei" werden, sodass keine Sorge mehr besteht um Haus oder Hütte.
Möge ich den "Sinn des Wortlosen" lernen, sodass keine Sorge mehr besteht um Worte und Bücher – so wie es Milarepa gelang!

19. März 1940. Nachdem einige Briefe von Soma eingetroffen waren, dass er mit dem Beginn seiner Missions-Arbeit zufrieden sei, kommt heute ein Brief von Kheminda, dass Soma erkrankt und, um der gegenwärtigen heißen Zeit in Süd-Indien zu entgehen, bereits nach Ceylon abgefahren ist. Sollte es sein altes Leiden oder Unzufriedenheit sein? Oder beides, das Erste verstärkt durch die Letztere.

26. März 1940. Mr. Abeyasekera (Kandy) kommt und bringt die Nachricht, dass Soma weder in Colombo noch in Kandy eingetroffen sei.

27. März 1940. Wiederholter Besuch Mr. Abeyasekeras. Keine Nachricht über Soma. Wie viele fürchterliche Erklärungsmöglichkeiten gibt es!

29. März. Mr. Abeyasekera: Noch immer nichts von Soma. – Gestern erhielt ich die erste Nachricht von Ewald aus Deutschland. So mischt sich Freude mit Trauer. So knüpft sich hier wieder das auch sichtbare Band geschriebenen Wortes mit dem einen Freund und dort verliert sich ein anderer in den Labyrinthen dieser Welt voll drohender Abgründe und furchtbarster Pein. "Meeting ends in separation; separation leads to another meeting, only to repeat the pains of separation."[8)]

Erst am *18. April* (meines Vaters Geburtstag) trifft ein Brief von Kheminda aus Madura ein, der einen früheren Selbstmordversuch Somas andeutet. Ungefähr am *25. April* kam ein eigenhändiger Brief Somas aus Kandy.

Am *12. Mai.* Freilassungs-Brief vom Chief Secretary.

21. Mai. Unterzeichnung der Dokumente, die dort der starken Flut wegen verspätet ankamen. Mr. A.E. de Silva hatte gebürgt.

23. Mai. Nachmittags mit Auto nach Bandarawela. Übernachtung im dortigen Tempel.

24. Mai. Am frühen Morgen Meldung bei der Polizei, vorbei am Eukalyptus-Hain der Moschee: der Geruch der Freiheit, süß und kraftvoll.

Anmerkungen des Herausgebers

1) gemeint ist wohl der Ehrwürdige Nyāṇatiloka

2) *Dayaka:* Bezeichnung für einen Laien-Förderer von Mönchen und Nonnen

3) "Lange gewöhnt daran, ganz auf mich selbst gestellt, meine eigenen Erfahrungen zu untersuchen,
habe ich vergessen, die Meinungen meiner Freunde und Gefährten zu suchen.
Lange gewöhnt daran, jede neue Erfahrung für mein geistiges Wachstum anzuwenden, habe ich alle Glaubenssätze und Dogmen vergessen."

4) "Begegnungen enden in Trennung."

5) "Ich hatte das Vertrauen in die Richtigkeit unseres Weges verloren, hatte jedoch nicht den Mut es zu sagen."

6) "In Herrn Navaratnas Haus befanden sich mehr als ein Dutzend Bücher sowie einige Manuskripte, jedoch die Kommentare waren nicht dort ... Ich erfuhr, dass diese zum Spielzeug der Dorfburschen geworden waren. Sie hatten Ihre Hütte geplündert und alle Bücher entfernt. Ich bedauerte ihr Los. ... Mit einem Anflug von Kummer berichtete mir Abeyeratna, dass nun alle Hütten zerstört sind und der ganze Ort sich gewandelt hat. Nun herrscht dort Materialismus und nicht Geistigkeit über die Atmosphäre; und wo einst Einsiedler lebten, gedeihen nun die Yams."

7) "...Da ist ein Prediger eurer Eitelkeit ....
Das schöne Haus, das wie ein Tempel gewesen war, befand sich in einem äußerst baufälligen und heruntergekommenen Zustand. Die

Sammlung heiliger Bücher war vom hereintropfenden Regen beschädigt worden und dicke Staubschichten und Erde bedeckten sie, die vom ruinierten Dach heruntergefallen waren ... Wo ich auch immer hinsah, ich erblickte Verwüstung und Verfall, sodass ich von Mutlosigkeit überwältigt wurde.

... Gebäude enden in Abriss."

8) "Begegnung endet in Trennung; Trennung führt zu einer weiteren Begegnung, um wieder nur den Trennungsschmerz zu wiederholen."

* * *

Rundbrief über meinen Aufenthalt in Burma im Frühjahr 1952

Nyāṇaponika

Wir wurden untergebracht auf dem Anwesen der fahrenden buddhistischen Laienvereinigung Burmas, der *Buddha Sāsana Nuggaha Organisation*, in einem nahen Vorort Rangoons, der auf dem Wege zur neuen, großen "Weltfriedens-Pagode" liegt. Wir bewohnten Räume in einem gerade fertig gestellten großen Gebäude, in dem nach etwa 1-2 Jahren eine "Internationale Buddhistische Bibliothek" eröffnet werden wird.

Es war ein bemerkenswertes Zusammentreffen, dass sich auf dem rückwärts gelegenen Teil des gleichen, etwa 12 Hektar großen Grundstückes eines der bedeutendsten *Satipaṭṭhāna*-Schulungsklöster befand. Es steht unter der Leitung von U Sobhana Thera, in Burma weit bekannt als Mahāsī Sayādaw, einem etwa 48-jährigen Mönch. Es war eine weitere bemerkenswerte Fügung, dass er den Ehrw. Soma Thera (Verfasser des *Way of Mindfulness* und Mitbewohner unserer *Hermitage*) von dessen Burma-Aufenthalt her gut kannte. Er hatte damals, vor etwa 16 Jahren, auf demselben Hügelzug bei Moulmein gewohnt, wo sich Soma Theras Ordinations-Kloster befand, und er hatte auch dem Ordens-Kapitel angehört, das die Ordination vollzog. Er steht auch heute noch mit Soma Theras Ordinations-Lehrer in enger Verbindung, der seiner Zeit jenen *Satipaṭṭhāna*-Kurs arrangiert hatte, der in meinem Buch erwähnt wird. Wegen seiner vielseitigen

Fähigkeiten ist Mahāsī Sayādaw in Burma sehr bekannt und geschätzt: Er ist ein trefflicher Mediationslehrer mit reifer Übungserfahrung, besitzt aber auch ein ausgedehntes *Dhamma*-Wissen und die Gabe klarer Darlegung. Er ist dabei von ganz schlichtem und natürlichem Wesen. Diejenigen, die ihn kennen, haben keinen Zweifel daran, dass er ein hoch entwickelter Mönch ist, und auch ich habe den gleichen Eindruck empfangen.

In diesem, vor 3-4 Jahren begründeten Meditations-Kloster erhalten durchschnittlich 50-60 Mönche und eine noch größere Anzahl von *Upāsakas* und *Upāsikas*[1] Schulung in *Satipaṭṭhāna*, in strikten, höchstens 2 Monate dauernden Übungskursen. Nach dieser Höchstdauer kommt eine neue Gruppe von Übenden und die Zellen stehen nie leer. Die weiblichen Übenden (es sind meist über 50) sind separat in einem angrenzenden kleinen Tal untergebracht und stehen unter weiblicher Leitung. Es sei hier bemerkt, dass auch sie, und darunter junge Mädchen, bemerkenswerte Fortschritte erzielt haben. Die Zusammensetzung der Übenden ist mannigfach: Mönche und Laien, Gelehrte und Ungelehrte, jung und alt, reich und arm; auch pensionierte Regierungsbeamte oder solche auf Ferien. Ich sprach mit einem reichen Reismüller, einem der Hauptförderer des Klosters, der gleichfalls durch den Übungskurs gegangen war und mit großer Begeisterung von der Methode sprach; ich sah mehrere Übende, die zweifellos einfache Bauern aus der Provinz waren. Man sagte mir, dass gewöhnlich Menschen, die intellektuell unkompliziert sind, schnellere Fortschritte gemacht haben, vor allem wohl zu Beginn. Es wird natürlich erwartet, dass der Übende nach Abschluss des Schulungskursus die Übung in seinem Kloster oder Wohnplatz nach bester Möglichkeit fortsetzt.

Mein Reiseprogramm hatte ich absichtlich auf Mandalay (und die Sagaing-Höhlen) und Moulmein (Wohnort von Soma Theras Lehrer) beschränkt, und ich freute mich, nach meiner Rückkehr gerade noch Zeit für eine Übungswoche zu haben, die für mich sehr förderlich war. Sie hat meine Überzeugung von der Wirkungskraft der Methode noch durch eigene vertiefte und erweiterte Erfahrung verstärkt.

Der Meditations-Meister beherrscht kein Englisch und gab seine Unterweisungen in einfachem, klaren Pāli, das in seinem Falle, im Vergleich zu der stark abweichenden burmesischen Aussprache, fast ausnahmslos gut verständlich war. Bei seinen abendlichen Besuchen wurde er aber von einem älteren übungserfahrenen Laien begleitet, der, um seines Verständnisses sicher zu sein, seine Worte ins Englische übersetzte und näher ausführte.

Die Prinzipien der Übungsmethode sind die gleichen wie die in meinem Buch dargestellten. Der Ehrw. Mahāsī Sayādaw hat jedoch die Atmungsachtsamkeit durch einen anderen, einfachen körperlichen Vorgang als Haupt-Betrachtungsgegenstand ersetzt, der sich als sehr ergiebig und wirkungsvoll erwies und der durch die ganze Übung hindurch, bis zu ihren höchsten Ergebnissen, beibehalten wird[2)]. Die Pflege dieses Haupt-Betrachtungsgegenstandes wird umrahmt und gestützt durch ganztätige, ununterbrochene Achtsamkeit und Wissensklarheit: Vom ersten Gedanken und der ersten Bewegung beim Aufwachen bis zur letzten geistigen und körperlichen Tätigkeit vor dem Einschlafen. Das "Leitseil" bildet dabei die Achtsamkeit auf die vier Körperhaltungen, d.h. beim Aufwachen zum Beispiel wird man sich bewusst: "Ich liege", ferner: "Ich berühre" (oder "Berührung ist da") und so fort. Als "Unterbrechungslosigkeit der Achtsamkeit" in dem hier gemeinten Sinn gilt auch das sofortige Gewahrsein etwaiger Unterbrechungen. Die Achtsamkeit hat sich sofort auf alles gerade Auftretende, körperlich oder geistig zu richten und in dieser Weise kommen alle vier *Satipaṭṭhāna*-Betrachtungen in den Übungsbereich, wenn auch der Hauptgegenstand stets im Gebiet der Körper-Betrachtung bleibt. Hat man seine kleinen täglichen

Verrichtungen achtsam beendet, so wendet man sich dem Haupt-Betrachtungsthema zu. Nach vorheriger Fühlungsnahme mit Burma werde ich vielleicht später für diejenigen, die ernstlich üben wollen, eine knappe anfängliche Übungsanweisung folgen lassen.[3)]

Die Anweisungen des Meditations-Meisters sind knapp und sachlich. Antizipierendes, reflektierendes und abstraktes Denken wird entmutigt und die Aufmerksamkeit wird immer wieder auf das reine Beobachten oder Kenntnisnehmen gelenkt: "Die Erkenntnis wird von selber aufsteigen." Der Meditations-Meister selbst enthält sich gleichfalls jeder theoretischen Erörterung (im Allgemeinen oder der Übungsresultate), jeder Vorwegnahme höherer Stufen, jeder "Suggestion", jeder Beeinflussung der Eigen-Beobachtung. Damit wird u.a. verhindert, dass die Betrachtung "voreingenommen" wird und man sich bemüht, das Erwartete zu sehen; sich schließlich suggeriert, es *erfahren* zu haben, während es nur der unterbewusste Einfluss theoretischer Vorwegnahme war. Es war erquickend zu sehen, mit welcher Entschiedenheit hier der echte Geist der *Satipaṭṭhāna*-Methode bewahrt wird; radikalste Ehrlichkeit im Hinweis des Übenden auf seine Eigen-Erfahrung. Um so stärker ist dann die Überzeugungskraft des selber Erlebten, Gesehenen und dann Eingesehenen, um so stärker die Freude am selbst Erarbeiteten. Bei den täglichen Besuchen beschränkte sich der Meditations-Meister meist darauf, nach den Ergebnissen zu fragen und kleine Korrekturen anzubringen; bei sich schärfender Achtsamkeit und gesteigerter Konzentration kamen dann noch solche auf weitere Verfeinerung abzielende Fragen wie: "Hast du auch die etwaigen Gefühle der Befriedigung und Unbefriedigung beachtet? Es ist wichtig!"

Außer bei der ersten Unterweisung gab er auch sonst manchmal kurze Worte des Ansporns oder der Warnung: "Denke daran, dass es eben dieser Weg ist, der zum höchsten Ziele führt!" –

"Denke nicht, dass es schwer ist, die geistigen Befleckungen zu überwinden! Dass es leicht ist, so sollst du denken!" – "Der Übende auf dem *Satipaṭṭhāna*-Weg soll auf ihm gehen wie auf einem schmalen fußbreiten Steig, zu dessen beiden Seiten der Abgrund gähnt." Das heißt: jeder Schritt erfordert Vorsicht und Achtsamkeit. Mein Laienberater gab hierzu noch einen anderen guten Vergleich: "Wir Übenden schwimmen gegen den Strom. Wenn wir nur einen Moment mit dem Schwimmen aufhören, werden wir von der Strömung zum Ausgangspunkt zurückgetragen und alle Mühe war umsonst." Da ich nur eine Woche üben konnte, wurden mir, wie man mir nachher sagte, etwas mehr Hinweise gegeben als denjenigen, die länger übten. Doch auch diese Hinweise deuteten gerade nur leicht die Richtung an und darüber hinaus konnte man mit ihnen nicht viel anfangen, bevor man sich die Erfahrungen selber erarbeitet hatte. Ein Beispiel: "Kümmere dich nun nicht so sehr um einen unterbrechungslosen Fluss der Achtsamkeit, sondern merke jetzt dabei auf das Gehaben der körperlichen und geistigen Vorgänge." Dies habe ich nur erwähnt, um wenigstens andeutungsweise den geistigen Stimmungsgehalt dieser Übungsperiode zu charakterisieren, nicht um über Einzelheiten der Übungen selbst zu informieren. Dies muss, wie gesagt, einer anderen Gelegenheit vorbehalten bleiben.

Diese konsequent durchgeführte *Satipaṭṭhāna*-Schulung führt auf den Weg des reinen oder bloßen Klarblicks[4)], d.h. es wird nicht nach vorheriger Erreichung der Versenkungen gestrebt wie bei der "Entfaltung der Geistesruhe". Abgesehen von den sicher nicht sehr zahlreichen, die eine natürliche Begabung für die Erreichung der Versenkungen mit sich bringen, werden wohl die meisten recht lange Zeit mit Anfangsbemühungen und wechselnden Übungsobjekten zubringen, dadurch vielleicht entmutigt werden oder an Anfangserfolgen wie Visionen, geistigen Nachbildern hängen bleiben. Es ist daher die ausdrückliche Botschaft meiner *Satipaṭṭhāna*-Lehrer an alle ernst Strebenden, es mit dem Wege reinen Klarblicks zu versuchen. Die dadurch erreichte Sammlungsstufe wird auch die Gewinnung der Versenkungen fördern, wenn man danach strebt, was gewiss nicht entmutigt werden soll. Denn wer nach Austritt aus einer Versenkung sich dem Klarblick zuwendet, mag schnellere und größere Erfolge haben können. Nach mir gegebenen Berichten ist es auch wahrscheinlich, dass Versenkungszustände während der Übungsperioden erreicht wurden, obwohl sie nicht eigentlich auf dem Übungswege liegen. Ein anderer meiner Laien-Berater, dem eine besondere entschiedene Haltung und Ausdrucksweise zu eigen war, sagte hierzu: "Uns liegt nicht daran, unseren Erfahrungen Namen zu geben oder gar zu sagen, dass 'wir' diese oder jene Zustände erreicht haben; es genügt uns, dass wir solche oder solche Erfahrungen hatten. Wir haben nicht viel Verwendung für allerart Visionen oder Bilder, noch für solche so missverständliche Worte wie Meditation, Kontemplation usw. Was wir wollen, ist: kennen lernen, erfahren, wissen, verstehen. Das ist unsere Hauptaufgabe hier." Der Meditations-Meister sagte einmal hierzu: "Durch hohe geistige Einspitzigkeit oder Sammlung lernt man wohl das eine Übungsobjekt genau kennen und meistern. Doch wenn man direkt nach dem Ziele strebt, muss man ja alles (oder vieles) kennen, nicht nur Eines."

Die *Satipaṭṭhāna*-Methode zielt mit großer Entschiedenheit direkt auf das höchste Ziel ab und tut es mit einer Zuversicht, die ihre Stütze im letzten Sutten-Abschnitt findet. Viele in Burma streben nach diesem höchsten Ziele der Lehre mit ernstem Bemühen und höchster Kraftanstrengung. Anzeichen dafür konnte ich an Ort und Stelle beobachten. Ein kleines Beispiel: Als ich, um einen Besucher zu treffen, zu einem falschen Raum gewiesen wurde, sah ich dort, zur Zeit der stärksten und in Rangoon beträchtlichen Mittagshitze, zwei Mönche im Kreuzsitz (von einer

Trennungswand geschieden), gerade aufgerichtet, das Gesicht der Wand zugekehrt.

Die Erfolge dieses Mühens sind nicht ausgeblieben. Viele im Lande – und Urteilsfähige – sind überzeugt, dass im heutigen Burma die vier Heiligkeitsstufen, beginnend mit dem Strom-Eintritt erreicht worden sind, und zwar eben auf dem *Satipaṭṭhāna*-Wege. Man glaubt, dass eine recht beträchtliche Anzahl von Übenden die Stufe des *Sotāpanna* erreicht haben, einige die beiden folgenden Stufen und dass es heute zumindest drei Mönche im Lande gibt, von denen man annehmen darf, daß sie die Heiligkeit erreicht haben. Als einer von ihnen gilt der Ehrw. U Narada, bekannt als Mengon Sayādaw, dem die Neubelebung systematischer *Satipaṭṭhāna*-Praxis zu danken ist; er lebt, 85-jährig, in Tatoon. Der zweite ist einer seiner Schüler, Okkan Sayādaw, der die Heiligkeits-Erkenntnis auf dem Almosengang gewonnen haben soll. Der dritte, der 74-jährige Myingyan Sayādaw, war in seinem Laienleben ein armer Bauer, ohne Schulbildung, und kann auch heute noch nicht schreiben und lesen. Ich hoffe, seinen Lebenslauf in einem späteren Rundbrief mitteilen zu können und will heute nur Folgendes erwähnen: Mehrere erfahrene, gelehrte und hochangesehene Mönche haben, zuletzt noch im Jahr 1948, dem Ehrw. Myingyan Sayādaw Fragen gestellt und ihr Urteil war: Objektiv gesprochen, seien sie von seinen Antworten und Fragen, die die Pfad- und Heiligkeits-Erkenntnisse betrafen, befriedigt; persönlich gesprochen, glaubten sie, dass er tatsächlich ein Arahat sei. Auch der burmesische Premier-Minister hatte ihm Fragen gestellt, die zusammen mit den Antworten in einer burmesisch geschriebenen Broschüre veröffentlicht wurden. Ich hoffe, dass mir dieses und anderes Material allmählich zugänglich werden wird. Der Ehrw. Myingyan Sayādaw wurde gerade vier Tage nach meiner Abreise in Rangoon für einen kurzen Besuch erwartet, doch es war mir nicht möglich, meinen Reisetermin zu ändern. Von all dem hatte ich erst in der letzten Zeit meines Aufenthaltes gehört, sodass es mir nicht mehr möglich war, Anstalten zu treffen, um einen der als *Arahats* geltenden Mönche aufzusuchen. Diese Zunahme in der Erreichung meditativer Ergebnisse und der Gewinnung der Heiligkeits-Stufen habe sich, so sagte man mir, besonders in den letzten 25 Jahren gezeigt und ihren Höhepunkt in den letzten 10 Jahren erreicht (also gerade in der für Burma schlimmsten Zeit). Man schreibt dies der zu Beginn dieses Jahrhunderts einsetzenden verstärkten Pflege systematischer Klarblicks- und *Satipaṭṭhāna*-Übung zu, die jetzt allmählich ihre Früchte zeitige. Diejenigen, mit denen ich über diese Dinge sprach, sind sich natürlich darüber klar und betonen es, dass nur einer, der auf gleicher oder höherer Stufe steht, über die Heiligkeits-Stufe eines anderen Gewissheit haben könne, nicht aber ein "Weltling", der nur von einer Wahrscheinlichkeit sprechen könne. Wie dem auch sei, meine Begegnung mit übungsgereiften Mönchen und Laien hat in mir keinen Zweifel gelassen, dass beträchtliche Ergebnisse erreicht wurden und erreichbar sind.

All dies wird es verständlich machen, dass in den *Satipaṭṭhāna*-Kreisen Burmas – und natürlich auch unter den anderen vielen, der Meditation Ergebenen – eine Begeisterung, Zuversicht und ein Übungseifer herrscht, die man in der Zeit eines "jungen Evangeliums" erwartet, nicht aber so leicht von einer 2500 Jahre alten Religion. Doch diese Religion ist eben der *Dhamma*, der, solange es Übende gibt, seine Jugendkraft behalten wird. In dieser Atmosphäre, sei es auch nur für wenige Wochen, gelebt zu haben, war wahrhaft beglückend. Von dieser Entwicklung in Burma darf man noch viel Gutes für die Zukunft erwarten.

Die *Satipaṭṭhāna*-Kreise Burmas, durchdrungen von der universalen Bedeutung der Methode, wünschen ihre weltbreite Verbreitung und werden sicher allen solchen Schritten Unterstützung geben. Der erste Schritt besteht freilich nicht in Propaganda, sondern in der Bildung von kleinen Gruppen solcher, die selber Übungserfahrung gesammelt haben.

Es gibt im Lande mehrere solcher *Satipaṭṭhāna*-Übungsstätten (nähere Angaben hoffe ich zu erhalten). Von derjenigen in Mandalay hörte ich erst am letzten Tag meines dortigen Aufenthaltes. Als ich sie besuchte, traf ich leider den englisch sprechenden Meditations-Meister nicht an. Es gab dort 40 Meditations-Hüter. Während des etwa dreijährigen Bestehens des Platzes in Rangoon sollen etwa 2.000 Mönche und Laien an den Kursen teilgenommen haben. Man sagte mir, dass, seit der Ehrw. Mahāsī Sayādaw (zuerst in Ober-Burma) seine Lehrtätigkeit begann, durch ihn, seine Schüler und Schüler-Schüler im ganzen Land etwa 30.000 in strikte *Satipaṭṭhāna*-Praxis eingeführt wurden. Diese Ziffer muss ich mir allerdings noch bestätigen lassen. Um dies würdigen zu können, muss man bedenken, dass diese Kurse wahrlich kein "Kinderspiel" sind, sondern, besonders für den Ungeschulten, harte Arbeit bedeuten, die man kaum aus bloßer intellektueller Neugier oder einer frommen Tradition folgend auf sich nehmen oder durchhalten wird. Abgesehen von den jeweiligen konkreten Übungsergebnissen, haben manche durch diese wenigen Übungswochen eine völlige Änderung ihres Charakters und ihrer Lebenshaltung erfahren und keiner dürfte wohl die dort gemachten Erfahrungen vergessen.

Anmerkungen des Herausgebers

1) dies sind männliche und weibliche Laien-Anhänger

2) Es handelt sich um die Vergegenwärtigung der Empfindungen im Bereich der Bauchdecke, die durch das Heben und Senken beim Atmen hervorgerufen werden.

3) siehe nachfolgenden Beitrag

4) *sukkha vipassanā*

5) vgl. dazu auch die beiden vom Ehrw. Nyāṇaponika bei der *BPS* herausgegebenen Werke des Ehrw. Mahāsī Sayādaw: *"Practical Insight Meditation – Basic and Progressive Stages"* und *"The Progress of Insight – A Treatise on Buddhist Satipaṭṭhāna Meditation"*, die noch heute erhältlich sind.

* * *

Übungsanweisungen für die *Satipaṭṭhāna*-Meditation

Nyāṇaponika

Diese Notizen wollen in Kürze Kenntnis geben von einer auf *Satipaṭṭhāna* basierenden Übungsmethode zur Erreichung des Befreienden Klarblicks *(vipassanā)*, wie sie im heutigen Burma in Kursen strikter meditativer Praxis benutzt wird. Die hier gegebenen Anweisungen folgen der Methode, die vom Ehrw. U Sobhana Mahāthera (Mahāsī Sayādaw) seit vielen Jahren gelehrt und in den von ihm geleiteten Kursen in der *Thathana Yeiktha* zu Rangoon benutzt wird.

Diese Notizen wollen und können nicht die persönliche Unterweisung durch einen erfahrenen Meditations-Meister ersetzen, bei der allein die Veranlagung des Einzelnen und sein Fortschrittsgrad Berücksichtigung finden können. Diese Niederschrift ist lediglich als Notbehelf für solche gedacht, denen persönliche Unterweisung nicht zugänglich ist.

Es ist ein Grundsatz der *Satipaṭṭhāna*-Methode, dass schon die ersten Schritte des Übenden auf dem festen Boden seiner eigenen persönlichen Erfahrung erfolgen sollen. Er soll die Dinge sehen lernen, wie sie wirklich sind, und er soll sie für sich selbst, mit eigenen Augen sehen. Er soll unbeeinflusst bleiben durch vorwegnehmende Andeutungen oder irgendwelche Suggestionen, hinsichtlich dessen, was ihm nur seine eigene Erfahrung zeigen soll. Um so stärker wird dann die sich aus dieser

Erfahrung ergebende Gewissheit sein. Daher werden in den vorerwähnten Übungskursen und auch in dieser Niederschrift keine theoretischen Erklärungen, sondern lediglich knappe Anweisungen gegeben für das, was der Übende zu tun und zu lassen hat. Wenn nach einiger Übung die Achtsamkeit schärfer wird und der Übende bisher unbeachtete Einzelheiten seines Übungsobjektes selbständig wahrnimmt, dann mag der Meditations-Meister nicht bloß, wie gewöhnlich nach Abhören des täglichen Berichtes, sagen: "Übe weiter!", sondern er mag in Einzelfällen auch kurz die Richtung weisen, in welche man die Aufmerksamkeit nun mit Vorteil lenken mag. Es ist einer der Nachteile einer schriftlichen Darlegung, dass selbst solche Hinweise nicht gegeben werden können, da sie von den Ergebnissen des Einzelnen zu Beginn seiner Übung abhängen. Doch bei genauer Befolgung der hier gegebenen Anweisungen und bei anhaltender Übung werden die eigenen Erfahrungen des Übenden sein Lehrmeister werden und ihn sicher vorwärts führen. Doch es muss zugegeben werden, dass Fortschritt unter der Leitung eines erfahrenen Meditations-Meisters leichter ist.

Da diese Niederschrift an Unbekannte geht, kann sie hinsichtlich der Kenntnis der Buddha-Lehre nichts voraussetzen. Es seien daher die folgenden allgemeinen Bemerkungen vorausgeschickt. Die hier beschriebene Methode fällt innerhalb des buddhistischen Meditations-Systems unter die Kategorie des Reinen Klarblicks *(sukkha vipassanā)*, d.h. einer direkten und ausschließlichen Entfaltung wirklichkeitsgemäßer Einsicht, ohne vorherige Erreichung der meditativen Versenkungen *(jhāna)* durch die "Entfaltung der Geistesruhe" *(samatha-bhāvanā)*. Das erste Stadium der Klarsichts-Übung zielt auf eine genaue analytische Erkenntnis der körperlichen und geistigen Prozesse *(nāma-rūpa-pariccheda-ñāṇa)*, und zwar bei der eigenen Persönlichkeit, durch eigene direkte Beobachtung und Erfahrung. Der wachsende

Schärfegrad dieser Beobachtung und die sich dabei steigernde geistige Konzentration (bis zum Grade der "angrenzenden Sammlung", *upacāra-samādhi*) wird in einer sich allmählich vertiefenden, anschaulichen Einsicht in die "drei Merkmale" alles Gestalteten – Vergänglichkeit, Leidhaftigkeit und Unpersönlichkeit – resultieren und vermag schließlich bis zu den Heiligkeits-Stufen führen.

Das Ziel dieser Übung ist also das Höchste, das die Lehre bietet, und die Übung soll daher mit der diesem hohen Ziel angemessenen inneren Haltung und mit rechtem Ernst aufgenommen werden. Der Buddhist möge sie mit der *Dreifachen Zuflucht* beginnen und sich dabei den Sinn dieses Aktes gewärtig halten.

Man erwarte bei dieser Übung keine "mystischen Erfahrungen". Man stelle sich überhaupt nicht auf "Erwartungen" oder schnelle Resultate ein, sondern nehme die im Folgenden beschriebenen einfachen Übungen als Selbstzweck, d.h. zunächst als Förderungsmittel der Achtsamkeit und geistiger Sammlung. Was sie darüber hinaus zu geben haben, werden sie selber dem Übenden zeigen.

Eine Übungsperiode in der vorerwähnten Meditations-Stätte dauert ein bis zwei Monate, je nach dem Fortschritt des Einzelnen. Während dieser Periode wird der ganze Tag der Übung gewidmet, und der Meditierende soll sich nicht mit Lesen oder Schreiben befassen, sowie Gespräche auf das notwendige Mindestmaß einschränken.

Sitzweise

Als Sitzweise für männliche Übende wird der sog. "bequeme Sitz" *(sukh'āsana)* empfohlen. Die Beine werden dabei nicht gekreuzt oder verschränkt, sondern liegen flach auf dem Boden. Die Ferse des linken Fußes liegt zwischen den Beinen und die Zehen in der Kniekehle des rechten Beins, das sozusagen den äußeren Rahmen für den linken Fuß und Unterschenkel bildet. Für denjenigen, der ohne Schwierigkeit beide Knie auf dem Boden halten kann, ist diese Sitzweise empfehlenswert. Sie kann länger unverändert beibehalten werden als der Kreuzsitz, da hierbei kein Druck auf die Gliedmaßen erfolgt.

Weibliche Meditierende in den Ländern des buddhistischen Ostens sitzen weder in dieser Weise noch im Kreuzsitz, sondern knieen auf einem genügend großen, fest gefüllten Kissen und sitzen dabei auf den Fersen, der Körper gerade aufgerichtet, die Hände auf den Knien ruhend.

Wem diese Sitzarten schwierig oder für längere Zeit unbequem sind, möge einen Stuhl mit gerader Rückenlehne benutzen. Man wähle in jedem Falle eine bequeme Sitzweise, die eine gerade Körperhaltung ermöglicht und die man lange unverändert beibehalten kann.

Bei jeder Sitzweise ist es wichtig, dass sich der ganze Oberkörper in einer natürlich geraden Haltung befindet, jedoch nicht künstlich gestrafft. Man mag den Rücken anlehnen, an die Wand oder an die Stuhllehne. Bevor man mit der Übung beginnt, prüfe man, ob die Muskeln nicht unnötig gespannt sind, z.B. an Schultern, Hals, Gesicht usw. Die Kleidung soll lose sein, z.B. um die Hüften.

Übungsanweisung

1. Übung in allgemeiner Achtsamkeit.

Während einer Periode strikter Übung ist die Übungszeit der ganze Tag, vom Morgen bis zum Abend. Soweit man es vermag, soll sich die Achtsamkeit kontinuierlich auf alle körperlichen und geistigen Tätigkeiten und Wahrnehmungen erstrecken: beginnend mit der ersten Wahrnehmung beim Aufwachen, endend mit der letzten vor dem Einschlafen. Der Einsatzpunkt dieser allgemeinen Achtsamkeits-Übung ist die Aufmerksamkeit auf die vier Körperhaltungen *(iriyā-patha manasikāra),* siehe Sutte, d.i. Gehen, Stehen, Sitzen und Liegen. Das heißt, man hat sich bewusst zu sein: der gegenwärtigen Körperhaltung, ihrer Änderung (einschließlich der vorhergehenden Absicht, sie zu ändern), sowie der mit der betreffenden Körperhaltung verbundenen Empfindungen, z.B. Druck, d.i. Berührungsbewusstsein *(kāya-viññāṇa),* etwaiger Schmerz ("Gefühls-Betrachtung"). Wenn man sich z.B. für die Nacht niederlegt und am Morgen aufwacht, soll man gewahr sein: (1) der liegenden Haltung, (2) der Berührungs-Empfindung ("ich liege", "ich berühre" – *nisīdāmi, phusāmi*). Wenn man nach den ersten Versuchen fühlt, dass man einer sich auf alle Tagesbetätigungen erstreckenden "allgemeinen Achtsamkeit" noch nicht gewachsen ist, so möge man mit den "Körperhaltungen" beginnen (einschließlich der mit ihnen verbundenen Gedanken und Empfindungen) und den Radius der Achtsamkeit allmählich auf die anderen Routine-Tätigkeiten des Tages erstrecken, wie Anziehen, Waschen, Essen usw.

Die lückenlose Einstellung der Achtsamkeit auf eine geschlossene Tätigkeitsreihe, deren Einzelheiten man sich gewöhnlich kaum voll bewusst ist, mag durch folgendes Beispiel illustriert werden: Man will sich am Morgen den Mund spülen und ist sich dieses Gedankens bewusst ("er kennt Geist und Geistesobjekte"); man sieht das Wasserglas in einiger Entfernung stehen (Sehbewusstsein); man geht auf es zu (dieser Körperhaltung bewusst); man bleibt davor stehen (dieser Körperhaltung bewusst); man streckt den Arm aus ("wissensklar beim Beugen und Strecken"); man ergreift das Glas (Berührungsbewusstsein), usw.

Man sei sich während des Übungstages ferner bewusst: des

Aufsteigens und Schwindens angenehmer und unangenehmer Gefühle ("Gefühlsbetrachtung"), schweifender Gedanken ("Geistbetrachtung": ungesammelter Geist), Lustgedanken (z.B. Befriedigung bei schmackhaftem Essen; als Geistbetrachtung "lustbehafteter Geist"; als "Geistobjekt-Betrachtung": Hemmung des Sinnenverlangens) und so fort. In Kürze: Man sei sich aller körperlichen und geistigen Eindrücke und Tätigkeiten bewusst, so wie sie sich gerade darbieten und in ununterbrochener Reihe aufeinander folgen. In dieser Weise wird man während des Übungstages alle vier in der Lehrrede genannten Achtsamkeitsgebiete oder "Betrachtungen" erfassen. Worauf es hier bei dieser Übung in "allgemeiner Achtsamkeit" ankommt, ist: Die Achtsamkeit so zu stärken, dass sie möglichst unterbrechungslos und für möglichst lange Zeit dem ununterbrochenen Strom geistiger und körperlicher Eindrücke und Tätigkeiten zu folgen vermag. Als "ununterbrochene Achtsamkeitsfolge" gilt hier, besonders für den Anfänger, dass man sich abschweifender Gedanken bald nach ihrem Auftreten und schließlich sofort bewusst wird, ohne von ihnen unbemerkt abgetrieben zu werden. Die Schnelligkeit, mit der man das Abschweifen des Geistes bemerkt, wird dem Übenden als Maßstab seiner anfänglichen Konzentration dienen. Man lasse sich nicht durch das Auftreten zerstreuter oder unheilsamer Gedanken irritieren, verärgern oder entmutigen, sondern nehme sie selber als Achtsamkeitsobjekt, wodurch sie in die Übung einbezogen werden; ebenso verfahre man auch mit den etwa doch aufgestiegenen Gedanken des Irritiertseins, usw.

Die Einstellung der Achtsamkeit auf die kleinsten Teilvorgänge körperlicher Tätigkeiten bringt eine beträchtliche Verlangsamung dieser Funktionen mit sich. Dies ist natürlich nur während einer Periode strikter Übung voll durchführbar und im gewöhnlichen Alltag bloß in gelegentlicher Freizeit, wenn man von dafür Verständnislosen unbeachtet ist. Die sich während der allgemeinen

Achtsamkeitsübung ergebende Verlangsamung wird sich in mancher Hinsicht als heilsam und nützlich erweisen.

2. Die Hauptübung mit Sonderobjekten
Nachdem man so die Routine-Tätigkeiten des Morgens achtsam ausgeführt hat, setzt man sich auf dem Meditations-Sitz nieder: mit dem Gewahrsein dieser Absicht, der einzelnen Phasen ihrer Durchführung und sodann der "Berührung" (beim Sitzen) und der sitzenden Körperhaltung. Darauf wendet man seine Aufmerksamkeit auf das durch die Atmung bewirkte regelmäßige *Heben und Senken der Bauchwand.* Die Achtsamkeit richtet sich ausschließlich auf das sich dabei ergebende feine Berührungs-Bewusstsein *(kāya-viññāṇa)* und nicht etwa auf die Beobachtung dieser Bewegung durch den Gesichtssinn. Dies bildet das *Hauptobjekt (mūlārammana)* der Übung in ihrem gesamten Verlauf. Es wurde eingeführt durch den Ehrw. U Sobhana Mahāthera, nachdem sich seine Wirksamkeit in der Übungserfahrung erwies.

Wohlgemerkt: man soll nicht etwa über die Bauchwand-Bewegung *nachdenken*, sondern im *reinen Beobachten* dieses körperlichen Vorgangs verharren, aufmerksam dem regelmäßigen Heben und Senken und aller seiner Phasen folgend. Man bemühe sich, dieses reine Beobachten möglichst lange und unterbrechungslos (d.h. ohne unbemerkte Unterbrechung) beizubehalten. Die Einsicht, auf die die Methode abzielt, wird sich dem Geiste spontan darbieten als das natürliche Ergebnis, die reifende Frucht der Übung; mit den Worten des Meditations-Meisters: "Die Erkenntnis wird von selbst auftauchen" *(ñāṇaṃ sayaṃ eva uppajjissati).* Sie wird sich in dem Maße einstellen, in dem durch verschärfte Achtsamkeit und wachsende Sammlung Einzelheiten am beobachteten Vorgang deutlich werden, die vorher unbemerkt geblieben waren. Eine in solcher Weise gewonnene Einsicht wird die Überzeugungskraft und Befriedigung eigener unzweifelhafter Erkenntnis in sich tragen.

Diese Übung hat nichts zu tun mit der "Atmungs-Achtsamkeit" *(ānāpānasati)*. Das Achtsamkeitsobjekt ist hier lediglich die Bauchwand-Bewegung und nicht der sie hervorrufende Atem.

Bei einem Anfänger geschieht es häufiger, dass die Bauchwand-Bewegung nicht sofort oder nur undeutlich oder nur in kurzen, wiederkehrenden Intervallen bemerkbar wird. Dies ist nichts Ungewöhnliches und wird sich im Laufe der Übung bessern. Als Hilfe mag man sich hinlegen, und in dieser Lage wird die Bauchbewegung beträchtlich deutlicher und für längere Zeit bemerkbar sein. Man mag auch die flache Hand auflegen und die Bewegung zunächst in dieser Weise feststellen. Es wird dann leichter sein, sie zu verfolgen, auch wenn man die Hand entfernt. Sofern man Schläfrigkeit und Schlaffheit fernhalten kann, mag man die Übung ohne Weiteres zunächst im Liegen vornehmen, falls das Übungsobjekt in dieser Haltung länger deutlich bleibt als im Sitzen. Zwischendurch möge man es aber auch in der Sitzhaltung versuchen.

Wenn die Wahrnehmung der Bauchwand-Bewegung zeitweise schwindet oder undeutlich wird, so soll man sich nicht krampfhaft bemühen, sie "einzufangen"; dies würde den Geist nur unruhig machen. Man wende vielmehr die Achtsamkeit auf das *Berührungs-Bewusstsein* beim Sitzen und auf die Sitzhaltung. Dies geschieht in folgender Weise: Von den zahlreichen Berührungsstellen oder, genauer, den verschiedenen lokalisierten Berührungs-Empfindungen, die in dem nur scheinbar einheitlichen Sitzberührungs-Vorgang gegeben sind – Knie, Schenkel, Gesäß, Schultern usw. – wähle man drei oder vier. Die Achtsamkeit wendet sich nun diesen gewählten drei oder vier Berührungs-Empfindungen der Reihe nach zu, sozusagen von einer zur anderen wandernd, und schließt mit der Konstatierung der Sitzhaltung ab; dann beginnt man wieder mit derselben Serie und so fort. Zur Bindung der Achtsamkeit mag man eine knappe, innerlich zu wiederholende Formulierung wählen, etwa: Fühlen – fühlen – fühlen – sitzen; fühlen – fühlen – fühlen – sitzen, und so fort. Bei der einzelnen Wahrnehmung verweile man für die Dauer dieser zweisilbigen Worte, deren innerliches Sprechen man fortlassen mag, sobald man in den Zeitrhythmus hineingekommen ist. Das Achtsamkeits-Objekt ist hier die jeweilige Berührungs-Empfindung bzw. die Sitzhaltung, nicht etwa der Berührungs-Ort oder die Worte "fühlen – sitzen". Die Auswahl der Berührungs-Empfindungen mag von Zeit zu Zeit gewechselt werden. Dieses Gewahrsein von Berührung und Sitzhaltung mögen wir als *sekundäres Objekt* bezeichnen. Es ist aber nicht etwa bloß ein "Lückenbüßer" für das zeitweilig nicht wahrgenommene Hauptobjekt, sondern hat selbständigen Wert als eine Quelle von Klarblicks-Ergebnissen.

Wenn man merkt, dass die Bauchwand-Bewegung wieder deutlich wird, so möge man sich ihr wieder zuwenden und mit diesem Hauptobjekt die Übung so lange wie möglich fortsetzen.

Wenn man sich müde fühlt oder durch langes Sitzen die Füße schmerzen, so soll man sich dieser Empfindungen voll bewusst sein. Dieses Gewahrsein behalte man bei, solange diese Empfindungen stark genug sind, die Aufmerksamkeit auf sich zu ziehen und die Meditation zu stören. Es mag sein, dass durch diesen Akt reinen Beobachtens die störenden Empfindungen schwächer werden oder schwinden und es wieder möglich wird, sich dem Hauptobjekt zuzuwenden. Beim Gewahrsein der störenden Empfindungen bleibt man bei der bloßen Feststellung ihrer Anwesenheit stehen (Gefühlsbetrachtung usw.), ohne auf sie irgendwie anders einzugehen und sie durch das zu verstärken, was die geistige Einstellung ihrer reinen Tatsächlichkeit hinzufügt, z.B. durch Ich-Bezug, übertriebene Empfindlichkeit, Irritierung usw.

Bei solcher Gelegenheit wird man die in der "Bedingten Entstehung" *(paṭiccasamuppāda)* erwähnte Beziehung von *Gefühl* und *Begehren* verstehen und durchbrechen können.

Wenn jedoch Schmerzgefühle oder Müdigkeit andauern oder die Füße durch langes Sitzen steif geworden sind, so möge man die Körperhaltung ändern (klar bewusst der Absicht und des Vorgangs der Änderung) und zunächst versuchen, ob achtsames Auf- und Abgehen eine Erleichterung schafft. Falls nicht, so möge man sich hinlegen und ausruhen, – stets mit begleitender Achtsamkeit.

Das achtsame *Auf- und Abgehen* ist gleichfalls eine wichtige *sekundäre Übung*. Sie erhält ihren Übungswert durch das Bewusstsein der einzelnen Phasen des Gehvorgangs. Dem Meditations-Meister zufolge ist für den Anfänger die im *Visuddhi-Magga* und im *Satipaṭṭhāna*-Kommentar gegebene sechsfache Einteilung dieser Phasen zu detailliert. Es genügt, drei oder zwei Phasen zu bemerken: Heben des Fußes vom Boden, vorwärts Tragen zum neuen Standort, Aufsetzen. Für einen Zwei-Silben-Rhythmus mag man dies wie folgt formulieren:

A) 1. Heben, 2. Tragen, 3. Setzen; oder
B) 1. Heben, 2. Setzen.

Wenn man gelegentlich etwas schneller zu gehen wünscht, möge man die zweifache Einteilung (B) wählen. Sonst ist die dreifache vorzuziehen, da sie eine geschlossene Achtsamkeitsfolge beim Gehen erleichtert, während zwischen B)1. und B)2. leicht eine Achtsamkeitslücke entstehen kann.

Diese Geh-Übung ist sehr empfehlenswert sowohl als Konzentrations-Methode wie auch als Quelle von Klarblicks-Erkenntnissen und erwies sich für gewisse Typen von Übenden als besonders geeignet. Einen gewissen Teil des Übungstages wird man dem achtsamen Auf- und Abgehen ohnehin einräumen, um mit den Körperhaltungen abzuwechseln. Doch wenn man Gefallen daran findet und sich dadurch gefördert sieht, möge man ihm längere Zeit widmen und selbst mehrere Stunden in dieser Weise auf- und abgehen bis zur Müdigkeit. Besonders in diesem Falle (wenn als selbständige Übung genommen) ist es wünschenswert, wenn die Gehstrecke möglichst lang ist (etwa ein Korridor oder zwei angrenzende Zimmer), da ein zu häufiges Umwenden den Fluss der Achtsamkeit und Sammlung unterbricht.

Während des gesamten Übungstages achte man auf das Auftreten abschweifender Gedanken, auf das Aussetzen der Achtsamkeit bei Einheiten oder einzelnen Phasen des Gehens, der Bauchwand-Bewegung und anderer Tätigkeiten. Man achte darauf, ob man diese Achtsamkeitslücken sofort bemerkt hat oder ob und für wie lange man "abgetrieben" wurde. Nach Feststellung dieser Unterbrechungen kehre man sofort zum eigentlichen Übungsobjekt zurück. Die sich in Reaktionsgeschwindigkeit äußernde wachsende Achtsamkeit wird auch eine unschätzbare Hilfe in allgemeiner Selbstbeherrschung sein, in der Sinnenzügelung *(indriya-saṃvara)* und in der Feststellung unheilsamer Gedanken sofort nach ihrem Auftreten. Die Wichtigkeit hiervon für den allgemeinen Fortschritt auf dem Pfad ist offensichtlich.

Bei sich schärfender Achtsamkeit möge man auch auf die feinsten Gedanken und Stimmungen der Befriedigung oder Unbefriedigung achten (z.B. den Übungsverlauf betreffend). Sie sind die Keime stärkerer Formen von Lust und Unlust, Zuneigung und Abneigung und von Ich-Bezug im Allgemeinen (Stolz; Minderwertigkeitsgefühl). Es ist daher wichtig, sich mit ihnen vertraut zu machen, sie rechtzeitig zu bemerken und dadurch am Anwachsen zu verhindern. Man bemerke und vermeide auch vorwegnehmende Gedanken (z.B. die Übung betreffend) und Zukunftsfantasien, die eine häufige Form der Abschweifung sind. Die Achtsamkeits-Übung richtet sich lediglich auf die Gegenwart.

Drei bis vier Stunden kontinuierlicher Achtsamkeit (d.h. ohne *unbemerkte* Unterbrechungen und sei es auch mit wechselnden Objekten) gelten als Mindestmaß für den Anfänger während einer strikten Übungsperiode. Dies soll natürlich nicht heißen, dass diese Periode für den gesamten Übungstag genügt. Man soll vielmehr den "verlorenen" Faden stets wieder aufnehmen und möglichst lange festhalten. Insbesondere soll man danach streben, sich möglichst lange und ununterbrochen den Hauptübungen zu widmen.

Beim Aufnehmen der Übung stelle man sich auf ernste und ausdauernde Anstrengung ein. Wenn man der ersten Müdigkeit oder Unlust nicht nachgibt, so wird man häufig hinter ihr neue Reserven von Energie finden. Andererseits soll man gewiss nicht ins Extrem gehen und sich Ruhe gönnen, sobald man merkt, dass fortgesetzte Anstrengung mangelnder körperlicher und geistiger Frische wegen keinen Erfolg mehr bringt. Auch während solcher Ruhepause wird ja die Achtsamkeitsübung nur mit anderem Objekt und in entspannter Haltung fortgesetzt. Je "lockerer" und zwangloser bei fortschreitender Übung die Achtsamkeit auf dem Objekt ruht und dem Rhythmus seines Entstehens und Vergehens folgt, um so weniger anstrengend und ermüdend wird sie werden.

Das Hauptobjekt (Bauchwand-Bewegung) und die sekundären Objekte ("Fühlen-Sitzen", "Geh-Übung") werden während der gesamten Übungsperiode beibehalten (d.i. in der strikten Übungsperiode und nachher), ohne dass etwas Neues hinzugefügt wird. Das "Neue" fügt lediglich der sich entfaltende Geist des Meditierenden hinzu. Diese einfachen Übungen vermögen bei entsprechendem Ernst und Ausdauer allmählich zu den sieben "Reinheits-Stufen" (siehe *Visuddhi Magga*) zu führen, d.h. zu den sechs letzten, die auf der ersten, der Sitten-Reinheit, basieren.

Zusätzliche Bemerkungen

Der Wichtigkeit wegen sei nochmals betont: Übungsobjekt sind die körperlichen und geistigen Objekte selber, so wie sie sich der Aufmerksamkeit darbieten, nicht aber Gedanken und Gefühle über sie. Wenn solche Reflexionen und Reaktionen auftreten, soll man sie in ihrer Beschaffenheit feststellen und danach zur Hauptübung zurückkehren.

Doch ein Vorbehalt mag unter gewissen Umständen gemacht werden. Bei erfolgreicher Übung mag es geschehen, daß der Meditierende gleichsam überflutet wird von einer raschen Folge von Gedanken, die für ihn blitzartig gewisse Teile des *Dhamma* oder einzelne Aussprüche des Meisters erhellen und wie neu aufleuchten lassen. Starke *Ergriffenheit* mag entstehen, ernste *(saṁvega)* oder freudige *(pīti)*; tiefes Vertrauen zum Buddha usw. Dies werden Erfahrungen starker geistiger und gefühlsmäßiger Befriedigung sein (die man achtsam als solche erkennen soll, sei es auch rückblickend). In solchen Momenten wird es der Übende selber wissen und zu entscheiden haben, wie viel Raum er diesen starken Gedanken und Gefühlen erlauben soll. Sie mögen unter Umständen und bei rechtem Vorgehen sehr wohl zur Gewinnung der "Vertiefungsglieder" *(jhānaṅga)* führen und sollen daher gewiss nicht leichthin unterdrückt werden. Wenn man in dieser Weise die "Vertiefungen" *(jhāna)* erreichen kann, so wird dies sicher der Entfaltung des "Klarblicks" nur förderlich sein; denn eine auf den Vertiefungen basierende Klarblicks-Übung ist sicher der hier dargestellten "Reinen Klarblicks-Methode" vorzuziehen. Man überlasse dies jedoch der natürlichen Entwicklung und lasse sich nicht durch solche Erfahrungen und ihre Möglichkeiten von der gewählten Übung ablenken. Obwohl diese Erfahrungen von großem Wert für das Verständnis der Lehre und meditativen Fortschritt sein oder werden können, soll der Meditierende doch wissen, dass sie lediglich Nebenergebnisse oder Erfolgs-Symptome seiner Übung sind und nicht zu ihrem eigentlichen Bereich gehören. Sobald sich daher die Gefühls- und Gedankenwelt beschwichtigt haben, soll der Meditierende wieder zu seinen Hauptübungen zurückkehren und mit ihrer Hilfe weiteren und höheren Ergebnissen des erlösenden Klarblicks zustreben.

Wir hatten bereits bemerkt, dass man die Hauptübungen zunächst um ihrer selbst willen, d.h. zur Stärkung von Sammlung und Achtsamkeit, vornehmen solle und dass die weiter reichenden Ergebnisse sich von selbst einstellen werden. Ebenso dienen auch die Übungen in "allgemeiner Achtsamkeit" zunächst der Steigerung der Sammlung und der Ausdehnung des Achtsamkeitsgebietes, werden aber auch allmählich selbständige Ergebnisse bieten. Sie dienen zunächst dazu, das allgemeine Niveau der Achtsamkeit während des ganzen Tages möglichst hoch zu halten, wodurch die Konzentration während der Hauptübung sehr begünstigt wird. Doch ein heilsamer Einfluss wird sich auch bald in umgekehrter Richtung bemerkbar machen. Die bei den Hauptübungen erzielten Ergebnisse in Konzentration und Einsicht werden auch die Konzentrationsfähigkeit und den Scharfblick während der allgemeinen Achtsamkeits-Übung stärken. Wichtige Erkenntnisse mögen dann recht wohl zuerst bei der allgemeinen Übung oder den sekundären Objekten deutlich werden. Die allgemeine Übung ermöglicht auch Vertrautheit mit einer größeren Anzahl von Objekten, was in vieler Hinsicht förderlich sein wird. Doch für die Erreichung höherer Konzentrationsgrade und für entscheidenden Fortschritt ist die Übung mit dem Hauptobjekt unerlässlich.

Damit sich diese Wechselwirkung von allgemeiner und Hauptübung voll auswirken kann, ist es sehr wünschenswert, dass man mit einer strikten Übungsperiode kürzerer oder längerer Dauer beginnt. Die Erfahrungen und Ergebnisse dabei werden starke Ermutigung und Ansporn sein für die regelmäßige Fortsetzung der Übung im normalen Tagesverlauf. Man möge eventuell mit ein oder zwei Tagen (Wochenende) oder einer Woche beginnen und dann auf eine längere Frist ausdehnen. Wenn die Lebensverhältnisse so sind, dass auch während dieser strikten Übungstage zu gewissen Stunden ein geselliger Kontakt, besonders auch mit Andersgesinnten, unvermeidlich ist, so lege man für diese Zeit das Übungsobjekt bewusst ab und stelle sich auf eine Haltung allgemeiner Achtsamkeit oder Besonnenheit ein. Danach nehme man das Übungsobjekt ebenso bewusst wieder auf.

Freilich mag unter den Wohn- und Lebensbedingungen einer westlichen Großstadt die Durchführung einer strikten Übungsperiode selbst mit der letztgenannten Einschränkung schwierig oder unmöglich sein. Der Schreiber dieser Zeilen fragte daher den Meditations-Meister, ob und wieweit ein Fortschritt zu erwarten ist, wenn man die Übung nur in kurzer täglicher Freizeit vornehmen kann. Die Antwort war, dass auch einige seiner Schüler lediglich in der Freizeit ihres Berufslebens geübt und zum Teil gute Ergebnisse erzielt hatten. Der Fortschritt sei dann allerdings langsamer und schwieriger und natürlich auch von der Fähigkeit und Ausdauer des Einzelnen abhängig.

Bei solch reduzierter Übungsmöglichkeit und auch bei einer Fortsetzung der Übung nach einer strikten Übungsperiode ist das hier behandelte Übungsprogramm den gegebenen Umständen anzupassen:

(1) Die Stelle der allgemeinen Achtsamkeitsübung wird dann eingenommen von einem möglichst hohen Niveau von Achtsamkeit und Besonnenheit während des ganzen Tages, angepasst an die Erfordernisse des Berufs- und häuslichen Lebens. Auch während der Berufstätigkeit wird man gelegentlich für einige Sekunden die Achtsamkeit auf die Körperhaltung oder den Atem

lenken können. Eine intensive "allgemeine" Achtsamkeit mit Funktions-Verlangsamung ist natürlich nur in der Freizeit möglich und wenn man ungestört ist. Man vermeide es grundsätzlich, durch eine Veränderung in seinem Benehmen die Aufmerksamkeit anderer auf sich zu ziehen.

(2) Dem Hauptobjekt und den sekundären Objekten widme man jede verfügbare Freizeit, morgens und abends. Regelmäßigkeit, sei es auch kurzfristiger Übung, ist hier besonders wichtig. Bei Beginn mit der Übung möge man für einige Zeit alle anderen privaten Interessen soweit wie möglich zurückstellen und Geselligkeit auf das unerlässliche Mindestmaß beschränken. Dies als Ersatz für eine anfängliche Periode strikter, ausschließlicher Übung.

Die hier beschriebene Methode beruht auf dem ersten *Satipaṭṭhāna*, d.i. der Körper-Betrachtung. Die als Übungsobjekte ausgewählten körperlichen Vorgänge dienen der systematischen Entwicklung des Klarblicks *(vipassanā)* während des gesamten Übungsverlaufs. Die anderen drei Betrachtungen der *Satipaṭṭhāna*-Übung werden nicht für eine gesonderte, systematische Übung benützt. Man wendet sich diesen geistigen Objekten zu, wenn sie während der Hauptübungen oder der allgemeinen Achtsamkeits-Übung auftreten. Nach Feststellung der jeweiligen geistigen Vorgänge wendet man sich wieder den körperlichen Übungsobjekten zu. In dieser Weise erfasst man das gesamte vierfache Gebiet der *Satipaṭṭhāna*-Übung. Eine gesonderte Übung mit geistigen Objekten und ihre meditative Entfaltung verspricht wegen ihrer äußerst subtilen Natur nur Erfolg für einen, der die meditativen Vertiefungen *(jhāna)* erreicht hat. Doch im engen Zusammenhang mit den körperlichen Objekten werden auch die geistigen allmählich eine für die Zwecke des Klarblicks genügende Deutlichkeit gewinnen.

Dieser Nachdruck auf die Körperbetrachtung findet Unterstützung sowohl in den Sutten wie in den in der kommentariellen

Überlieferung niedergelegten Anweisungen für die Klarblicks Meditation.

Vom Erhabenen wurde gesagt:

"Wer, o Mönche, die auf den Körper gerichtete Achtsamkeit häufig entfaltet und geübt hat, einbegriffen sind darin für ihn alle heilsamen Dinge, die zur Weisheit führen."

(Majjhima-Nikāya 119)

"Wenn der Körper (meditativ) unbemeistert *(abhāvito)* ist, dann ist auch der Geist unbemeistert. Ist der Körper (meditativ) bemeistert, so ist auch der Geist bemeistert."

(Majjhima-Nikāya 36)

Im "Weg zur Reinheit" *(Visuddhi Magga)* heißt es:

"Wenn man nach (meditativer) Beschäftigung mit dem Körperlichen die geistigen Vorgänge aufnimmt und diese sich nicht deutlich darbieten, so soll der Meditierende nicht etwa die Übung aufgeben, sondern soll dann immer wieder bloß die körperlichen Vorgänge erfassen, betrachten, aufnehmen und feststellen. Wenn sich ihm dann das Körperliche vollkommen deutlich, unverwirrt und klar darstellt, so werden die geistigen Vorgänge, die jene körperlichen Dinge als Objekt haben, von selber klar werden." ...

"Da geistige Vorgänge nur für den klar werden, der das Körperliche mit voller Deutlichkeit erfasst hat, soll man jede Bemühung um die Erfassung des Geistigen nur durch ein gründliches Erfassen des Körperlichen unternehmen, nicht anderswie ... Wenn man so vorgeht, wird die Übung des Meditationsobjektes zu Wachstum, Entfaltung und Reife kommen."

* * *

Innerer Abstand gibt Meisterschaft,
Unbefangenheit und Freiheit.

Besinnungen über zwei Verse des *Sutta-Nipāta*

Nyāṇaponika

I.

Gleich ist er den Gleichen,
fern denen, die ihm ungleich ...
(aus Vers 468)

Als die dem Buddha Gleichen bezeichnet der Kommentar die Buddhas der Vorzeit. Der Erhabene selber aber hatte den Rahmen weiter gespannt, wenn er sagte:

Mir gleich ja werden Siegende,
die zu der Triebe Ende sind gelangt.
(Majjhima-Nikāya 26)

Sieht man vom Erhabenen ab, so gibt es auch auf niedrigerer Entwicklungsstufe eine edle "Gemeinschaft der Gleichen", der anzugehören wir streben sollen. Es ist jene "geheime Bruderschaft" *(fraternitas occulta)*, die wohl zu unterscheiden ist von allen geheimnis*tuerischen* Weißen Logen etc. Sie erstreckt sich über die ganze Erde, und ihre Glieder finden sich, wenn es die rechte Zeit ist, ohne ihr Zutun, erkennen einander dann ohne besondere Kennzeichen. Haben nämlich innere Kraft und Lauterkeit einen bestimmten Grad erreicht, dann schmieden sie nach dem ihnen innewohnenden Gesetz an jener unsichtbaren Kette, welche die "Gleichen" verbindet und die "Ungleichen" ausschließt. Wenn sich die karmischen Verstrickungen lockern, wenn ein entscheidender Teil alten schuldhaften Wirkens "aufgearbeitet" oder ausgeglichen ist und die aufwärtsreißende Strömung der Lehre deutlich die Oberhand gewonnen hat, nimmt im Menschen die spontan wirkende Kraft der Anziehung und Abstoßung in erstaunlichem Maße zu. Die "Ungleichen" verschwinden allmählich aus dem Lebenshorizont; die Verflechtung des eigenen Geschicks mit dem ihren, die gerade, wenn sich Entfernung vorbereitet, so viele Komplikationen erzeugt, – diese Verflechtung hört auf oder verringert sich zusehends. So treten die "Ungleichen" in die Ferne und die neue Gemeinschaft mit den "Gleichen" tritt, gewusst oder nicht, an ihre Stelle. So vollzieht sich schon im gegenwärtigen Dasein "neue Geburt" in eine andere Welt hinein, neue Bindung und Lösung, einschneidender als die tatsächlichen Wiedergeburten der Menge Menschen, die so häufig nichts anderes sind als in grauenhafter Monotonie eine lange Reihe von Wiederholungen desselben Lebensinhalts.

Man glaube aber nicht, dass man sich durch gehässige Abneigung gegenüber den als "ungleich" Empfundenen von ihnen karmisch entfernt. Auch dies würde nur Annäherung sein, Knüpfen einer (negativen) Beziehung, – nicht aber "Entfernung". Nur wenn durch die Erzeugung der vier "Grenzenlosen Gemütszustände" (*appamaññā* oder auch "Erhabene Weilungen", *brahmavihāra*), nämlich von Güte, Mitleid, Mitfreude und Gleichmut, die Spannungen und unruhigen Wirbel, die durch das Grenzen-Ziehen entstehen, aufgehoben oder verringert sind, nur in solch stiller Atmosphäre können sich jene großen Gesetze der "Wahlverwandtschaft" ganz auswirken.

Es heißt im *Saṁyutta-Nikāya*:

> *Nach ihren Elementen vereinigen sich die Wesen, kommen sie zusammen.*
> *Solche von niedrigen Neigungen vereinigen sich mit solchen von niedrigen Neigungen, kommen mit ihnen zusammen.*
> *Solche von trefflichen Neigungen vereinigen sich mit solchen von trefflichen Neigungen, kommen mit ihnen zusammen.*
>
> *(Saṁyutta-Nikāya 14, 14)*

II.

> *Geeinten Geistes, wer da kreuzt die Flut ...*
>
> *(aus Vers 471)*

Es heißt (an anderer Stelle):

> *Durch das Vertrauen kreuzt man diese Flut,*
> *durch Unermüdlichkeit den Ozean.*
> *Durch Tatkraft überwindet man das Leid,*
> *durch Weisheit wird geläutert man.*
>
> *(Vers 184)*

Es mag kein Zufall sein, dass in diesem Verse vier der fünf "geistigen Fähigkeiten" *(indriya)* genannt werden und in unserem (Ausgangs)Verse die dort fehlende fünfte, der geeinte Geist, also die *Sammlung*, und zwar gleichfalls mit Verwendung des Bildes vom "Kreuzen der Flut". Ob dies nun beabsichtigt war oder nicht, es ist in jedem Falle nur durch das Gleichgewicht, die gleichmäßige Entwicklung aller fünf, dass man den Ozean des Leidens zu kreuzen vermag. Unter steter Gegenwart von "Achtsamkeit" oder klarer Bewusstheit *(sati)* als dem harmonisierenden und wachenden Prinzip muss die Begeisterung und Wärme des *Vertrauens* mit der Schärfe und Klarheit der *Weisheit* vereint und die *Kraft des Willens* mit der *Sammlung und Ruhe des Geistes* zum Ebenmaß gebracht sein. Nur ein Geist, welcher der Einseitigkeit und damit dem Wechselspiel der Gegensätze – dieser Ebbe und Flut des Leidens-Meeres – entgangen und zur Harmonisierung gelangt ist, nur ein solcher Geist hat in sich die erlösende Kraft. Dies findet sich bestätigt in jenem höchst eigenartigen ersten Text des *Saṁyutta Nikāya*, der gleichfalls das Bild vom "Kreuzen der Flut" benutzt. Es heißt dort:

> *"Wie hast denn du, o Herr, die Flut überschritten?" –*
> *"Ohne Haltsuchen und ohne Kampf habe ich die Flut überschritten." –*
> *"Wie aber hast du denn ohne Haltsuchen und ohne Kampf die Flut überschritten?" –*
> *"Wenn ich innehielt, dann sank ich unter; wenn ich mich abmühte, dann wurde ich abgetrieben. So habe ich ohne Haltsuchen und ohne Kampf die Flut überschritten."*

Aus den Begriffs-Paaren, die der Kommentar zur Erklärung gibt, seien die Folgenden genannt:

> *"An den Befleckungen festhaltend, sinkt man unter; sich im karmischen Gestalten abmühend (abhisankhāra-vasena āyūhanto), wird man abgetrieben.*
> *Mittels Begehren festhaltend, sich in Ansichten abmühend; durch Ewigkeits-Ansicht haltsuchend, sich durch Vernichtungs-Ansicht abkämpfend (Daseins-Ansicht hat nämlich eine Neigung zum Sich-Festklammern, Nichtseins-Ansicht zum Übers-Ziel-Hinauslaufen).*

> *In Lässigkeit stagnieren, in Unruhe sich abkämpfen; durch karmisches Gestalten von allerlei Unheilsamen festhaltend, sinkt man unter, durch karmisches Gestalten von allerlei Weltlich-Heilsamen sich abmühend, wird man abgetrieben."*

Ferner heißt es gleichfalls im *Saṁyutta-Nikāya*, kurz nach dem oben zitierten Text, in der fünften Sutte, und zwar wieder mit Verwendung der gleichen Metapher:

> *Fünf muss man zerschneiden, fünf aufgeben, fünf weiter pflegen. Fünf Verbindungen muss man überwunden haben, damit man Fluten-Überschreiter heißt.*

Mit den fünf zu pflegenden sind wieder die fünf "geistigen Fähigkeiten" gemeint.

Die beiden zu vermeidenden Extreme kommen ganz ähnlich wie im ersten *Saṁyutta*-Text auch in *Sutta-Nipāta* (Verse 938-939) zum Ausdruck. Diese Verse gehen wohl zunächst von einem anderen Gleichnis aus, nehmen aber zum Schluss gleichfalls das Bild vom Versinken in der Flut auf:

> *... Den Stachel sah ich dann, der, schwer erkennbar, hier im Herzen steckt.*
> *Von welchem Stachel man durchbohrt umher nach allen Seiten läuft,*
> *Hat diesen Stachel man entfernt, dann läuft man nicht, versinkt man nicht.*

Der alte Kommentar, *Mahā-Niddesa*, bemerkt hierzu:

> *"Man versinkt nicht in der Sinnlichkeits-Flut, der Daseins-Flut, der Ansichten-Flut, der Nichtwissens-Flut."*

Was ist nun die ausgleichende Kraft innerhalb der fünf "geistigen Fähigkeiten", die allein den für das Werk der Befreiung erforderlichen Bewusstseins-Zustand zu erzeugen vermag? Es ist dies *sati*, d.h. Achtsamkeit, Bewusstseinsklarheit, und zwar insofern sie durch Übung des "Vierfachen Gegenwärtighaltens der Achtsamkeit" *(satipaṭṭhāna)* zur entwickelten "geistigen Fähigkeit" *(indriya)* erstarkt ist. Dieser entwickelten Achtsamkeit nämlich – und schon der genannten Methode zu ihrer Ausbildung – ist jene harmonische Übergegensätzlichkeit eigen, die hier gefordert wird. Dies sei an einigen Beispielen illustriert:

Rechte Achtsamkeit muss gleichsam schwingend sein; denn sie geht verloren, wenn sie sich entweder zu krampfhaft oder zu oberflächlich auf ihr Objekt richtet, d.h. entweder zu schwer ist oder zu schwach, zu starr *(thīna)* oder zu unruhig *(uddhacca)*. Ferner hat Rechte Achtsamkeit gleichmäßig die Betrachtung des eigenen und des fremden Körpers, Gefühls usw. zu pflegen, und dann in der Verbindung beider in der Nicht-Ich-Erkenntnis zu gipfeln.

Außerdem meidet Rechte Achtsamkeit die Labyrinthe des Denkens über Vergangenheit und Zukunft und richtet sich allein auf die Gegenwart, findet sie doch in ihr die Frucht der Vergangenheit und den Keim der Zukunft. Dieses letzte Begriffspaar mag diejenigen der obigen Kommentarstelle noch ergänzen:

> *Sich an die Vergangenheit klammernd, sinkt man unter, verliert in zwecklosem Sehnen den "Boden unter den Füßen"; sich um die Zukunft abmühend oder sorgend, wird man abgetrieben in die unbegrenzten Möglichkeiten des Saṁsāra.*

Fassen wir es zusammen: Der Schritt, der uns über das Leidensmeer trägt, muss beschwingt sein durch den Antrieb und die Freudigkeit des *Vertrauens* und gelenkt sein durch die Klarheit der *Weisheit.* Leicht und gleichzeitig fest muss der Schritt sein:

Die Leichtigkeit kommt ihm aus der *Sammlung*, die Festigkeit aus der *Willenskraft.*

Weil nun diejenigen, welche sich ernsthaft um die Befreiung mühen, eben durch dieses "Mühen" zum Extrem des "Sich-Abkämpfens" neigen, deshalb haben Meister religiösen Wissens außerhalb des *Buddha-Dhamma* häufig eine passiv klingende Formulierung für den zu erstrebenden Bewusstseinszustand vorgezogen, – d.h. soweit sie sich an die wenigen Reifen wandten, bei denen ein ausreichendes Maß von Energie vorauszusetzen war. So bei Laotse: *Wu Wei,* das Nicht-Handeln, das Bild vom Wasser als dem Weichsten und Stärksten.

In der Spätzeit der *Upanishaden* finden wir:

> *"Wenn kein Ich ist, dann ist Lösung; wenn ein Ich da ist, dann ist Bindung. Denke so und spielend glückt es; greife nichts und lass nichts los!"* –
> *"Dass etwas aufzugreifen oder zu verwerfen sei, ist nur ein Zweig am Aste 'Endloser Strom der Geburten'."*
>
> *(Aschtavakra-Gita, übersetzt von Heinrich Zimmer)*

Der Buddha aber, der Große Mitleidsvolle, der *allen* den Weg zur Entrinnung zeigen wollte, hat zuerst den *Beginn* dieses Weges gewiesen: Tatkraft und Streben. In einigen wenigen Texten aber hat er auch hingedeutet auf die übergegensätzlichen Wahrheiten, die auf höherer Ebene liegen, so z.B. in jenem ersten Text des *Saṁyutta-Nikāya* und vielen Versen des *Sutta-Nipāta.*

Noch ein Wort über das *Vertrauen*, das nach Vers 184 die Flut kreuzen lässt. Hiermit ist nicht ein nach außen gerichtetes Vertrauen, die Gläubigkeit des Anfängers gemeint, sondern *saddh'indriya,* die "geistige Fähigkeit Vertrauen", d.h. jene feste, durch eigene Erfahrung erworbene Gewissheit, welche die Krönung der entfalteten "Fähigkeiten" ist. Es heißt:

Der vertrauende edle Jünger, hat er so immer wieder gekämpft (Willenskraft), so immer wieder Achtsamkeit gepflegt, so immer wieder den Geist gesammelt, so immer wieder erkannt (Weisheit), der erlangt dann die Gewissheit: Diese früher von mir vernommenen Dinge, jetzt nun erfahre ich sie hier leibhaftig; sie mit Weisheit durchdrungen habend, schaue ich sie.

(Saṁyutta-Nikāya 48, 50)

Auf jener Ebene, auf der sich die *Muni*-Verse des *Sutta-Nipāta* erheben, ist das Vertrauen des *Anfängers* überwunden; heißt es doch geradezu in Vers 853: *na saddho*, "nicht ist er gläubig".

Die nach außen gerichtete Glaubenskraft war es, die Petrus über das Meer wandeln, da sie aber nicht stark genug war, beinahe ihn versinken lässt. Dies wäre eine "geistige Todesart" gewesen, die ganz dem oben behandelten Buddha-Wort entsprochen hätte: denn des Petrus Glaube war eben ein "Haltsuchen", das ohne die rettende Hand des Christus im "Untersinken" hätte enden müssen. Jesus nun, von weit größerer innerer Kraft, jener große, doch unterlegene Kämpfer mit dem Menschheits-Leid, er vermochte zwar nicht "die Flut zu kreuzen", aber doch das Schiff zu erreichen, das ihn freilich auch nur auf dem Meere seiner Idole umherwarf und "abtrieb", bis schließlich auch er "versank", mit jenem ergreifenden Hilferuf am Kreuz: "Gott, mein Gott, warum hast du mich verlassen!"

* * *

Die fünf Hemmungen

Nyāṇaponika

"Wer etwas weiß und nicht danach handelt,
weiß es nur unvollkommen."

(J. M. Guyau)

Vorbemerkung

Durch die regelmäßige Übung der Geistobjekt-Betrachtung *(dhammānupassanā)* werden die Inhalte des Geistes allmählich die Denkformen des *Dhamma* (im Sinne der Wirklichkeits- und Befreiungslehre des Buddha) annehmen. Für diesen Zweck geben die fünf Übungen, die dieser Abschnitt der Lehrrede von den Grundlagen der Achtsamkeit *(Satipaṭṭhāna Sutta)* nennt, eine hinreichende Auswahl solcher Denkinhalte und Lehrbegriffe, die in Einklang mit wirklichkeitsgemäßer Einsicht stehen und dem Geist eine natürliche Ausrichtung auf das Ziel der Befreiung geben.

Die erste der Übungen handelt von den fünf hauptsächlichen Hemmungen des Geistes *(nīvaraṇa)*, mit anderen Worten von Qualitäten, die loszulassen sind. Hierfür ist eine genaue Kenntnis ihrer Entstehungs- und Aufhebungsbedingungen unerlässlich.

Doch eine theoretische Kenntnis dieser Entstehungs- und Aufhebungsbedingungen ist nicht genug. Nur durch die eigene, bewusst aufgenommene und genutzte Erfahrung wird diese Kenntnis zum wirklichen Besitz werden. Es ist durch die direkte Beobachtung der Hemmungen, dass man solche Erfahrungen sammelt, nämlich über die äußeren und die inneren Umstände, welche das Entstehen oder Nichtentstehen hemmen und fördern. Diese Umstände mögen bei verschiedenen Charakteren sehr unterschiedlich sein, und oft mag man keine genügende Klarheit darüber haben, dass es typische Situationen gibt, die dem Entstehen oder Nichtentstehen jener negativen Eigenschaften zuträglich sind. Wiederholte und sorgfältige Aufmerksamkeit wird dazu helfen, die ungünstigen Situationen zu vermeiden und günstige zu schaffen oder auszunutzen.

Einführung

Unerschütterliche Befreiung des Geistes ist das höchste Ziel der Lehre des Buddha. *Befreiung* bedeutet hier: Die Entledigung des Geistes von allen Begrenzungen, Fesseln und Bindungen, die ihn an das Rad des Leidens, an den Kreislauf der Wiedergeburten, ketten. Es ist das Klären des Geistes von allen Befleckungen, die seine Reinheit trüben; es ist das Beseitigen aller Hindernisse und Hemmungen, die der Entwicklung vom weltlichen *(lokiya)* zum überweltlichen Bewusstsein *(lokuttara-citta)*, d.h. zur Heiligkeit, im Wege stehen.

Zahlreich sind die Hindernisse, die den Weg zu geistigem Fortschritt verstellen, aber es sind vor allem fünf, die unter der Bezeichnung *Hemmungen* häufig in den buddhistischen Schriften erwähnt werden:

- Sinnenverlangen *(kāmacchanda)*,
- Hass *(byāpāda)*,

- Starrheit und Müdigkeit *(thīna-middha)*,
- Aufgeregtheit und Gewissensunruhe *(uddhacca-kukkucca)*,
- Zweifel *(vicikicchā)*.

Sie werden *Hemmungen* genannt, weil sie den Geist auf vielfache Weise hemmen und verhüllen, und so seine freie Entfaltung und Entwicklung verhindern. Geistige Entwicklung *(bhāvanā)* im Sinne der buddhistischen Lehren erfolgt auf zweifache Weise:

- durch die Entfaltung der Geistesruhe *(samatha-bhāvanā)* und
- durch die Entfaltung des Klarblicks *(vipassanā-bhāvanā)*.

Geistesruhe wird durch eine vollkommene Sammlung des Geistes in den meditativen Vertiefungen *(jhāna)* erreicht. Für das Erreichen dieser Vertiefungen bildet die zumindest zeitweise Überwindung der fünf Hemmungen eine Vorbedingung. Die fünf Hemmungen werden in den Lehrreden des Buddha besonders oft im Zusammenhang mit dem Erreichen der Vertiefungen erwähnt.

Es gibt fünf Bewusstseinsfaktoren, die die hauptsächlichen Repräsentanten der ersten meditativen Vertiefung bilden und deshalb *Vertiefungsglieder (jhānaṅga)* genannt werden. Der buddhistischen Kommentar-Tradition folgend schadet ihrer Entfaltung je eine der fünf *Hemmungen* in besonderem Maße und schließt ihre Heranbildung bis zu dem für *jhāna* nötigen Grade aus. Andererseits ist die Kultivierung dieser fünf Faktoren über ihr durchschnittliches Niveau hinaus ein Gegenmittel gegen die fünf Hemmungen, das den Weg zu *jhāna* bereitet.

In dieser Textsammlung wird, geordnet nach den einzelnen Hemmungen, die Beziehung zwischen diesen beiden Fünfer-Gruppen aufgezeigt.

Nicht nur die meditativen Vertiefungen, sondern auch geringere Stufen der Geistesruhe werden von den fünf Hemmungen verhindert. So die "angrenzende Geistessammlung" *(upacāra-samādhi)*, welche die Vorstufe zur "vollen Geistessammlung" *(appanā-samādhi)* ist, die in *jhāna* erreicht wird. Ebenso wird von der Anwesenheit der Hemmungen die "momentane Geistessammlung" *(khaṇika-samādhi)* ausgeschlossen, die der "vollen Sammlung" gleichkommen kann und für reifen Klarblick *(vipassanā)* erforderlich ist.

Dieser weit reichende schädliche Einfluss der fünf Hemmungen zeigt die dringliche Notwendigkeit, ihre Kraft durch stetige Anstrengung zu brechen. Man sollte nicht glauben, dass es genügt, seine Aufmerksamkeit nur dann auf die fünf Hemmungen zu richten, wenn man sich zur Meditation niedersetzt. Eine solche Bemühung "kurz vor Toresschluss" zur Unterdrückung der Hemmungen wird selten erfolgreich sein, wenn sie nicht von vorausgegangenen Anstrengungen im Alltagsleben unterstützt wird.

Wer ernstlich nach der unerschütterlichen Befreiung des Geistes strebt, wird sich daher ein spezielles, begrenztes "Übungsgebiet" von unmittelbarer und praktischer Bedeutung auswählen: Ein *kammaṭṭhāna* im weitesten Sinne, auf das er die Struktur seines gesamten Lebens gründen sollte[1)].

Schon das Festhalten an diesem "Übungsgebiet", ohne es länger aus dem Blick zu verlieren, wird einen beträchtlichen und ermutigenden Fortschritt bei der Kontrolle und Entfaltung des Geistes mit sich bringen, da die richtungsweisenden und zielstrebigen Energien des Geistes erheblich gestärkt werden. Wer nun die Bezwingung der fünf Hemmungen als "Übungsgebiet" gewählt hat, sollte zunächst untersuchen, welche in ihm am Stärksten sind. Sorgfältig sollte er dann beobachten, wie und bei welchen Gelegenheiten sie gewöhnlich auftauchen. Des Weiteren sollte er auch jene in seinem Geist vorhandenen *positiven Kräfte* kennen, mit deren Hilfe den einzelnen Hemmungen am Besten entgegengewirkt werden kann, bis sie am Ende ganz bezwungen werden können. Er mag sein Leben auch nach jeder sich bietenden Gelegenheit prüfen, die in den Dienst der Entwicklung dieser positiven Qualitäten gestellt werden kann. Auf den folgenden Seiten wurden diese positiven Qualitäten geordnet nach den:

- "geistigen Fähigkeiten" *(indriya)*,
- "Vertiefungsgliedern" *(jhānaṅga)*,
- "Erleuchtungsgliedern" *(bojjhaṅga)*.

In einigen Fällen wurden weitere Meditationsgegenstände hinzugefügt, die bei der Überwindung der jeweiligen Hemmung hilfreich sind.

Von einem "Weltling" *(puthujjana)*, also einem Menschen, der noch nicht die erste Stufe der Heiligkeit, den Stromeintritt, erreicht hat, kann nur eine vorübergehende Aufhebung und teilweise Schwächung der Hemmungen erreicht werden. Ihre endgültige und vollständige Beseitigung findet auf den Heiligkeitsstufen *(ariya-magga)* statt:

- *Zweifel* wird auf der ersten Stufe beseitigt, dem Pfad des Stromeintritts *(sotāpatti-magga)*;
- *Sinnenverlangen, Hass* und *Gewissensunruhe* werden auf der dritten Stufe beseitigt, dem Pfad des Nichtwiederkehrers *(anāgami-magga);*
- *Starrheit und Müdigkeit*, sowie *Aufgeregtheit* werden auf der vierten Stufe beseitigt, dem Pfad der Heiligkeit *(arahatta-magga)*.

Daher beschränkt sich der Lohn des Kampfes gegen die Hemmungen nicht nur auf eine kürzere oder längere Meditationsspanne, vielmehr bringt uns jeder Schritt bei der Schwächung dieser Hemmungen den Stufen der Heiligkeit näher, auf denen die stufenweise Befreiung von diesen Hemmungen unerschütterlich geworden ist.

Obwohl sich die meisten der nachfolgenden Texte, die aus den Lehrreden des Buddha und den Kommentaren übersetzt wurden, an Mönche wenden, besitzen sie ebenso Gültigkeit für Menschen, die ein weltliches Leben führen. Der Buddha und die Alten Meister haben dies so ausgedrückt:

Auch wenn geschmückt man, aber rechtlich wandelt,
gestillt, bezähmt, ein Mensch gesichert auf den Pfaden,
abstehend von Gewalt bei allen Lebewesen,
dann ist man Priester, ist Asket man und ist Mönch.

(Dhammapada, Vers 142)

Der Mönch (bhikkhu) wird hier als ein Beispiel für einen Menschen erwähnt, der sich der Praxis der Lehre widmet. Wer auch immer diese Praxis auf sich nimmt ist hier in der Bezeichnung "Mönch" mit eingeschlossen.

(aus dem Kommentar zur Lehrrede von den Grundlagen der Achtsamkeit)

Allgemeine Texte

Es gibt fünf Hindernisse und Hemmungen, Überwucherungen des Geistes, die den Klarblick zunichte machen. Welche fünf? *Sinnenverlangen* ist ein Hindernis und eine Hemmung, eine Überwucherung des Geistes, die den Klarblick zunichte macht. *Hass ... Starrheit und Müdigkeit ... Aufgeregtheit und Gewissensunruhe ... Zweifel* sind Hindernisse und Hemmungen, Überwucherungen des Geistes, die den Klarblick zunichte machen. Ohne Überwindung dieser fünf ist es einem Mönch, dessen Klarblick es darum an Stärke und Kraft mangelt, unmöglich, das eigene wahrhaftig Gute, das wahrhaftig Gute anderer und das wahrhaftig Gute beider zu erkennen; auch ist er nicht in der Lage, das übermenschliche Ziel des zur Heiligkeit befähigenden Erkenntnisblickes zu verwirklichen.

Wenn jedoch ein Mönch diese fünf Hindernisse und Hemmungen, Überwucherungen des Geistes, die den Klarblick zunichte machen, überwunden hat, dann ist es möglich, mit seinem kraftvollen Klarblick, das eigene wahrhaftig Gute, das wahrhaftig Gute anderer und das wahrhaftig Gute beider zu erkennen; auch ist er in der Lage, das übermenschliche Ziel des zur Heiligkeit befähigenden Erkenntnisblickes zu verwirklichen.

(aus 'Die fünf Hemmungen',
Anguttara-Nikāya V, 51)

Wessen Herz von vor Unrecht nicht zurückschreckender *Habgier (abhijjha-visamalobha)* beherrscht wird, der tut, was er nicht tun sollte, und was er tun sollte, unterlässt er. Und dadurch wird sein guter Name und sein Glück ruiniert.

Wessen Herz von *Hass ... Starrheit und Müdigkeit ... Aufgeregtheit und Gewissensunruhe ... Zweifel* beherrscht wird, der tut, was er nicht tun sollte, und was er tun sollte, unterlässt er. Und dadurch wird sein guter Name und sein Glück ruiniert.

Hat der edle Jünger diese fünf aber als Verunreinigungen des Geistes erkannt, so wird er sie loslassen. Und wenn er sie losgelassen hat, gilt er als groß an Weisheit, reich an Weisheit, klarblickend, vollendet in Weisheit. Das nennt man "Vollendung in Weisheit".

(aus 'Von der rechten Verwendung des Besitzes',
Anguttara-Nikāya IV, 61)

Es gibt fünf Unreinheiten des Goldes, durch die getrübt es nicht geschmeidig ist, nicht formbar, ohne Glanz, brüchig und sich nicht recht zur Verarbeitung eignet. Welches sind diese fünf Unreinheiten? Eisen, Kupfer, Zinn, Blei und Silber.

Ist aber das Gold von diesen fünf Unreinheiten befreit, so ist es geschmeidig und formbar, glänzend und fest und eignet sich gut zur Verarbeitung. Welche Schmuckstücke auch immer man daraus herzustellen wünscht, sei es ein Stirnband, Ohrringe, Halsschmuck oder eine goldene Kette, diesen Zweck wird es erfüllen.

Ebenso auch gibt es fünf Unreinheiten des Geistes, durch die getrübt er nicht geschmeidig ist, nicht formbar, ohne Leuchtkraft und Festigkeit und sich nicht gut sammeln kann zur Vernichtung der Triebe *(āsava)*. Welches sind diese fünf Unreinheiten? Es sind: *Sinnenverlangen, Hass, Starrheit und Müdigkeit, Aufgeregtheit und Gewissensunruhe*, sowie *Zweifel.*

Ist aber der Geist von diesen fünf Unreinheiten befreit, so ist er geschmeidig und formbar, hat Leuchtkraft und Festigkeit und kann sich gut sammeln zur Vernichtung der Triebe. Auf welchen durch die höheren Geisteskräfte *(abhiññā)* erreichbaren Zustand auch immer man seinen Geist richtet, so erreicht man dabei stets die Fähigkeit der Verwirklichung, wenn auch die anderen Bedingungen dafür erfüllt sind.

(aus 'Die sechs höheren Geisteskräfte', Anguttara-Nikāya V, 23)

Wie nun übt der Mönch die Betrachtung der Geistobjekte *(dhammānupassanā)* bei den Geistobjekten der fünf Hemmungen?

Da weiß hier, o Mönche, der Mönch, wenn in ihm *Sinnenverlangen* da ist: "Sinnenverlangen ist in mir". Er weiß, wenn in ihm kein Sinnenverlangen da ist: "Kein Sinnenverlangen ist in mir." Wie es zur Entstehung unentstandenen Sinnenverlangens kommt, auch das weiß er; wie es zum Aufgeben entstandenen Sinnenverlangens kommt, auch das weiß er; und wie es künftig nicht mehr zum Entstehen des aufgegebenen Sinnenverlangens kommt, auch das weiß er.

Er weiß, wenn in ihm *Hass* da ist: “Hass ist in mir”. Er weiß, wenn in ihm kein Hass da ist: “Kein Hass ist in mir.” Wie es zur Entstehung unentstandenen Hasses kommt, auch das weiß er; wie es zum Aufgeben entstandenen Hasses kommt, auch das weiß er; und wie es künftig nicht mehr zum Entstehen des aufgegebenen Hasses kommt, auch das weiß er.

Er weiß, wenn in ihm *Starrheit und Müdigkeit* da ist: “Starrheit und Müdigkeit ist in mir”. Er weiß, wenn in ihm keine Starrheit und Müdigkeit da ist: “Keine Starrheit und Müdigkeit ist in mir.” Wie es zur Entstehung unentstandener Starrheit und Müdigkeit kommt, auch das weiß er; wie es zum Aufgeben entstandener Starrheit und Müdigkeit kommt, auch das weiß er; und wie es künftig nicht mehr zum Entstehen der aufgegebenen Starrheit und Müdigkeit kommt, auch das weiß er.

Er weiß, wenn in ihm *Aufgeregtheit und Gewissensunruhe* da ist: “Aufgeregtheit und Gewissensunruhe ist in mir”. Er weiß, wenn in ihm keine Aufgeregtheit und Gewissensunruhe da ist: “Keine Aufgeregtheit und Gewissensunruhe ist in mir.” Wie es zur Entstehung unentstandener Aufgeregtheit und Gewissensunruhe kommt, auch das weiß er; wie es zum Aufgeben entstandener Aufgeregtheit und Gewissensunruhe kommt, auch das weiß er; und wie es künftig nicht mehr zum Entstehen der aufgegebenen Aufgeregtheit und Gewissensunruhe kommt, auch das weiß er.

Er weiß, wenn in ihm *Zweifel* da ist: “Zweifel ist in mir”. Er weiß, wenn in ihm kein Zweifel da ist: “Kein Zweifel ist in mir.” Wie es zur Entstehung unentstandenen Zweifels kommt, auch das weiß er; wie es zum Aufgeben entstandenen Zweifels kommt, auch das weiß er; und wie es künftig nicht mehr zum Entstehen des aufgegebenen Zweifels kommt, auch das weiß er.

(aus 'Lehrrede von den Grundlagen der Achtsamkeit', Satipaṭṭhāna-Sutta, Majjhima-Nikāya 10)

Achtsames und unverzügliches Benennen einer entstandenen Hemmung, wie es in diesem Text empfohlen wird, ist eine einfache und sehr wirksame Methode diesen und anderen Unreinheiten des Geistes zu begegnen. Durch das Benennen wird der ungehinderte Strom unheilsamer Gedanken unterbrochen und die Wachsamkeit des Geistes gegen ihre Wiederkehr gestärkt. Diese Methode beruht auf einer einfachen psychologischen Tatsache, die von den alten Kommentatoren wie folgt beschrieben wird:
"Ein heilsamer und ein unheilsamer Gedanke können nicht gleichzeitig bestehen. Deshalb existiert in dem Moment, in dem Sinnenverlangen bemerkt wird (ein im vorangegangenen Moment Entstandenes), dieses Sinnenverlangen selbst nicht mehr (sondern nur noch die Geistestätigkeit des Bemerkens)[2]*."*

Die einzelnen Hemmungen

Geradeso, ihr Mönche, wie dieser Körper von Nahrungsstoffen lebt, aus Nahrungsstoffen sich entwickelt, nicht ohne Nahrungsstoffe besteht, – in gleicher Weise, o Mönche, leben die fünf Hemmungen von Nahrungsstoffen, entwickeln sich aus Nahrungsstoffen, bestehen nicht ohne Nahrungsstoffe.

(aus Saṁyutta-Nikāya 46, 2)

I. Sinnenverlangen

1. Die Nahrung

Es gibt Vorstellungen des Schönen *(subha-nimitta)*; ihnen häufig *unweise Aufmerksamkeit (ayoniso manasikāra)* schenken, – das ist die Nahrung für das Entstehen des Sinnenverlangens, das noch nicht entstanden ist, sowie die Nahrung für die Zunahme und Stärkung bereits entstandenen Sinnenverlangens.

(aus Saṁyutta-Nikāya 46, 51)

2. Der Nahrungsentzug

2.1 Vorstellungen des Unreinen

Es gibt Vorstellungen des Unreinen *(asubha-nimitta)*; ihnen häufig *weise Aufmerksamkeit (yoniso manasikāra)* schenken, – das ist der Nahrungsentzug für das Entstehen des Sinnenverlangens, das noch nicht entstanden ist, sowie der Nahrungsentzug für die Zunahme und Stärkung bereits entstandenen Sinnenverlangens.

(aus Saṁyutta-Nikāya 46, 51)

2.2 Sechs hilfreiche Dinge

a) Lernen, wie man über "Vorstellungen des Unreinen" meditiert;
b) Sich selbst der Meditation über die Unreinheit (anziehender Dinge) hingeben;
c) Bewachen der Sinnentore;
d) Maßhalten beim Essen;
e) Edle Freundschaft;
f) Förderliches Gespräch.

(aus dem Kommentar zur Lehrrede von den Grundlagen der Achtsamkeit, Sattipaṭṭhāna-Sutta, Majjhima-Nikāya 10)

zu a) und b)

Vorstellungen des Unreinen

Wer aber sich der Meditation über die Unreinheit (anziehender Dinge) hingibt, bei dem festigt sich der Widerwille gegen diese anziehenden Dinge; das ist ihr Ergebnis.

(aus 'Das Glück der Loslösung', Anguttara-Nikāya V, 30)

"Vorstellung des Unreinen" bezieht sich insbesondere auf die Leichenfeld-Betrachtungen, wie sie in der Satipaṭṭhāna-Sutta enthalten und im Visuddhi-Magga erläutert sind. Darüber hinaus bezieht sich dieser Ausdruck aber auch auf die abstoßenden Aspekte von Sinnesobjekten im Allgemeinen.

Die Widerlichkeit des Körpers

Da, o Mönche, betrachtet ein Mönch eben diesen Körper, den hautüberzogenen, mit mannigfachen Unreinheiten gefüllten, von der Fußsohle aufwärts und von den Haarspitzen abwärts, indem er sagt: "In diesem Körper gibt es: Kopfhaare, Körperhaare, Nägel, Zähne, Haut, Fleisch, Sehnen, Knochen, Knochenmark, Nieren, Herz, Leber, Zwerchfell, Milz, Lunge, Darm, Weichteile, Magen, Kot, Galle, Schleim, Eiter, Blut, Schweiß, Fett, Tränen, Gewebesaft, Speichel, Nasenschleim, Gelenköl, Urin (und das Gehirn in der Gehirnschale)."

(aus 'Lehrrede von den Grundlagen der Achtsamkeit', Satipaṭṭhāna-Sutta, Majjhima-Nikāya 10)

Gefügt aus Knochen und aus Sehnen,
Darauf geklebt dann die Gewebehaut und Fleisch, –
Den Körper, durch die Außenhaut verhüllt,
Man sieht ihn nicht, so wie er wirklich ist (...)
Dies alles hält für schön der Tor!
Unwissen ist es, dem er darin folgt! (...)

(aus 'Enthüllung des Körpers', Sutta-Nipāta, Verse 194, 199)

Verschiedene Betrachtungen

Wenig Genuss geben die Sinnenobjekte, viel Schmerz und Verzweiflung. Das Übel dabei überwiegt.

(aus Majjhima-Nikāya 14)

Das Unerfreuliche überwältigt den Unachtsamen in der Gestalt der Freude, das Unliebsame überwältigt ihn in der Gestalt des Angenehmen, das Leidvolle überwältigt ihn in der Gestalt des Glücks.

(aus Udana II, 8)

zu c)

Wie nun wacht man über die Sinnentore? Wenn da ein Mönch eine Form gesehen hat, so haftet er weder an ihrer (täuschenden) Gesamtvorstellung noch an ihren Einzelheiten. Denn wenn er sein Auge unbewacht ließe, so würden Habgier, Trübsal und sonstige unheilsame Zustände in ihn einströmen. So übt er sich in der Beherrschung des Auges, wacht darüber und bekommt es unter Kontrolle. Hat er einen Ton gehört ... einen Duft gerochen ... einen Geschmack geschmeckt ... eine Berührung empfunden ... ein Geistobjekt erkannt, so haftet er weder an der (täuschenden) Gesamtvorstellung noch an deren Einzelheiten. Denn wenn er sein Ohr ... seine Nase ... seine Zunge ... seinen Körper ... seinen Geist unbewacht ließe, so würden Habgier, Trübsal und sonstige unheilsame Zustände in ihn einströmen. So übt er sich in der Beherrschung des Ohres ... der Nase ... der Zunge ... des Körpers ... des Geistes, wacht darüber und bekommt es (das jeweilige Sinnentor) unter Kontrolle.

(aus Saṁyutta-Nikāya 35, 120)

Es gibt vom Auge wahrnehmbare Formen, die reizvoll sind, schön, angenehm, gefällig, verbunden mit Verlangen, Lust erregend. Wenn sich der Mönch nicht daran erfreut, nicht an ihnen hängt, sie nicht willkommen heißt, so endet in ihm, der sich nicht daran erfreut, nicht an ihnen hängt, sie nicht willkommen heißt, das Vergnügen an diesen Formen. Wenn das Vergnügen daran fehlt, gibt es keine Fesselung an sie.

Es gibt vom Ohr wahrnehmbare Töne ... von der Nase wahrnehmbare Gerüche ... von der Zunge wahrnehmbare Geschmäcke ... vom Körper wahrnehmbare Berührungen ... vom Geist wahrnehmbare Objekte, die reizvoll sind, schön, angenehm, gefällig, verbunden mit Verlangen, Lust erregend. Wenn sich der Mönch nicht daran erfreut, nicht an ihnen hängt, sie nicht willkommen heißt, so endet in ihm, der sich nicht daran erfreut, nicht an ihnen hängt, sie nicht willkommen heißt, das Vergnügen an diesen Dingen. Wenn das Vergnügen daran fehlt, gibt es keine Fesselung an sie.

(aus Saṁyutta-Nikāya 35, 63)

zu d)

Wie nun kennt man beim Essen das Maß?

Da nimmt ein Mönch seine Nahrung nach *weiser Betrachtung* zu sich: "(Ich esse) nicht zum Vergnügen, nicht aus Stolz (auf den Körper), nicht zu seiner Verschönerung oder um ihm ein besonderes Aussehen zu verleihen (mit Muskeln); sondern nur um diesen Körper gesund und am Leben zu erhalten, um Schaden von ihm abzuwenden und das heilige Leben zu unterstützen." Er reflektiert: "So werde ich das alte (Hunger) Gefühl vertreiben und kein neues (Überessens) Gefühl entstehen lassen. Ein langes Leben wird mir beschieden sein, Unschuld und Wohlergehen."

(aus Majjhima-Nikāya 2 und 39)

zu e)

Gemeint sind hier vor allem solche Freunde, die Erfahrung haben, insbesondere mit der Meditation über die Unreinheit (anziehender Dinge), und dadurch ein Vorbild und eine Hilfe bei der Überwindung des Sinnenverlangens sein können. Es trifft aber auch auf "edle Freundschaft" (kalyana-mittāta) im Allgemeinen zu. Diese doppelte Auslegung gilt, mit entsprechenden Änderungen, auch für die anderen Hemmungen.

Der ganze spirituelle Wandel, Ānanda, ist es, edle Freunde zu haben, edle Gefährten, edle Vertraute. Von einem Mönch, der edle Freundschaft pflegt, edle Gemeinschaft, edles Vertrautsein, ist zu erwarten, dass er den edlen achtfachen Pfad gehen und die Befreiung von allem Leiden verwirklichen wird.

(aus 'Die Lehrrede von der Hälfte', Saṁyutta-Nikāya 45, 2)

zu f)

> *Gemeint sind hier vor allem Gespräche betreffend die Überwindung des Sinnenverlangens, insbesondere von der Meditation über die Unreinheit (anziehender Dinge). Außerdem aber auch jedes Gespräch, das geeignet ist, den Fortschritt auf dem Pfad zu fördern. Mit entsprechenden Änderungen gilt diese doppelte Auslegung auch für die anderen Hemmungen.*

Wenn der Geist eines Mönches sich zum Sprechen neigt, sollte er dies vergegenwärtigen:

"Ein Gespräch, das niedrig ist, grob, weltlich, nicht edel, nicht heilsam, nicht zur Loslösung führend, nicht zur Befreiung von Leidenschaft, nicht zum Ende, nicht zur Geistesruhe, nicht zu höherem Wissen, nicht zur Erleuchtung, nicht zum *Nibbāna*, – Gespräch nämlich über Könige, Räuber und Minister, Gespräch über Armeen, Gefahren und Krieg, über Essen und Trinken, Kleider, Betten, Blumengirlanden, Wohlgerüche, Verwandte, Fahrzeuge, Dörfer, Ortschaften, Städte und Länder, über Frauen und Wein, Straßen- und Brunnenklatsch, über die Vorfahren, über allerlei Nichtigkeiten, Gespräch über den Ursprung der Welt und des Ozeans, Gespräch über Geschehenes und Ungeschehenes, – ein solches und ähnliches Gespräch werde ich nicht führen." So ist er sich darüber klar bewusst.

"Ein Gespräch jedoch über das einfache Leben, Gespräch, das sich zur Entfaltung des Geistes eignet, das zur vollkommenen Loslösung führt, zur Befreiung von Leidenschaft, zum Ende, zur Geistesruhe, zu höherem Wissen, zur Erleuchtung, zum *Nibbāna*, – ein Gespräch nämlich über ein anspruchsloses Leben, über Zufriedenheit, Einsamkeit, gesellschaftliche Zurückhaltung, über das Wachrütteln seiner Energie, Gespräch über Tugend, Geistessammlung, Weisheit, Befreiung und über den Erkenntnisblick der Befreiung, – solches Gespräch werde ich führen." So ist er sich darüber klar bewusst.

(aus Majjhima-Nikāya 122)

2.3 Weitere Hilfen

Die Entfaltung folgender Dinge ist ebenfalls hilfreich bei der Überwindung des Sinnenverlangens:

das Vertiefungsglied *(jhānaṅga)*:	Einspitzigkeit des Geistes *(ekaggatā)*;
die geistige Fähigkeit *(indriya)*:	Achtsamkeit *(sati)*;
das Erleuchtungsglied *(bojjhaṅga)*:	Achtsamkeit *(sati)*.

3. Gleichnis

Wenn sich Wasser in einem Topf befindet, vermischt mit roter, gelber, blauer oder oranger Farbe, und ein Mann mit normalem Sehvermögen schaut hinein, so kann er das Abbild seines Gesichtes nicht richtig erkennen und sehen. Genau so kann einer, von dessen Geist Sinnenverlangen Besitz ergriffen hat, der überwältigt ist von Sinnenverlangen, den Ausweg aus dem aufgestiegenen Sinnenverlangen nicht richtig sehen; dann versteht und sieht er weder das eigene Wohl richtig, noch das eines anderen, noch das beider; und auch an die Texte, die er vor langer Zeit auswendig gelernt hat, erinnert er sich nicht mehr, geschweige denn an solche, die er nicht auswendig gelernt hat.

(aus Saṁyutta-Nikāya 46, 55)

II. Hass

1. Die Nahrung

Es gibt Vorstellungen, die Abneigung verursachen *(paṭigha-nimitta)*; ihnen häufig *unweise Aufmerksamkeit* schenken, – das ist die Nahrung für das Entstehen des Hasses, der noch nicht entstanden ist, sowie die Nahrung für die Zunahme und Stärkung bereits entstandenen Hasses.

(aus Saṁyutta-Nikāya 46, 51)

2. Der Nahrungsentzug

2.1 Liebende Güte

Es gibt die Befreiung des Herzens durch Liebende Güte *(mettā-cetovimutti)*; ihr häufig *weise Aufmerksamkeit* schenken, – das ist der Nahrungsentzug für das Entstehen des Hasses, der noch nicht entstanden ist, sowie der Nahrungsentzug für die Zunahme und Stärkung bereits entstandenen Hasses.

(aus Saṁyutta-Nikāya 46, 51)

Pflege die Meditation über Liebende Güte *(mettā)*! Denn durch die Pflege der Meditation über Liebende Güte wird Hass vergehen.

Pflege die Meditation über Mitgefühl *(karuṇā)*! Denn durch die Pflege der Meditation über Mitgefühl wird Grausamkeit vergehen.

Pflege die Meditation über Mitfreude *(muditā)*! Denn durch die Pflege der Meditation über Mitfreude wird Lustlosigkeit vergehen.

Pflege die Meditation über Gleichmut *(upekkhā)*! Denn durch die Pflege der Meditation über Gleichmut wird Ärger vergehen.

(aus Majjhima-Nikāya 62)

2.2 Sechs hilfreiche Dinge

a) Lernen, wie man über Liebende Güte meditiert;

b) Sich selbst der Meditation über die Liebende Güte hingeben;

c) Betrachten, dass man der Besitzer seiner Taten und Erbe ihrer Resultate ist *(kamma)*;

d) Häufige Reflexion über *kamma* (in der folgenden Weise):

"Was kannst du einem anderen Menschen antun, wenn du ärgerlich auf ihn bist? Kannst du dadurch seine Tugend oder seine anderen guten Eigenschaften vernichten? Bist du nicht in dieses Leben durch dein eigenes Wirken gekommen? Und wirst du nicht auch aufgrund deines eigenen Wirkens aus diesem Leben gehen (d.h. wiedergeboren werden)?

Ärger auf einen anderen ist gerade so, als ob man mit bloßen Händen glühende Kohlen, einen erhitzten Eisenstab oder Kot ergreift, um einen anderen damit zu treffen.

Und ebenso ist es, wenn der andere ärgerlich auf dich ist. Was kann er dir antun? Kann er dadurch deine Tugend oder deine anderen guten Eigenschaften vernichten? Ist er nicht in dieses Leben durch sein eigenes Wirken gelangt? Und wird er nicht auch aufgrund seines eigenen Wirkens aus diesem Leben gehen (d.h. wiedergeboren werden)?

Wie ein nicht angenommenes Geschenk oder eine gegen den Wind geworfene Handvoll Schmutz, so wird dieser Ärger auf sein eigenes Haupt zurückfallen."

e) Edle Freundschaft;
f) Förderliches Gespräch.

(aus dem Kommentar zur Lehrrede von den Grundlagen der Achtsamkeit, Sattipaṭṭhāna-Sutta, Majjhima-Nikāya 10)

2.3 Weitere Hilfen

Die Entfaltung folgender Dinge ist ebenfalls hilfreich bei der Überwindung des Hasses:

das Vertiefungsglied *(jhānaṅga)*: Entzücken *(pīti)*;
die geistige Fähigkeit *(indriya)*: Vertrauen *(saddhā)*;
die Erleuchtungsglieder *(bojjhaṅga)*: freudige Ergriffenheit *(pīti)*, Gleichmut *(upekkhā)*.

3. Gleichnis

Wenn da in einem über dem Feuer erhitzten Topf das Wasser aufbrodelt und aufkocht und ein Mann mit normalem Sehvermögen schaut hinein, so kann er das Abbild seines Gesichtes nicht richtig erkennen und sehen. Genau so kann einer, von dessen Geist Hass Besitz ergriffen hat, der überwältigt ist von Hass, den Ausweg aus dem aufgestiegenen Hass nicht richtig sehen; dann versteht und sieht er weder das eigene Wohl richtig, noch das eines anderen, noch das beider; und auch an die Texte, die er vor langer Zeit auswendig gelernt hat, erinnert er sich nicht mehr, geschweige denn an solche, die er nicht auswendig gelernt hat.

(aus Saṁyutta-Nikāya 46, 55)

III. Starrheit und Müdigkeit

1. Die Nahrung

Da entsteht Lustlosigkeit, Lässigkeit und faules Rekeln des Körpers, Schläfrigkeit nach den Mahlzeiten und geistige Trägheit; ihnen häufig *unweise Aufmerksamkeit* schenken, – das ist die Nahrung für das Entstehen der Starrheit und Müdigkeit, die noch nicht entstanden ist, sowie die Nahrung für die Zunahme und Stärkung bereits entstandener Starrheit und Müdigkeit.

(aus Saṁyutta-Nikāya 46,51)

2. Der Nahrungsentzug

2.1 Drei unterstützende Elemente

Da gibt es das Element des energischen Sich-Aufraffens, das Element der Bemühung, das Element der beharrlichen Anstrengung; ihnen häufig *weise Aufmerksamkeit* schenken, – das ist der Nahrungsentzug für das Entstehen der Starrheit und Müdigkeit, die noch nicht entstanden ist, sowie der Nahrungsentzug für die Zunahme und Stärkung bereits entstandener Starrheit und Müdigkeit.

(aus Saṁyutta-Nikāya 46,51)

2.2 Entschluss

Mag nichts übrig bleiben als Haut, Sehnen und Knochen; mögen Fleisch und Blut im Körper vertrocknen! Was erlangt werden kann durch mannhafte Stärke, mannhafte Energie, mannhafte Anstrengung, bevor es nicht erreicht ist, soll meine Energie nicht nachlassen!

('Das Gelöbnis des Buddha vor seiner Erleuchtung'
aus Majjhima-Nikāya 70)

2.3 Sechs hilfreiche Dinge

a) Wissen, dass übermäßiges Essen eine Ursache dafür ist;
b) Wechsel der Körperhaltung;
c) Vergegenwärtigung von (früher wahrgenommenem) Licht *(āloka-saññā)*;
d) Aufenthalt unter freiem Himmel;
e) Edle Freundschaft;
f) Förderliches Gespräch.

(aus dem Kommentar zur Lehrrede von den Grundlagen der Achtsamkeit, Sattipaṭṭhāna-Sutta, Majjhima-Nikāya 10)

2.4 Weitere Meditationsgegenstände

Die Entfaltung folgender Dinge ist ebenfalls hilfreich bei der Überwindung der Starrheit und Müdigkeit:

Die Betrachtung über den Tod

Noch heute setze Eifer ein!
Wer weiß, ob morgen kommt der Tod?

(aus Majjhima-Nikāya 131)

Die Kontemplation des Leidhaften in der Vergänglichkeit

In einem Mönch, der häufig über das Leidhafte in der Vergänglichkeit kontempliert, wird sich ein Gespür für die Gefahr, die von Faulheit, Untätigkeit, Mattigkeit, Lässigkeit und Gedankenlosigkeit ausgeht, so klar gefestigt haben, als werde er von einem Mörder mit gezogenem Schwert bedroht.

(aus 'Sieben segensreiche Vorstellungen', Anguttara-Nikāya VII, 46)

Mitfreude

Pflege die Meditation über Mitfreude! Denn durch die Pflege der Meditation über Mitfreude wird die Lustlosigkeit vergehen.

(aus Majjhima-Nikāya 62)

Betrachtung über den zu beschreitenden Weg
Den Pfad, den die Vollkommen Erleuchteten, Einzel-Erleuchteten und Großen Menschen gegangen sind, muss ich beschreiten; doch von einem trägen Menschen kann dieser Pfad nicht beschritten werden.

(vgl. 'Der Weg zur Reinheit', Visuddhi-Magga, S. 157)

Betrachtung über die Größe des Meisters
Ein vollkommener Einsatz der Energie wurde von unserem Meister gepriesen, und unübertroffen ist er in seinen Wegweisungen und eine große Hilfe für uns. Durch das Üben seiner Lehre wird er geehrt, nicht auf andere Weise.

(vgl. 'Der Weg zur Reinheit', Visuddhi-Magga, S. 157)

Betrachtung über die Größe der Erbschaft
Ich habe das Große Erbe in Besitz zu nehmen, das man das *Gute Dhamma* nennt. Doch ein träger Mensch kann es nicht in Besitz nehmen.

(vgl. 'Der Weg zur Reinheit', Visuddhi-Magga, S. 157)

Wie der Geist anzuregen ist
Wie aber regt man den Geist an zu einer Zeit, wo er angeregt werden muss? Wenn der Geist teilnahmslos ist, weil man in der Anwendung eigener Weisheit langsam ist oder weil man das Glück der Geistesruhe nicht erlangt, dann sollte er durch Reflexion der "acht Grundlagen der Ergriffenheit" *(saṁvega-vatthu)* aufgeweckt werden. Sie sind: Geburt, Alter, Krankheit, Tod; das Leid in den niederen Welten; das im Daseinskreislauf wurzelnde Leid der Vergangenheit; das im Daseinskreislauf wurzelnde Leid der Zukunft; das in der Nahrungssuche wurzelnde Leid der Gegenwart.

(vgl. 'Der Weg zur Reinheit', Visuddhi-Magga, S. 159 f.)

Wie man die Schläfrigkeit überwindet

Einst sprach der Erhabene den Ehrwürdigen Mahā-Moggallāna wie folgt an:

"Bist du schläfrig, Moggallāna, bist du eingenickt?" – "Ja, o Herr!"

"1. Dann solltest du, Mogallāna, bei welchem Gedanken auch immer dich Schläfrigkeit befällt, ihm keine Aufmerksamkeit schenken. Wenn du dies tust, ist es möglich, dass deine Müdigkeit verfliegen wird.

2. Löst sich aber, während du so verfährst, deine Schläfrigkeit nicht auf, so solltest du über die Lehre, so wie du sie vernommen und gelernt hast, nachdenken und reflektieren und sie genau in deinem Geiste untersuchen. Wenn du dies tust, ist es möglich, dass deine Müdigkeit verfliegen wird.

3. Löst sich aber, während du so verfährst, deine Schläfrigkeit nicht auf, so solltest du die Lehrreden, so wie du sie vernommen und gelernt hast, genau rezitieren. Wenn du dies tust, ist es möglich, dass deine Müdigkeit verfliegen wird.

4. Löst sich aber, während du so verfährst, deine Schläfrigkeit nicht auf, so solltest du deine beiden Ohrläppchen massieren und mit der Handfläche deine Gliedmaßen reiben. Wenn du dies tust, ist es möglich, dass deine Müdigkeit verfliegen wird.

5. Löst sich aber, während du so verfährst, deine Schläfrigkeit nicht auf, so solltest du von deinem Platz aufstehen und, nachdem du deine Augen mit Wasser gespült hast, in alle Himmelsrichtungen und hinauf zu den Sternen blicken. Wenn du dies tust, ist es möglich, dass deine Müdigkeit verfliegen wird.

6. Löst sich aber, während du so verfährst, deine Schläfrigkeit nicht auf, so solltest du die (innere) Wahrnehmung von Tageslicht vergegenwärtigen: wie am Tag so in der Nacht, wie in der Nacht so am Tag. Mit einem offenen und unbehinderten Herzen solltest du so ein leuchtendes Bewusstsein entfalten. Wenn du dies tust, ist es möglich, dass deine Müdigkeit verfliegen wird.

7. Löst sich aber, während du so verfährst, deine Schläfrigkeit nicht auf, so solltest du mit nach innen gerichteten Sinnen und nicht abschweifendem Bewusstsein, achtsam auf und ab gehen. Wenn du dies tust, ist es möglich, dass deine Müdigkeit verfliegen wird.

Hat sich aber, während du so verfährst, deine Schläfrigkeit (immer noch) nicht aufgelöst, dann magst du dich hinlegen, achtsam und wissensklar, wie der Löwe auf die rechte Seite, einen Fuß auf dem anderen, während du den Gedanken des Aufstehens im Bewusstsein hältst. Erwachend solltest du schnell aufstehen, während du daran denkst: 'Ich darf der Lust am Ruhen, Liegen und Schlafen keinen freien Lauf lassen.'

So, Moggallāna, solltest du dich trainieren."

(aus 'Zur Überwindung der Schläfrigkeit',
Anguttara-Nikāya VII, 58)

Die fünf drohenden Gefahren

Wenn, o Mönche, ein Mönch diese fünf drohenden Gefahren erkennt, dann ist es für ihn angebracht, unermüdlich, eifrig und mit entschlossenem Herzen zu leben, um das Unerreichte zu erreichen, das Unerlangte zu erlangen und das Unverwirklichte zu verwirklichen. Welches sind diese fünf Gefahren?

1. Da, ihr Mönche, reflektiert ein Mönch so: "Noch bin ich jung, ein junger Mann, jung an Jahren, nicht ergraut, in der Blüte der Jugend, im ersten Lebensabschnitt. Es wird aber eine Zeit kommen, da sich dieser Körper in den Fängen des *Alters* befinden wird. Jemand aber, der vom Alter überwältigt ist, kann nicht leicht über die Lehren des Buddha kontemplieren. Ihm fällt es nicht leicht, in der Wildnis, in einem Wald oder Dschungel oder an anderen abgeschiedenen Orten zu leben. Bevor mich dieser unerwünschte, unangenehme und lästige Zustand ereilt, lass mich meine Energie aufbieten, um das Unerreichte

zu erreichen, das Unerlangte zu erlangen, das Unverwirklichte zu verwirklichen, in dessen Besitz ich dann selbst im Alter glücklich leben werde."

2. Und weiter, ihr Mönche, reflektiert ein Mönch so: "Jetzt bin ich frei von *Krankheit*, frei von Leiden, meine Verdauung funktioniert problemlos, mein Temperament ist weder zu kühl noch zu heiß, es ist ausgeglichen und gerüstet für Anstrengungen. Es wird aber eine Zeit kommen, da sich dieser Körper in den Fängen von Krankheit befinden wird. Jemand aber, der von Krankheit überwältigt ist, kann nicht leicht über die Lehren des Buddha kontemplieren. Ihm fällt es nicht leicht, in der Wildnis, in einem Wald oder Dschungel oder an anderen abgeschiedenen Orten zu leben. Bevor mich dieser unerwünschte, unangenehme und lästige Zustand ereilt, lass mich meine Energie aufbieten, um das Unerreichte zu erreichen, das Unerlangte zu erlangen, das Unverwirklichte zu verwirklichen, in dessen Besitz ich dann selbst bei Krankheit glücklich leben werde."

3. Und weiter, ihr Mönche, reflektiert ein Mönch so: "Jetzt gibt es einen Überfluss an Nahrung, und gute Ernten, es ist leicht, ein Almosenmahl zu erhalten und von eingesammeltem Essen und von (anderen) Gaben zu leben. Es wird aber eine Zeit kommen, da es eine *Hungersnot* geben wird, eine schlechte Ernte, zu der es nicht leicht sein wird, ein Almosenmahl zu erhalten und von eingesammeltem Essen und von (anderen) Gaben zu leben. Bei einer Hungersnot aber begeben sich die Menschen dorthin, wo es genügend Nahrung gibt und dort wird man sich dann in überfüllten Behausungen drängeln. Wenn man sich aber in überfüllten Behausungen drängelt, kann man nicht leicht über die Lehren des Buddha kontemplieren. Bevor mich dieser unerwünschte, unangenehme und lästige Zustand ereilt, lass mich meine Energie aufbieten, um das Unerreichte zu erreichen, das Unerlangte zu erlangen, das Unverwirklichte zu verwirklichen, in

dessen Besitz ich dann selbst bei einer Hungersnot glücklich leben werde."

4. Und weiter, ihr Mönche, reflektiert ein Mönch so: "Jetzt leben die Menschen in Eintracht und Freundschaft miteinander, in freundlicher Verbundenheit vermischt wie Milch und Wasser und begegnen einander mit freundlichen Blicken. Es wird aber eine Zeit der *Gefahr* kommen, da es zu Unruhen unter den Dschungel-Stämmen kommen wird, da die Landbevölkerung ihre Fahrzeuge besteigen und davonfahren wird, da verängstigte Menschen an sichere Orte ziehen werden, und dann man wird sich in ihren überfüllten Behausungen drängeln. Wenn man sich aber in überfüllten Behausungen drängelt, kann man nicht leicht über die Lehren des Buddha kontemplieren. Bevor mich dieser unerwünschte, unangenehme und lästige Zustand ereilt, lass mich meine Energie aufbieten, um das Unerreichte zu erreichen, das Unerlangte zu erlangen, das Unverwirklichte zu verwirklichen, in dessen Besitz ich dann selbst in Zeiten der Gefahr glücklich leben werde."

5. Und weiter, ihr Mönche, reflektiert ein Mönch so: "Jetzt lebt die Gemeinschaft der Mönche in Eintracht und Freundschaft, ohne Streit, sie lebt glücklich nach *einer* Lehre. Es wird aber eine Zeit der *Spaltung* kommen. Ist aber die Gemeinschaft gespalten, kann man nicht leicht über die Lehren des Buddha kontemplieren. Dann ist es nicht leicht, in der Wildnis, in einem Wald oder Dschungel oder an anderen abgeschiedenen Orten zu leben. Bevor mich dieser unerwünschte, unangenehme und lästige Zustand ereilt, lass mich meine Energie aufbieten, um das Unerreichte zu erreichen, das Unerlangte zu erlangen, das Unverwirklichte zu verwirklichen, in dessen Besitz ich dann selbst glücklich leben werde, wenn die Gemeinschaft gespalten ist."

(aus 'Gefahren für den Mönch',
Anguttara-Nikāya V, 78)

3. Gleichnis

Wenn sich Wasser in einem Topf befindet, bedeckt von Moos und Wasserpflanzen, und ein Mann mit normalem Sehvermögen schaut hinein, so kann er das Abbild seines Gesichtes nicht richtig erkennen und sehen. Genau so kann einer, von dessen Geist Starrheit und Müdigkeit Besitz ergriffen hat, der überwältigt ist von Starrheit und Müdigkeit, den Ausweg aus der aufgestiegenen Starrheit und Müdigkeit nicht richtig sehen; dann versteht und sieht er weder das eigene Wohl richtig, noch das eines anderen, noch das beider; und auch an die Texte, die er vor langer Zeit auswendig gelernt hat, erinnert er sich nicht mehr, geschweige denn an solche, die er nicht auswendig gelernt hat.

(aus Saṁyutta-Nikāya 46, 55)

IV. Aufgeregtheit und Gewissensunruhe

1. Die Nahrung

Es gibt die Unruhe des Geistes, ihr häufig *unweise Aufmerksamkeit* schenken, – das ist die Nahrung für das Entstehen der Aufgeregtheit und Gewissensunruhe, die noch nicht entstanden ist, sowie die Nahrung für die Zunahme und Stärkung bereits entstandener Aufgeregtheit und Gewissensunruhe.

(aus Saṁyutta-Nikāya 46, 51)

2. Der Nahrungsentzug

2.1 Geistesruhe

Es gibt die Geistesruhe *(samādhi)*; ihr häufig *weise Aufmerksamkeit* schenken, – das ist der Nahrungsentzug für das Entstehen der Aufgeregtheit und Gewissensunruhe, die noch nicht entstanden ist, sowie der Nahrungsentzug für die Zunahme und Stärkung bereits entstandener Aufgeregtheit und Gewissensunruhe.

(aus Saṁyutta-Nikāya 46, 51)

2.2 Sechs hilfreiche Dinge

Kenntnis der buddhistischen Schriften (Lehre und Trainingssystem); Fragen dazu stellen; Vertrautheit mit den ethischen Verhaltensregeln (des Ordens- bzw. Laienlebens); Umgang mit nach Alter und Erfahrung gereiften Menschen; Edle Freundschaft; förderliches Gespräch.

(aus dem Kommentar zur Lehrrede von den Grundlagen der Achtsamkeit, Sattipaṭṭhāna-Sutta, Majjhima-Nikāya 10)

2.3 Weitere Hilfen

Die Entfaltung folgender Dinge ist ebenfalls hilfreich bei der Überwindung der Aufgeregtheit und Gewissensunruhe:

das Vertiefungsglied *(jhānaṅga):*	Glücksgefühl *(sukha);*
die geistige Fähigkeit *(indriya):*	Sammlung *(samādhi);*
die Erleuchtungsglieder *(bojjhaṅga):*	Ruhe *(passaddhi),*
	Sammlung *(samādhi),*
	Gleichmut *(upekkhā).*

Wenn der Geist unruhig ist, so ist nicht der richtige Zeitpunkt zur Pflege der Erleuchtungsglieder, Wirklichkeitsergründung *(dhamma-vicaya),* Tatkraft *(viriya)* und freudige Ergriffenheit (pīti), denn ein aufgeregter Geist kann kaum von ihnen beruhigt werden.

Wenn der Geist unruhig ist, so ist der richtige Zeitpunkt zur Pflege der Erleuchtungsglieder Ruhe, Sammlung und Gleichmut, denn ein unruhiger Geist kann leicht von ihnen beruhigt werden.

3. Gleichnis

Wenn sich Wasser in einem Topf befindet, aufgewühlt vom Wind, bewegt, schaukelnd und Wellen erzeugend, und ein Mann mit normalem Sehvermögen schaut hinein, so kann er das Abbild seines Gesichtes nicht richtig erkennen und sehen. Genau so kann einer, von dessen Geist Aufgeregtheit und Gewissensunruhe Besitz ergriffen hat, der überwältigt ist von Aufgeregtheit und Gewissensunruhe, den Ausweg aus der aufgestiegenen Aufgeregtheit und Gewissensunruhe nicht richtig sehen; dann versteht und sieht er weder das eigene Wohl richtig, noch das eines anderen, noch das beider; und auch an die Texte, die er vor langer Zeit auswendig gelernt hat, erinnert er sich nicht mehr, geschweige denn an solche, die er nicht auswendig gelernt hat.

(aus Saṁyutta-Nikāya 46, 55)

V. Zweifel

1. Die Nahrung

Es gibt Dinge, die Zweifel verursachen, ihnen häufig *unweise Aufmerksamkeit* schenken, – das ist die Nahrung für das Entstehen des Zweifels, der noch nicht entstanden ist, sowie die Nahrung für die Zunahme und Stärkung bereits entstandenen Zweifels.

(aus Saṁyutta-Nikāya 46, 51)

2. Der Nahrungsentzug

2.1 Gegensätze

Es gibt Dinge, die heilsam oder unheilsam sind, untadelig oder tadelnswert, edel oder niedrig, und (andere) Gegensätze von Licht und Schatten; ihnen häufig *weise Aufmerksamkeit* schenken, – das ist der Nahrungsentzug für das Entstehen des Zweifels, der noch nicht entstanden ist, sowie der Nahrungsentzug für die Zunahme und Stärkung bereits entstandenen Zweifels.

(aus Saṁyutta-Nikāya 46, 51)

2.2 Sechs hilfreiche Dinge

Kenntnis der buddhistischen Schriften (Lehre und Trainingsprogramm); Fragen dazu stellen; Vertrautheit mit den ethischen Verhaltensregeln (des Ordens- bzw. Laienlebens); feste Überzeugung betreffend Buddha, Dhamma und Sangha; Edle Freundschaft; förderliches Gespräch.

(aus dem Kommentar zur Lehrrede von den Grundlagen der Achtsamkeit, Sattipaṭṭhāna-Sutta, Majjhima-Nikāya 10)

2.3 Weitere Hilfen

Die Entfaltung folgender Dinge ist ebenfalls hilfreich bei der Überwindung des Zweifels:

das Vertiefungsglied *(jhānaṅga)*:	Reflektieren *(vicāra)*;
die geistige Fähigkeit *(indriya)*:	Weisheit *(paññā)*;
das Erleuchtungsglied *(bojjhaṅga)*:	Wirklichkeitsergründung *(dhamma-vicaya)*.

3. Gleichnis

Wenn sich Wasser in einem Topf befindet, trübe, aufgewühlt und schlammig, und man stellt diesen Topf an einen dunklen Ort, und es schaut dann ein Mann mit normalem Sehvermögen hinein, so kann er das Abbild seines Gesichtes nicht richtig erkennen und sehen. Genau so kann einer, von dessen Geist Zweifel Besitz ergriffen hat, der überwältigt ist von Zweifel, den Ausweg aus dem aufgestiegenen Zweifel nicht richtig sehen; dann versteht und sieht er weder das eigene Wohl richtig, noch das eines anderen, noch das beider; und auch an die Texte, die er vor langer Zeit auswendig gelernt hat, erinnert er sich nicht mehr, geschweige denn an solche, die er nicht auswendig gelernt hat.

(aus Saṁyutta-Nikāya 46, 55)

Fünf Gleichnisse aus der Sāmaññaphala-Sutta
Dīgha-Nikāya 2

Sinnenverlangen

Sinnenverlangen gleicht einem Mann, der einen Kredit aufgenommen hat und ihn in ein Geschäft steckt. Und nachdem es floriert und mehr Ertrag abgeworfen hat, zahlt er seine Schulden zurück und behält genug Geld übrig, um auch eine Ehefrau davon zu ernähren. Wenn er sich dies vor Augen führt, wird er heiter und Freude steigt in ihm auf[3)].

Hass

Hass gleicht einem Mann, der schwer erkrankt ist und unter starken Schmerzen leidet. Das Essen schmeckt ihm nicht mehr und seine Kräfte schwinden. Nach einer Weile erholt er sich wieder und sein Appetit und seine Kräfte kehren zurück. Wenn er sich dies vor Augen führt, wird er heiter und Freude steigt in ihm auf.

Starrheit und Müdigkeit

Starrheit und Müdigkeit gleicht einem Mann, der ins Gefängnis gesperrt wird. Später wird er wieder freigelassen, ohne dass er etwas von seinem Besitz verloren hat. Wenn er sich dies vor Augen führt, wird er heiter und Freude steigt in ihm auf.

Aufgeregtheit und Gewissensunruhe

Aufgeregtheit und Gewissensunruhe gleicht einem Mann, der ein Sklave ist, unfrei und von anderen abhängig, unfähig dort hinzugehen, wo er hingehen möchte. Nach einer Zeit kauft er sich mit Hilfe eines Freundes los und erlangt so die Freiheit. Als freier Mensch kann er nun überall hingehen. Wenn er sich dies vor Augen führt, wird er heiter und Freude steigt in ihm auf.

Zweifel

Zweifel gleicht einem wohlhabenden Menschen, der durch eine Wüste reist, in der es keine Nahrung aber viele Gefahren gibt. Nach einer Weile hat er die Wüste durchquert und erreicht ein sicheres und von Gefahren freies Dorf. Wenn er sich dies vor Augen führt, wird er heiter und Freude steigt in ihm auf.

Wenn ein Mönch die fünf Hemmungen losgelassen hat, betrachtet er das als Freiheit von Schulden, als stabile Gesundheit, als Entlassung aus dem Gefängnis, als Befreiung aus Sklaverei und als Erreichen eines sicheren Ortes.

Anmerkungen des Herausgebers

1) vgl. den Abschnitt "Wissensklarheit im Meditationsgebiet", in "Geistestraining durch Achtsamkeit", S. 45-47.

2) vgl. den Abschnitt "Das Benennen", in "Geistestraining durch Achtsamkeit", S. 118 ff.

3) Der Buddha vergleicht die Überwindung des Verlangens nach Befriedigung der sechs Sinne mit der Freiheit von Schulden. Der Mann in dem Gleichnis zahlt den Kredit und die Zinsen zurück und zerreißt den Schuldschein. Ab diesem Moment erhält er keine lästigen Zahlungserinnerungen mehr. Wenn er seinem früheren Gläubiger begegnet, kann er sich nach Belieben entweder von seinem Platz erheben oder auch sitzen bleiben, denn er ist nicht mehr abhängig von ihm. Der Gläubiger nimmt in dem Gleichnis den Platz des Sinnesobjektes ein.

* * *

Das Ende der Leidenswelt kündet sich uns an in jedem Akt des achtsamen Innehaltens, als einem Innehalten im Anhäufen von Kamma, im Aufschichten und Aneinanderreihen von flüchtigen Gestaltungen, im Bauen vergänglicher Welten.

Die Abhidhamma-Philosophie

– Ihre Wertschätzung in der Vergangenheit und ihr Wert für die Gegenwart –

Nyāṇaponika

Das hohe Ansehen des Abhidhamma in der buddhistischen Tradition

Der Abhidhamma-Piṭaka oder die Philosophische Sammlung bildet den dritten großen Teil des buddhistischen Pāli-Kanons *(Tipiṭaka)*. In seinen charakteristischsten Teilen ist er ein System von Klassifizierungen, analytischen Aufzählungen und Definitionen ohne diskursive Behandlung der Thematik. Insbesondere haben seine beiden wichtigsten Bücher, *Dhammasaṅgaṇī* und *Paṭṭhāna*, das Erscheinungsbild enormer Sammlungen systematisch angelegter Tabellen nebst Definitionen der in ihnen verwendeten Begriffe. Dies, so würde man erwarten, ist ein Art Schrifttum, das kaum größere Popularität erreichen kann. Tatsächlich wurde der Abhidhamma jedoch in den Ländern des Theravāda-Buddhismus schon immer sehr geschätzt, ja sogar verehrt.

Zwei Beispiele aus der Chronik Sri Lankas verdeutlichen dieses hohe Ansehen des Abhidhamma. Im zehnten Jahrhundert nach Christus wurde auf Anordnung von König Kassapa V. der gesamte Abhidamma-Piṭaka in goldene Platten eingeschrieben und das erste dieser Bücher, das *Dhammasaṅgaṇī*, zudem mit

Juwelen besetzt. Als das Werk vollendet war, wurden die kostbaren Handschriften in einer großen Prozession zu einem wunderschönen Kloster gebracht und dort verwahrt. Ein anderer König von Lanka, Vijayabāhu (elftes Jahrhundert), pflegte das *Dhammasaṅgaṇī* am frühen Morgen zu studieren, bevor er seinen königlichen Pflichten nachging, und fertigte von ihm eine Übersetzung in die singhalesische Sprache an, die heute jedoch nicht mehr erhalten ist.

Was waren die Gründe für eine so außerordentliche Wertschätzung eines Stoffes, der auf den ersten Blick aus nicht mehr zu bestehen scheint als trockenen, unattraktiven Lehrbüchern? Und welchen aktuellen Wert haben besonders die beiden Grundlagenwerke des Abhidhamma, *Dhammasaṅgaṇī* und *Paṭṭhāna*, noch heute? Dies sind die Fragen, die wir versuchen wollen, hier zu beantworten.

Um die Gründe der großen Wertschätzung und Beachtung des Abhidhamma zu betrachten, wollen wir jede Äußerung von mehr oder weniger blindem Glauben beiseite lassen, die im Anhänger eine gewisse Ehrfurcht aufgrund der nicht gerade leichten Verständlichkeit und des Umfangs dieser Bücher hervorrufen mag. Davon abgesehen mögen wir eine erste Erklärung in dem unmittelbaren Eindruck auf dafür empfängliche Geister finden, wenn sie bemerken, dass sie hier einem riesigen Gebäude durchdringender Einsicht gegenüberstehen, das in seinen Fundamenten und seiner Anlage kaum einem geringeren Geist als dem eines Buddha zugeschrieben werden kann. Dieser erste Eindruck wird wachsende Bestätigung finden in dem schrittweisen Prozess des Verstehens dieser Lehren.

Gemäß der Theravāda-Tradition ist der Abhidhamma die eigentliche Domäne der Buddhas *(buddhavisaya)* und seine erste Konzeption im Geist des Meisters *(manasā desanā)* wird auf die Zeit unmittelbar nach der Großen Erleuchtung zurückgeführt. Es war in der vierten von sieben Wochen, die der Meister in der Nähe des Bodhi-Baumes verweilte, in der der Abhidhamma von ihm entwickelt wurde.[1] Diese sieben Tage wurden von den Alten Meistern "die Woche des Juwelen-Hauses" *(ratanaghara-sattāha)* genannt. "Das Juwelen-Haus" ist in der Tat ein sehr passender Ausdruck für das kristallklare Gebäude des Abhidhamma-Denkens, in dem der Buddha in dieser Zeitspanne weilte.

Das Abhidhamma als System und Methode

Wer ein Auge für das Geniale und Bedeutende in der Architektur großer Gedankengebäude hat, wird wahrscheinlich als Erstes von den strukturellen Qualitäten des Abhidhamma beeindruckt sein, seinem weitgesteckten Rahmen, seiner inneren Konsistenz und seinen weitreichenden Implikationen. Der Abhidhamma bietet eine eindrucksvolle Systematisierung der gesamten Wirklichkeit, so weit sie für das endgültige Ziel der Buddha-Lehre – die Befreiung von Begehren und Leiden – von Bedeutung ist; denn es handelt von der Wirklichkeit, ausgehend von einem ausschließlich ethischen und psychologischen Standpunkt und einem entschieden praktischen Zweck.

Ein zutiefst eindrucksvolles Merkmal des Abhidhamma ist seine Analyse des gesamten Bewusstseinsgebietes. Der Abhidhamma ist der erste Versuch in der Geschichte, die Fähigkeiten des menschlichen Geistes gründlich und wirklichkeitsgemäß zu erfassen. Sein System liefert eine Methode, mit der das ungeheure Wirrsal der Wirklichkeiten, die in ihm enthalten sind oder ihn begleiten, von der *befreienden* Funktion der Erkenntnis, die in der Buddha-Lehre die wesentliche Aufgabe und der höchste Wert wahren Verstehens ist, geordnet und zugänglich gemacht werden kann. Die ordnende und prüfende Funktion der Erkenntnis zu einem solchen Zweck kann einem praktisch orientierten Denker nur zusagen.

Der Abhidhamma kann auch als eine Systematisierung der im Sutta-Piṭaka, der Sammlung der Lehrreden, enthaltenen Lehren betrachtet werden. Er formuliert diese Lehren in streng philosophischer *(paramattha)* und wirklichkeitsgemäßer *(yathābhūta)* Ausdrucksweise, die weitgehend Funktionen und Prozesse beschreibende Begriffe verwendet, ohne auf konventionelle *(vohāra)* und wirklichkeitsfremde Konzepte zurückzugreifen, die eine Persönlichkeit, einen Täter (der verschieden ist von der Tat), eine Seele oder eine Substanz voraussetzen.

Diese Bemerkungen über die systematisierende Bedeutung des Abhidhamma mag beim Leser vielleicht den Eindruck erwecken, der Abhidhamma sei nicht mehr als "eine bloße Methode mit rein formalisierender Funktion". Lassen wir einmal beiseite, dass dies nicht zutrifft – wie wir später noch sehen werden – und führen gegen diese ein wenig herabsetzende Einstellung vorab ein Wort Friedrich Nietzsches an, der selbst sicher kein Freund strenger Systematisierung war: "Wissenschaftlicher Geist beruht auf Einblick in die Methode."

Für die in erster Linie praktischen Bedürfnisse des Buddhisten erfüllt der Abhidhamma die von Bertrand Russell aufgestellten Erfordernisse: "Eine vollständige Beschreibung der existierenden Welt würde nicht nur einen Katalog der Dinge erfordern, sondern müsste auch ihre gesamten Eigenschaften und Beziehungen erwähnen."[2)] Ein "systematischer Katalog der Dinge" zusammen mit ihren Eigenschaften oder besser "Funktionen" wird im ersten Buch des Abhidhamma, dem *Dhammasaṅgaṇī*, gegeben, ein Titel, der gut mit "Katalog (oder Kompendium) der Dinge" übersetzt werden könnte, während die Beziehungen oder die Bedingtheit dieser Dinge im *Paṭṭhāna* behandelt werden.

Einige, die sich selber für "geistes-stark" halten, haben Systeme "eine Zuflucht für schwächliche Geister" genannt. Ihnen ist zuzugeben, dass die konzeptuellen Bezeichnungen, die von Systemen (einschließlich des Abhidhamma) bereitgestellt werden, oft als Ersatz für ein korrektes Verständnis der Wirklichkeit missbraucht wurden. Dies bedeutet jedoch nicht, dass der Fehler in systematischem Denken selbst liegt, vielmehr liegt er in der Einstellung, mit der ein System entwickelt wird und in dem Gebrauch, den man von ihm macht. Wenn systematisches Denken behutsam und kritisch eingesetzt wird, kann es eine wertvolle Funktion erfüllen, indem es "Verteidigungs-Waffen" gegen den erdrückenden Ansturm unzähliger innerer und äußerer Eindrücke auf den menschlichen Geist bereitstellt. Dieser unaufhörliche Zustrom von Eindrücken kann schon durch das bloße Gewicht ihrer Menge und Vielfältigkeit überwältigend und faszinierend sein, wenn nicht gar verwirrend, Furcht einflößend, ablenkend und sogar zersetzend. Das einzige Mittel, mit dem der menschliche Geist diese ausgedehnte Vielheitswelt *(papañca)* zumindest teilweise assimilieren kann, ist systematisches und methodisches Denken. Systeme können jedoch auch "aggressive Waffen" sein, wenn sie von einem Geist eingesetzt werden, der mit seiner Erkenntniskraft die zahlreichen Erfahrungen, Aktivitäten und Reaktionen des Innen und Außen dadurch zu kontrollieren und zu meistern versucht, indem er sie seinen eigenen Zwecken unterordnet.

Das Abhidhamma-System kümmert sich jedoch nicht um eine künstliche und abstrakte Welt von "Dingen an sich". Insoweit, als es sich überhaupt mit äußeren Tatsachen befasst, bringen die jeweiligen Konzepte diese "äußeren Tatsachen" in einen Bezug zur Fesselung oder Befreiung des menschlichen Geistes; oder es handelt sich um Begriffe, die bei den Aufgaben der Erkenntnis und des Geistestrainings mitwirken, die mit der Befreiungsarbeit zusammenhängen.

Der von Grund auf dynamische Charakter des Abhidhamma-

Systems und der von ihm bemühten Konzepte beugt beidem weitgehend vor: einer Fixierung als auch jeder künstlichen Simplifizierung einer komplexen und unaufhörlich wechselnden Welt – Fehler, die man in allen "Systemen" entdecken kann, denen man feindlich gegenübersteht.

System und Methode bringen Ordnung, Klarheit und Sinn in das, was oft als eine Welt isolierter Tatsachen erscheint und unseren Zielen nur durch einen methodischen Ansatz zugänglich wird. Dies gilt auch für das Abhidhamma-System im Hinblick auf das höchste Ziel: Die Befreiung des Geistes von Verblendung und Leiden.

Klärung der Begriffe

Viele Denker aller Zeiten und Kulturen haben hervorgehoben, dass eine Klärung der Konzepte und Begriffe eine notwendige Grundlage für realistisches und effektives Denken und Handeln ist; und wirklich spricht Konfuzius davon, dass es auch eine Bedin-gung für rechtes Regieren ist. Die ausgedehnte Wirrnis der Begriffe, die das Los der Menschen lenkte, zeigt durch die Menschheitsgeschichte hindurch, dass eine Begriffsklärung in fast allen Bereichen des Lebens und Denkens vernachlässigt wurde – eine Tatsache, die für viel Elend und Zerstörung verantwortlich ist.

Ein weiterer Beleg für den wissenschaftlichen Geist des Abhidhamma ist der herausragende Platz, den die Definition seiner Begriffe und ihrer Anwendungsbereiche einnimmt. Besonders das *Dhammasaṅgaṇī* ist in seinem Kern ein Buch der Klassifizierungen und Definitionen, während das sechste Buch des Abhidhamma, das *Yamaka*, eine sehr ins Detail gehende und sorgfältige Begriffsabgrenzung entwickelt, die übertrieben genau und durchdacht erscheinen mag.

Da die Sutten hauptsächlich als Quelle der Wegweisung im Alltag des Übenden dienen, werden sie meist in Begriffen konventioneller Sprache *(vohāra-vacana)* ausgedrückt, die sich auf Personen und persönliche Kennzeichen beziehen. Im Abhidhamma jedoch ist diese Sutten-Terminologie ersetzt durch eine philosophisch präzisere Terminologie, die sich in Übereinstimmung mit der ichlosen oder "unpersönlichen" und unaufhörlich wechselnden Natur der Wirklichkeit befindet. Die Abhidhamma-Texte verwenden diese im strengen oder "höchsten Sinne" *(paramattha)* wahre Terminologie, um die wesentlichen Grundprinzipien des Dhamma im Detail zu erklären.

Während verschwommene Definitionen und locker verwendete Begriffe wie stumpfe Werkzeuge sind, unbrauchbar zur Erfüllung der ihnen zugedachten Aufgabe, und während Konzepte, die auf verkehrten Ansichten beruhen, zwangsläufig die Antwort auf die zu klärende Frage schuldig bleiben und demgemäß das Ergebnis von vornherein festlegen werden, ist die Verwendung angemessener und sorgfältig angefertigter konzeptueller Werkzeuge eine unerlässliche Voraussetzung für ein erfolgreiches Streben nach befreiender Erkenntnis. Daher ist der Umstand, dass das Abhidhamma-Schrifttum eine ergiebige Quelle exakter Terminologie ist, ein nicht zu unterschätzendes Merkmal.

Analyse des Bewusstseins

Wie schon angedeutet wurde, ist einer der Hauptbeiträge des Abhidhamma zum menschlichen Denken die Analyse und Klassifizierung des Bewusstseins, ein Vorhaben, das im ersten Teil des *Dhammasaṅgaṇī* umgesetzt wurde. Hier wird zum ersten Mal in der Geschichte der so flüchtige und schwer zu fassende menschliche Geist einer umfassenden, gründlichen und unvoreingenommenen Prüfung unterzogen. Der verfolgte Ansatz ist der einer strengen Phänomenologie, die auf der Vorstellung beruht, dass jede statische Einheit oder zugrunde liegende Substanz im Geist aufgespürt werden kann. Jedoch verhindert die grundlegend ethische Anlage und der soteriologische Zweck dieser Psychologie wirkungsvoll, dass ihre realistische, unmetaphysische Analyse des Geistes auf Schlussfolgerungen eines ethischen Materialismus oder einer theoretischen und praktischen Sittenlosigkeit hinausläuft.

Die im Abhidhamma angewandte Untersuchungsmethode ist *induktiv* und basiert ausschließlich auf einer vorurteilsfreien und subtilen Innenschau geistiger Prozesse. Die im *Dhammasaṅgaṇī* für die Analyse des Bewusstseins verwandte Vorgehensweise entspricht genau der von Whitehead geforderten: "Es kann gar nicht genug betont werden, dass der Schlüssel zum Induktionsprozess, wie er in der Wissenschaft und in unserem gewöhnlichen Leben benutzt wird, in einem zutreffenden Verständnis der unmittelbaren Erkenntnis-Gelegenheit *(occasion of knowledge)* in ihrer ganzen Wirklichkeit liegt ... Bei jeder Wahrnehmungs-Gelegenheit *(occasion of cognition)* ist das Erkannte eine wirkliche Erlebens-Gelegenheit *(occasion of experience)*, die durch ihre Beziehung zu einem Bereich von Dingen unterschieden werden kann, die diese unmittelbare Gelegenheit übersteigen, in dem sie analoge oder verschiedene Verbindungen mit anderen Erlebens-Gelegenheiten *(occasions of experience)* aufweisen."[3)]

Whiteheads Begriff der "Gelegenheit" *(occasion)* korrespondiert mit dem abhidhammischen Konzept *samaya* (Zeit, Gelegenheit, Zusammentreffen von Umständen), das in allen Hauptabschnitten des *Dhammasaṅgaṇī* vorkommt und dort den Ausgangspunkt der Analyse anzeigt. Dieser Begriff erfährt eine eingehende und sehr aufschlussreiche Behandlung in seinem Kommentar, der *Atthasālinī*.

Dem Buddha gelang es, diese "unmittelbare Gelegenheit" eines Wahrnehmungsaktes auf einen einzelnen Bewusstseinsmoment zu reduzieren, der jedoch in seiner Feinheit und Flüchtigkeit von einem in meditativer Innenschau ungeschulten Geist nicht direkt und getrennt beobachtet werden kann. Genauso wie die winzigen Lebewesen im Mikrokosmos eines Wassertropfens nur durch ein Mikroskop sichtbar werden, so werden auch die äußerst kurzlebigen Prozesse in der Welt des Geistes nur mit Hilfe eines sehr feinen geistigen Untersuchungsinstrumentes erkennbar, einem durch methodische meditative Schulung geschärften Geist. Einzig diese nach innen gerichtete Achtsamkeit und Aufmerksamkeit *(sati)*, die in meditativer Vertiefung ein hohes Maß an innerem Gleichgewicht, Reinheit und Unerschütterlichkeit *(upekkhā-sati-pārisuddhi)* erreicht hat, wird die Schärfe, Feinheit und Schnelligkeit einer erkenntnismäßigen Antwort besitzen, die für eine so schwierige innere Mikroskopie erforderlich ist. Ohne eine solche meditative Vorbereitung werden die Einzigen dem Erforschenden zur Verfügung stehenden Untersuchungsmittel vergleichende Schlussfolgerungen zwischen verschiedenen vollständigen oder fragmentarischen Reihen von Gedanken-Momenten sein. Wenn jedoch ein behutsamer und intelligenter Gebrauch von den eigenen introspektiven Beobachtungen und den in den Sutten und im Abhidhamma beschriebenen meditativen Erfahrungen gemacht wird, mag auch diese Vorgehensweise sehr wohl zu wichtigen und verlässlichen Schlussfolgerungen führen, obwohl sie bei weitem nicht unfehlbar ist.

Die *Anupada Sutta* (Mittlere Sammlung 111) berichtet, dass der Ehrwürdige Sāriputta, nachdem er sich aus meditativer Vertiefung *(jhāna)* erhoben hatte, jede meditative Erfahrung in die ihre Bestandteile bildenden Geistesfaktoren aufschlüsseln konnte. Dies mag als ein Vorläufer der noch eingehenderen Analyse im *Dhammasaṅghaṇī* angesehen werden.

Auch das *Milindapañhā* ("Die Fragen des Königs Milinda") betont mit passenden Gleichnissen die Schwierigkeit einer Analyse des geistigen Prozesses sowie die Größe der Leistung des Buddha, indem er diese Analyse machte:

> "Eine gar schwierige Aufgabe, o König, hat der Erhabene gelöst."
> "Welche denn, ehrwürdiger Nāgasena?"
> "Etwas Schwieriges, o König, wurde vom Erhabenen darin geleistet, dass er bei diesen unkörperlichen Vorgängen, nämlich dem Bewusstsein und den Bewusstseinsfaktoren, die mit einem einzigen Objekt auftreten, ihre Analyse darlegt: dies ist Sinneneindruck, dies ist Gefühl, dies ist Wahrnehmung, dies ist Wille, dies ist Bewusstsein."
> "Gib mir ein Gleichnis hierzu!"
> "Nimm an, o König, ein Mann führe mit seinem Boote auf die hohe See hinaus, schöpfte dort mit der hohlen Hand etwas Wasser und koste es. Würde da wohl, o König, jener Mann unterscheiden können, ob dieses Wasser aus dem Ganges stammt oder aus der Yamunā oder der Aciravatī oder der Sarabhu oder der Mahi?"
> "Schwerlich würde er das können, o Herr."
> "Eine aber noch viel schwierigere Aufgabe als diese, o König, hat der Erhabene gelöst, indem er bei diesen unkörperlichen Vorgängen, nämlich dem Bewusstsein und den Bewusstseinsfaktoren, die mit einem einzigen Objekt auftreten, ihre Analyse darlegte."[4)]

Die recht knappe und abstrakte Form, in der das *Dhammasaṅgaṇī* seine Analyse des Geistes präsentiert, sollte uns nicht zu der Vermutung verleiten, dass es ein Produkt späten scholastischen Denkens ist. Wenn wir bei näherem Studium die bewundernswerte innere Konsistenz des Systems bemerken und allmählich seine feinen Konzeptionen und weitreichenden Implikationen erkennen, wird uns bewusst, dass zumindest die Grundprinzipien und Leitgedanken der Abhidhamma-Psychologie das Ergebnis einer tiefen Intuition sein müssen, das durch direkte und durchdringende Innenschau erzielt wurde. Zunehmend unwahrscheinlicher wird uns dann erscheinen, dass das tragende Gerüst des Abhidhamma das Produkt schwerfälligen diskursiven Denkens und künstlicher Gedankenkonstruktion sein könnte. Dieser Eindruck des in hohem Maße intuitiven Ursprungs der abhidhammischen Geistlehre wird auch unsere Überzeugung stärken, dass die grundlegenden strukturellen Prinzipien von *Dhammasaṅgaṇī* und *Patthāna* dem Buddha selbst sowie seinen großen Schülern zugeschrieben werden müssen. Was als "scholastisches Denken" bezeichnet wird – das in seinem eigenen Bereich seinen Wert hat und keine pauschale Verurteilung verdient – mag später einen großen Anteil an der Formulierung, Ausarbeitung und Kodifizierung der Lehren gehabt haben, die ursprünglich intuitiver Einsicht entsprangen.

Wenden wir uns vom Abhidhamma den höchsten zeitgenössischen Errungenschaften nicht-buddhistischen indischen Denkens im Bereich von Geist und "Seele" zu, d.h. den frühen *Upanischaden* und *Sāṁkhyas,* stellen wir fest, dass diese, abgesehen von einzelnen großen Intuitionen, von Konzepten überfließen, die mythologischen, rituellen und abstrakt spekulativen Ursprungs sind. Im Vergleich dazu hebt sich der realistische, nüchterne und wissenschaftliche Geist der Abhidhamma-Psychologie (ebenso wie sein in den Sutten zu findender Grundbestand) sehr deutlich davon ab. Bei denjenigen, die die Bedeutung dieses Gegensatzes einschätzen konnten, musste der Abhidhamma besondere Hochachtung und Bewunderung hervorrufen. Selbst bei einem Vergleich der Abhidhamma-Psychologie mit späteren psychologischen

Lehren in Ost und West, bleibt ihr Abstand zu fast allen anderen im Wesentlichen der Gleiche; einzig die Geistlehre des Buddha bleibt vollkommen frei von den Vorstellungen eines Selbst, eines Ich, einer Seele oder irgend einer anderen sich gleich bleibenden Substanz in oder hinter dem Geist.

Die Lehre vom Nicht-Selbst

In gerade diese Lehre vom Nicht-Selbst *(anattā)* mündet alles Abhidhamma-Denken und dort erreicht es seinen Höhepunkt. Die sorgfältige und gründliche Behandlung von *anattā* ist zugleich auch der wichtigste *praktische* Beitrag des Abhidhamma für den Fortschritt der buddhistischen Übenden auf dem Wege der Leid-Befreiung. Der Abhidhamma liefert reichlich Material für die Meditation des Klarblicks *(vipassanā)* im Hinblick auf Vergänglichkeit und Unpersönlichkeit, und dieses Material wurde bis in die feinsten Punkte analysiert und in streng philosophischer Sprache ausgedrückt.

Bestimmt mag vielen das Maß an analytischer Genauigkeit ausreichen, dass im Sutta-Piṭaka zu finden ist, um *anattā* zu verstehen und eine Richtschnur für die meditative Praxis zu haben. Es gibt jedoch auch Geister, die eine wiederholte und variierte Veranschaulichung und Erklärung einer Wahrheit fordern, bis sie gänzlich zufrieden gestellt und überzeugt von ihr sind. Dann wiederum gibt es auch andere, die mit ihrer Analyse bis zum kleinsten Detail vordringen und sie auf die kleinste erreichbare Einheit ausdehnen möchten, um ganz sicher zu gehen, dass sich auch im Reich des Allerkleinsten, der stofflichen und psychischen "Atome", kein Selbst und keine bleibende Substanz verbirgt. Für solche Geister wird der Abhidhamma von großem Wert sein. Aber auch solche, die sich meistens mit den Ausführungen in den

Sutten zufrieden geben, mögen gelegentlich den Wunsch haben, einen bestimmten Punkt noch eingehender zu untersuchen, der ihr Interesse geweckt hat oder Schwierigkeiten bereitet. Auch für sie wird sich der Abhidhamma als hilfreich erweisen.

Außer in diesen Fällen individueller Hilfe wird das Studium des Abhidhamma weitgehend den langsamen und schwierigen Ansichtswandel vom Standpunkt eines "Selbst" zu dem eines "Nicht-Selbst" unterstützen. Hat man erst die Lehre vom Nicht-Selbst intellektuell begriffen, wird dem Übenden sicherlich bei theoretischen und praktischen Problemen auch ihre Anwendung gelingen, wenn er sich nur rechtzeitig an sie erinnert und seine Gedanken und zielstrebigen Kräfte entsprechend lenkt. Außer bei diesem willentlichen Lenken des Denkens, das meistens relativ selten der Fall sein dürfte, wird der Geist jedoch damit fortfahren, sich in den alt gewohnten Fahrrinnen von "ich" und "mein", "Selbst" und "Substanz" zu bewegen, die sich tief in unsere Alltagssprache und unsere Denkgewohnheiten eingegraben haben. Ebenso wird unser Handeln auch weiterhin von unseren alten ichbezogenen Impulsen bestimmt sein. An dieser Situation wird auch eine gelegentliche intellektuelle Zustimmung zu der richtigen Auffassung von *anattā* nicht viel ändern können. Das einzige Mittel gegen schlechte oder falsche Gewohnheiten im Handeln, Sprechen und Denken ist ihr allmählicher Austausch gegen gute und richtige Gewohnheiten, bis die Letzteren so spontan werden, wie die Ersteren es zur Zeit sind. Daher ist rechtes Denken so unerlässlich, d.h. ein Denken von *anattā* her, dass zum Gegenstand regelmäßiger und systematischer Schulung gemacht wurde, bis die Macht falscher Denkgewohnheiten verringert und letztlich gebrochen ist. Der Abhidhamma im Allgemeinen und besonders die verschiedenen Dreier- und Zweier-Begriffsgruppen, wie sie in der *mātikā*, der "Matrix" des Abhidhamma-Piṭaka aufgelistet sind, liefern reichlich Material für solche "Fließ-Übungen" *(fluency exercises)* rechten Denkens. Vertrautheit mit der Anwendung des "unpersönlichen" Abhidhamma-Standpunktes und der ihn zum Ausdruck bringenden Terminologie wird einen beträchtlichen gestaltenden Einfluss auf den Geist ausüben.

Abhidhamma und Meditation

Ein fruchtbarer Boden für das Entstehen und Beibehalten von Glaubensvorstellungen und Ideen über ein Selbst, eine Seele, einen Gott oder irgend eine andere Form einer absoluten Wesenheit, ist *missgedeutete meditative Erfahrung*, wie sie in frommer Verzückung oder mystischer Trance auftreten kann. Eine solche Erfahrung wird von einem Mystiker oder Theologen im Allgemeinen als die Offenbarung eines Gottes gedeutet werden, als die Vereinigung mit einem göttlichen Prinzip oder die Manifestation unseres wahren und ewigen Selbst. Solche Deutungen werden dann bereitwilliger entwickelt und akzeptiert, da eine solche meditative Erfahrung in so hohem Maße das durchschnittliche Bewusstseinsniveau übersteigt, dass der Meditierende versucht ist, sie mit einer Gottheit oder irgend einem anderen Ewigkeitsprinzip in Zusammenhang zu bringen. Der überwältigende Eindruck einer solchen meditativen Erfahrung auf den Geist wird eine starke Überzeugung von ihrer Realität und Erhabenheit hervorrufen, und dieses starke Gefühl der Gewissheit wird auch auf ihre theologische und spekulative Interpretation ausgedehnt. So werden diese Interpretationen einen starken Einfluss auf den Geist gewinnen, denn man stellt sich vor, dass sie mit der tatsächlichen und unwiderlegbaren Erfahrung übereinstimmen, während sie in Wirklichkeit nur Überlagerungen derselben sind.

Die analytische Methode des Abhidhamma schützt vor irreführenden Deutungen. Im *Dhammasaṅghaṇī* wird das Bewusstsein meditativer Vertiefung *(jhāna)* der selben nüchternen Analyse unterworfen, wie die gewöhnlichen Geisteszustände. Es wird gezeigt, dass auch das meditative Bewusstsein eine vorübergehende Kombination vergänglicher, bedingter und unpersönlicher Geistesfaktoren ist, die sich von ihren Entsprechungen im gewöhnlichen Bewusstsein nur durch eine größere Intensität und Reinheit unterscheiden. Somit rechtfertigen sie nicht die Annahme einer göttlichen Manifestation oder eines ewigen Selbst. Es wurde schon erwähnt, wie der Ehrwürdige Sāriputta eine entsprechende Analyse seiner meditativen Erfahrung vornahm.

Es ist kennzeichnend für den Geist der Buddha-Lehre, dass den Übenden im Anschluss an eine meditative Vertiefung stets geraten wird, die gerade erlebten Geisteszustände einer analytischen Rückschau *(paccavekkhaṇa)* zu unterziehen und sie mittels Klarblick *(vipassanā)* als unpersönlich und flüchtig zu erkennen, die daher nicht festgehalten werden können. Beachtet man dies, werden drei Hauptbefleckungen *(kilesa)* abgewehrt, die sonst in Folge des überwältigenden Eindrucks, den die meditative Erfahrung auf den Geist macht, leicht aufsteigen können: (1) Begehren *(taṇhā)* nach diesen Erfahrungen, Anhaften an ihnen sowie Verlangen nach ihnen, um ihrer selbst willen (*jhāna-nikanti*, "Schwelgen in *jhāna*"); (2) die falsche Ansicht *(diṭṭhi)*, dass diese meditativen Erfahrungen auf ein Selbst oder eine Gottheit hinaus laufen; und (3) der Dünkel *(māna)*, der durch das Erreichen dieser erhabenen Zustände aufkommen kann.

Diese Bemerkungen beziehen sich auf den Teil buddhistischer Meditation, der die "Entfaltung der Geistesruhe" *(samatha-bhāvanā)* genannt wird und auf das Erreichen von *jhāna* abzielt. Wenn wir uns der "Entfaltung des Klarblicks" *(vipassanā-bhāvanā)* zuwenden, dann liefern uns die klassifizierenden Begriffe der Abhidhamma-*mātikā* – wie sie unter anderem im *Dhammasaṅgaṇī* erklärt werden – zahlreiche Möglichkeiten, um in sie die verschiedenen besonderen Gegenstände des Klarblicks einzubeziehen. Durch diesen Bezug auf die Dreier- und Zweier-Begriffsgruppen der *mātikā* kann ein abgegrenzter Gegenstand des Klarblicks leicht mit der gesamten Wirklichkeitswelt in Zusammenhang gebracht und dadurch seine Bedeutung gesteigert werden. Ein solcher besonderer Gegenstand des Klarblicks wird entweder gezielt aus der Liste der traditionellen Meditationsgegenstände ausgewählt oder besteht in einem zufälligen Lebensereignis. Letzteres wiederum kann eine tief berührende innere oder äußere Erfahrung oder auch ein ganz gewöhnliches Alltagsereignis sein, das als ein Gegenstand rechter Achtsamkeit und Wissensklarheit *(sati-sampajañña)* herangezogen wird, wie es oft von meditierenden Mönchen und Nonnen der Vergangenheit berichtet wird. Wenn dieses Ereignis sofort auf eine der Dreier- oder Zweier-Begriffsgruppen des Abhidhamma bezogen wird, die die gesamte Wirklichkeit umfassen, werden die von ihm ausgehenden Impulse wirksamer in tiefe religiöse Ergriffenheit *(saṁvega)* und Klarblick gelenkt werden können. Auf diese Weise kann ein einzelner Moment durchdringenden Verstehens, der von einem abgegrenzten Gegenstand ausgeht, eine solche Intensität, Weite und Tiefe erreichen, dass er entweder zu befreiendem Klarblick hinführen oder wirksam auf ihn vorbereiten kann. Das stimmt ganz mit dem überein, was einst ein großer buddhistischer Denker sagte: "Das Verstehen eines einzelnen Dinges bedeutet das Verstehen aller; die Leerheit eines einzelnen Dinges bedeutet die Leerheit aller."[5)]

Abhidhamma und der Dhamma-Lehrer

Wir haben gesehen, wie wichtig das Studium des Abhidhamma für klares Denken, richtiges Verstehen und individuelle geistige

Entwicklung sein kann. Während jedoch eine genaue Kenntnis der Abhidhamma-Philosopie für diejenigen, die sich ausschließlich der Meditation widmen, nicht unbedingt notwendig sein mag, verhält es sich anders bei denjenigen, die das Dhamma lehren und anderen erklären wollen. Hier betrachtet die Theravāda-Tradition Vertrautheit mit dem Abhidhamma, sogar in seinen Einzelheiten, für eine unerlässliche Qualifikation. Wir lesen (*Asl* 29): "Nur die Mönche, die im Abhidhamma bewandert sind, können als 'Verkünder des Dhamma' *(dhammakathika)* gelten. Die anderen, selbst wenn sie es tatsächlich predigen, können wahrhaftig nicht so genannt werden. Wenn sie eine Lehrdarlegung geben, mögen sie vielleicht die verschiedenen Arten von Karma und karmischen Resultaten oder die zahlreichen Faktoren, auf die man bei der Analyse von Körper und Geist stößt, durcheinander bringen. Diejenigen jedoch, die im Abhidhamma bewandert sind, begehen solche Fehler nicht."

Insbesondere folgende Gesichtspunkte machen den Abhidhamma für Dhamma-Lehrer so wichtig: die systematische Organisation des im Sutta-Piṭaka enthaltenen Lehrstoffes; die Anwendung geordneten und methodischen Denkens; die präzisen Definitionen technischer Begriffe und die Abgrenzung ihrer Beziehungen; die vom Standpunkt höchster Wahrheit *(paramattha)* ausgehende Behandlung unterschiedlicher Gegenstände und Lebenssituationen; sowie die Beherrschung von Feinheiten der Lehre.

Die Bewertung und Authentizität des Abhidhamma

Bereits in früherer Zeit rangierten die Meinungen über den Abhidhamma-Piṭaka zwischen den Extremen blinder Verehrung und völliger Ablehnung. Sehr rasch nach dem Auftauchen des

Abhidhamma gab es Lehrer, die den Anspruch des Abhidhamma-Piṭaka, das authentische Buddha-Wort zu sein, in Frage stellten. Die frühe Sekte der Sautrāntikas betrachtete – wie ihr Name sagt – nur die Sutten und den Vinaya-Piṭaka als kanonisch, nicht jedoch den Abhidhamma.

Es mag ein Anhänger dieser Sekte gewesen sein, der hier beschrieben wird, wie er die Abhidhamma-Vorlesung eines Mönchs kritisiert (*Asl* 28):

> "Du hast, o Prediger, eine lange Lehrrede zitiert, die den Berg Meru zu umfassen scheint. Wie heißt sie?"
> "Es ist eine Abhidhamma-Lehrrede."
> "Warum aber hast du eine Abhidhamma-Lehrrede zitiert? Geziemt es sich nicht, eine vom Buddha selbst verkündete Lehrrede zu zitieren?"
> "Und von wem, meinst du, wurde das Abhidhamma verkündet?"
> "Es wurde nicht vom Buddha verkündet."

Daraufhin wird der Mönch vom Prediger scharf zurechtgewiesen und dann fährt der Text wie folgt fort (*Asl* 29):

> "Wer den Abhidhamma ausschließt (vom Buddha-Wort), beschädigt des Siegers Rad der Lehre *(jinacakkaṁ pahāraṁ deti)*. Damit leugnet er das allumfassende Wissen des Tathāgata und setzt die Grundlage der Selbstvertrauens-Erkenntnis *(vesārajja-ñāṇa)* des Meisters herab (zu der das allumfassende Wissen zählt); er täuscht eine um das Lernen besorgte Zuhörerschaft; er versperrt (für einen Fortschritt) die edlen Pfade der Heiligkeit; er bringt alle achtzehn Ursachen der Zwietracht auf einmal hervor. Damit erwirkt er die Disziplinarstrafe eines zeitweisen Ausschlusses oder den Tadel der Mönchsversammlung."

Diese sehr strenge Haltung scheint etwas übertrieben, aber sie kann als eine Abwehrreaktion gegen sektiererische Tendenzen jener Zeit erklärt werden.

Die Hauptargumente des Theravāda gegen diejenigen, die die Authentizität des Abhidhamma leugnen, werden in der *Atthasālinī* wie folgt erklärt:

(1) Der Buddha muss als erster Abhidhammika betrachtet werden, weil "er schon, als er unter dem Bodhi-Baum saß, den Abhidhamma durchdrungen hatte." (*Asl* 17)

(2) "Der Abhidhamma, die absolute Lehre, ist die Domäne allwissender Buddhas und nicht die Domäne anderer. ... Diese tiefgründigen Lehren sind unverkennbar das Merkmal eines erleuchteten Wesens, eines Buddha. Dies zu leugnen ist so sinnlos, wie das in seiner Vortrefflichkeit einzigartige Pferd eines Weltherrschers zu stehlen oder irgendeinen anderen Teil seines Eigentums und sich damit in der Öffentlichkeit zu zeigen. Und warum? Weil sie offensichtlich einem König gehören und ihm ziemen." (*Asl* 29-30)

Selbst Nicht-Buddhisten, die den Buddha nicht für einen Allwissenden, sondern schlicht für einen großen und tiefgründigen Denker halten, würden es als unwahrscheinlich ansehen, dass er sich der philosophischen und psychischen Implikationen seiner Lehren nicht bewusst gewesen sein könnte, auch wenn er nicht von Anfang an und zu all seinen Anhängern über sie gesprochen hat. Wenn man die unleugbare Tiefgründigkeit des Abhidhamma, den weltweiten Horizont dieses riesigen Systems und die Unerschöpflichkeit seiner Denkanstöße in Betracht zieht, ist es um vieles wahrscheinlicher, dass zumindest die Grundlehren des Abhidhamma von dieser höchsten Intuition herrühren, die der Buddha *sammā sambodhi*, vollkommenes Erwachen, nennt. Es erscheint deshalb recht plausibel, dass die alte Theravāda-Tradition das Gerüst und die grundlegenden Intuitionen des

Abhidhamma – und nicht mehr als diese – dem Meister selbst zuschreibt. Eine ganz andere Frage ist bekanntlich der Ursprung der kodifizierten Abhidhamma-Literatur, wie wir sie im Moment kennen. Jedoch soll diesem Problem hier nicht nachgegangen werden und zudem lassen die uns zur Verfügung stehenden Quellen und Fakten keine eindeutigen Schlussfolgerungen zu.

Die Theravāda-Tradition geht davon aus, dass der Buddha den Abhidhamma zum ersten Mal im Tāvatiṁsa-Himmel den Göttern verkündete, die sich dort aus zehntausend Welt-Systemen versammelt hatten. Die Unterweisung dauerte die dreimonatige Zeitperiode eines Regenzeit-Retreats. An jedem Tag, wenn er in die Menschenwelt für sein Mahl zurückkehrte, überbrachte er Sāriputta, dem Älteren, die reine Methode. Was immer man über diese Überlieferung denken mag – ob man sie als historischen Bericht betrachtet, wie der fromme asiatische Buddhist, oder ob man sie als bedeutsame Legende nimmt – eines zeigt sich daraus recht deutlich: Die Urheber dieser sehr frühen Überlieferung glaubten nicht, dass der Buddha den Menschen die Abhidhamma-Texte wörtlich dargelegt hatte, so wie er es bei den Sutten tat. Gibt man der überlieferten Darstellung eine psychologische Deutung, kann man sagen, dass der vorübergehende Aufenthalt in der Götterwelt Zeiten intensiver Kontemplation entspricht, die den Bereich erdgebundener Geistigkeit übersteigt, und dass der Meister aus den Höhen solcher Betrachtung die grundlegenden Lehren zurück in die Welt eines normalen menschlichen Bewusstseins brachte und sie an philosophisch begabte Schüler, wie Sāriputta, weitergab.

In einer vergleichenden Auswertung des Abhidhamma und der Sutten wird häufig die Tatsache übersehen – die immer wieder vom Ehrwürdigen Nyaṇātiloka Mahāthera hervorgehoben wurde – dass auch der Sutta-Piṭaka eine beträchtliche Menge reinen Abhidhammas enthält. Dies schließt die zahlreichen, vom höchsten Standpunkt *(paramattha)* aus dargelegten Texte ein, die eine streng philosophische Terminologie verwenden und Erfahrung in Begriffen selbstloser, bedingter Prozesse erklären; angeführt seien beispielsweise die Sutten, die von den fünf Daseinsgruppen, den achtzehn Elementen und den zwölf Sinnengrundlagen handeln *(khandha, dhātu, āyatana)*.

Häufig begegnet man auch der Frage, ob eine Kenntnis des Abhidhamma für ein volles Verständnis des Dhamma oder für eine endgültige Befreiung erforderlich ist. In dieser verallgemeinernden Form kann eine angemessene Antwort auf die Frage jedoch nicht gegeben werden. Selbst im Sutta-Piṭaka werden viele verschiedene Ansätze und Übungsmethoden als "Tore" für das Verständnis derselben Vier Edlen Wahrheiten angeboten. Weder sind sie alle "nötig" um das Ziel, Nibbāna, zu erreichen, noch eignen sie sich in ihrer Gesamtheit für jeden einzelnen Übenden. Vielmehr lehrte der Buddha eine Ansatzvielfalt und überließ es den Übenden selbst aus ihnen eine persönliche Auswahl zu treffen, entsprechend ihren persönlichen Umständen, Neigungen und Reifegraden.

Dasselbe gilt für den Abhidhamma, sowohl als Ganzes, als auch in seinen einzelnen Aspekte und Lehren. Vielleicht die beste Erklärung der Beziehung zwischen dem Abhidhamma und den Sutten ist ein Gleichnispaar, das gesprächsweise vom Ehrwüdigen Pelene Vajirañāṇa Mahāthera, dem Gründerprälaten des Vajirārāma Klosters in Colombo, gegeben wurde: "Der Abhidhamma ist wie ein gewaltiges Vergrößerungsglas; das aus den Sutten gewonnene Verständnis ist jedoch das Auge selbst, das den Akt des Sehens ausführt. Der Abhidhamma ist wie ein Arzneibehälter mit einem Etikett, das die exakte Analyse des Arzneimittels angibt; die aus den Sutten gewonnene Erkenntnis ist jedoch das Arzneimittel selbst, das allein in der Lage ist, die Krankheit und ihre Symptome zu heilen."

Abschließende Bemerkungen und eine Warnung

Wenn wir einen mittleren Weg nehmen zwischen einer Überbewertung und Unterbewertung des Abhidhamma, können wir sagen: Die Lehren im Sutta-Piṭaka mit Abhidhamma-Geschmack – also die, die in präzisen, philosophischen Begriffen abgefasst wurden – sind sicher unerlässlich für das Verständnis und die Praxis des Dhamma; und die Ausarbeitung dieser Lehren im eigentlichen Abhidhamma mag sich als sehr hilfreich und in bestimmten Fällen sogar als notwendig für das Verständnis und die Praxis erweisen. Was den kodifizierten Abhidhamma-Piṭaka angeht, so ist es sicherlich nicht zwingend, mit all seinen Einzelheiten vertraut zu sein; wenn er jedoch studiert und angewandt wird, in der Weise, wie es auf diesen Seiten angedeutet wurde, so wird dies sicherlich ein wahres Verständnis der Wirklichkeit nähren und die auf Befreiung zielende Aufgabe der Praxis unterstützen. Der Abhidhamma kann auch – wenn er entsprechend dargeboten wird – die der Philosophie Zugeneigten dazu anspornen, sich näher mit dem Dhamma zu befassen. Das kann sich als fruchtbar erweisen, unter der Voraussetzung, dass die Übenden darauf achten, intellektuelles Verstehen mit wirklicher Praxis ins Gleichgewicht zu bringen. Eine solche Annäherung an den Dhamma sollte sicherlich nicht durch eine pauschale Herabsetzung des Abhidhamma-Studiums behindert werden, wie sie heutzutage manchmal bei Buddhisten im Westen und auch in Asien anzutreffen ist. Die Gefahren einer einseitigen Betonung und Entwicklung lauern nicht nur im Abhidhamma, sondern auch bei anderen Annäherungen an den Dhamma und sie können so lange nicht ganz vermieden werden, bis ein sehr hoher Grad an Integration der geistigen Fähigkeiten verwirklicht worden ist.

Sicherlich können die Abhidhamma-Lehren, ohne den ernsthaften Versuch, sie auf die oben beschriebene Weise anzuwenden, leicht zu einem starren System lebloser Konzepte werden. Wie auch andere philosophische Systeme, kann der Abhidhamma zu einem dogmatischen und abergläubischen Glauben an Worte führen, beispielsweise zu der Ansicht, dass man wirklich etwas über einen Gegenstand erkannt hat, obwohl man nur geschickt sein konzeptuelles System zu steuern versteht. Man sollte deshalb nicht zulassen, dass das Abhidhamma-Studium zu einem bloßen Sammeln, Zählen und Zusammenstellen konzeptueller Bezeichnungen verkommt. Das würde aus einem Abhidhamma-Studium – wenngleich natürlich nicht aus dem Abhidhamma selbst – nur eines von vielen intellektuellen "Spielzeugen" machen, die davon ablenken, sich der Wirklichkeit zu stellen; oder es gibt eine "ehrbare Entschuldigung" dafür ab, sich der harten, für die Befreiung notwendigen inneren Arbeit zu entziehen. Ein rein abstrakter und konzeptueller Zugang zum Abhidhamma kann auch zu dem intellektuellem Hochmut führen, der oft mit spezialisiertem Wissen einhergeht.

Vermeidet man diese Fallstricke, ist es gut möglich, dass der Abhidhamma wieder zu einer lebendigen Kraft wird, die das Denken anregt und das meditative Streben nach Befreiung des Geistes, den wirklichen Zweck des Abhidhamma, unterstützt. Um das zu verwirklichen, dürfen die Abhidhamma-Lehren jedoch nicht nur einfach akzeptiert und verbal weitergegeben werden, sondern müssen sorgfältig in ihren philosophischen und praktischen Implikationen untersucht und betrachtet werden. Diese Lehren sind oft äußerst verdichtet und zu vielen interessanten Punkten hüllen sich selbst die klassischen Kommentare in Schweigen. So verlangt die Ausarbeitung ihrer Implikationen die hingebungsvolle Anstrengung suchender und einfallsreicher Geister. Da sie einen vernachlässigten und schwierigen Boden zu bearbeiten haben, sollte es ihnen an Mut zu Anfangsfehlern nicht mangeln, die durch

Erörterung und regelmäßige Bezugnahme auf die Lehren des Sutta-Piṭaka beseitigt werden können.

Anmerkungen

1) Atthasālinī 13, 32, 35

2) Bertrand Russell, "Our Knowledge of the External World as a Field for Scientific Method in Philosophy" (Chicago: The Open Court Publishing Company, 1914), S. 51

3) Alfred North Whitehead, "Science and the Modern World" (New York: The Macmillan Company, 1926), S. 64, 227

4) aus "Eine schwierige Aufgabe", in "Milindapañhā – Die Fragen des Königs Milinda", Interlaken, 1985, S. 116 f.

5) Āryadeva, Catuḥśataka, Vers 191

Fünfter Teil

Ausklang

Forest Hermitage, Kandy

Bhikkhu Sumedha 1992,
Aquarell (17 x 12 cm)

Ein Gedicht und Worte des Dankes

Bhikkhu Sumedha

In Muße ging ich einen ehrwürdigen Mönch besuchen
Dunstige Berge lagern tausendfach geschichtet
Als mir der Meister selbst den Heimweg wies
Hängte der Mond seine runde Laterne auf.

(Han Shan)

Viele Besuche über Jahre und kostbare Gespräche und heitere Pausen, oft bis spät in die Nacht. Um diese Begegnung zu würdigen, reichen meine Worte nicht, doch der Vers von Han Shan bleibt als Sinnbild dieser Stunden zurück.

In großer Dankbarkeit als Gabe an den edlen Freund Nyāṇaponika Mahāthera.

* * *

Anwesenheit in der Abwesenheit

– Betrachtungen sechs Jahre nach seinem Ableben –

Bhikkhu Bodhi

Ich schreibe dies fast genau sechseinhalb Jahre nachdem der Ehrw. Nyāṇaponika seinen sterblichen Körper verlassen hat und gut drei Monate vor seinem 100. Geburtstag. Ich sitze an dem Platz in der *Forest Hermitage*, an dem er selbst fast täglich saß, beinahe vierzig Jahre lang. Dort, wo er die Bücher schrieb, die seinen Namen in der buddhistischen Welt so bekannt machen sollten. Obwohl ich einen neuen Stuhl benutze, schreibe ich an demselben Ort, beuge mich über denselben Schreibtisch, in einem Zimmer, das sich seit seinem Ableben kaum verändert hat.

Während ich an diesem Platz sitze, erlebe ich den Schnittpunkt von Beständigkeit und Wandel; das Ineinander-Fließen des Dauerhaften und des Vergänglichen; die Dialektik von Anwesenheit und Abwesenheit. Die Gegenwart versinkt und löst sich aus unserer Mitte, doch während die Zeit sie verschlingt und als Vergangenheit abscheidet, besteht ein Teil der Vergangenheit in der Gegenwart fort und lässt uns ihre Anwesenheit unerbittlich spüren. Dies ist es, was dem menschlichen Leben Kontinuität verleiht und uns Dankbarkeit und Wertschätzung gegenüber unseren Vorfahren ermöglicht, die nicht mehr unter uns weilen. Obgleich wir alle sterben und unsere Freunde, Verwandten und auch unsere Körper zurücklassen müssen, leben wir weiter durch unsere Taten. Dies nicht nur in dem Sinn, dass wir das von uns angesammelte Karma ererben müssen, sondern auch in dem Sinn, dass unsere Taten einen unentrinnbaren Einfluss auf das Leben derjenigen ausüben, die uns überleben. Dieser Einfluss kann emporhebend oder herabsetzend sein, heilsam oder schädlich, je nach der sittlichen Qualität unseres eigenen Lebens.

Für mehr als vierzig Jahre war die alles durchdringende Anwesenheit in der *Forest Hermitage* der Ehrw. Nyāṇaponika. Indem er die *Forest Hermitage* im Vorwort seines berühmten Buches erwähnte, schrieb er den magischen Namen dieses kleinen Häuschens in das Gedächtnis vieler Menschen auf der ganzen Welt ein. Ich erinnere mich, wie ich selbst vor vielen Jahren, bevor ich nach Sri Lanka kam, um Mönch zu werden, vom Zauber der Vorstellung gefangen war, der von den Worten *Forest Hermitage* ausging. Ich lebte damals in Los Angeles und benutzte sein *The Heart of Buddhist Meditation* als meinen Meditations-Wegweiser. Immer wenn meine Anfängerversuche zur Sammlung des Geistes wegen des Verkehrslärms von Los Angeles und der bellenden Nachbarhunde ins Stocken gerieten, konnte ich mich in die idyllischen Phantasien davon stehlen, die die Worte *Forest Hermitage* in meinem Geist wachriefen. Damals hielt ich es kaum für möglich, dass ich bald selbst nach Sri Lanka reisen würde, um mich der *Saṅgha* anzuschließen, und dass nun bald zwanzig Jahre meines Lebens in dieser Einsiedelei im Udawattakele Waldschutzgebiet vorbei sein werden.

In der Zeit von 1952 bis zu seinem Tod, in der er hier lebte, schuf der Ehrw. Nyāṇaponika eine unauflösbare Verbindung zwischen sich und der *Forest Hermitage*, zwischen sich und dem Udawattakele Wald. Er war fest dazu entschlossen, im Falle einer ernstlichen Erkrankung in der *Forest Hermitage* zu bleiben. Er wollte sich nicht länger in einem Krankenhaus aufhalten als für eine Notfall-Behandlung erforderlich. Zum Glück konnten wir ihm bei der Verwirklichung seines Wunsches helfen: Er tat seinen letzten Atemzug in demselben Raum, in dem er gewohnt und geschlafen hatte. Nach dem Tod wurde sein Wesen eins mit dem Wald. Während ein Großteil seiner körperlichen Überreste nach der Verbrennung zur Beisetzung in die *Island Hermitage* verbracht wurde, überstieg die übrig gebliebene Knochensubstanz das Fassungsvermögen der zu diesem Zweck erworbenen Urne. Wir zerkleinerten sie daher und verstreuten das Pulver auf den Hügeln von Udawattakele. So verlor die Substanz seines Körpers, der Rückstand seiner Knochen, ihre Identität als Knochen, ihre Identität als Nyāṇaponika. Fortgeschwemmt vom Regen, gedörrt von der heißen Sonne, in Nebel gehüllt und vom Winde verweht, so wurde sie zu fruchtbarem Boden, wurde zu Erde, und Bäumen. Nyāṇaponika verschwand, jedoch gleichzeitig bestand er auch fort, seine Abwesenheit verwandelte sich in die Anwesenheit der großen stillen Hügel im Herzen dieses wunderbaren Waldes.

In den vergangenen sechs Jahren kamen immer wieder verschiedene Mönche und lebten unterschiedlich lange in seinem Zimmer, doch seine unsichtbare Anwesenheit hält bis heute an. Die Aufstellung der Möbel hat sich kaum geändert; die Bilder an den Wänden sind fast dieselben, jedoch nun um ein eindrucksvolles Foto des Ehrwürdigen vermehrt, das an einer Wand hängt.[1)] Viele seiner deutschen Bücher wurden an Menschen fortgegeben, die Deutsch lesen können, doch die meisten anderen Bücher verblieben, und so ist das Erscheinungsbild des Vorderzimmers ungefähr dasselbe wie vor zehn Jahren. Und so bleibt das Zimmer, ja die Waldeinsiedelei selbst, trotz seiner Abwesenheit, unauslöschlich die seine. Diese Anwesenheit überwindet seine Abwesenheit und durchströmt die *Forest Hermitage* mit einer fast greifbaren Wirklichkeit.

Die Dialektik von Anwesenheit und Abwesenheit entfaltet sich auch durch den Einfluss des Ehrwürdigen auf das Leben anderer.

Obwohl er niemals danach trachtete, andere Menschen zu dominieren und zu lenken, hatte der Ehrw. Nyāṇaponika einen starken Einfluss auf viele, die mit ihm in persönlichen Kontakt standen, in Sri Lanka und im Westen. Für diejenigen von uns, die sich in seinem unmittelbaren Lebensbereich befanden, war er der Wegweiser auf unserem Gang entlang des Buddha-Pfades, der *edle Freund*, nach dem wir uns umblickten, wenn wir Rat und Ermunterung suchten. Durch diese enge Beziehung hat sein Wesen in dem unseren Wurzeln geschlagen. Er spricht weiterhin zu uns und weist uns die Richtung, jedoch nicht etwa aufgrund eines geheimnisvollen psychischen Einflusses, sondern durch die Vergegenwärtigung seines Beispiels und den hohen Grad an persönlicher Integrität, den er vor allem zu seinem Wohl verwirklichte.

Die buddhistische Lehre von der Bedingtheit der Beziehungen spricht davon, auf welche Art ein Bewusstseinsmoment seine Nachfolger in demselben Bewusstseins-Kontinuum beeinflusst. Analog können wir diese Auffassung auch auf den Einfluss erstrecken, den eine Person in einer voneinander abhängigen und miteinander verwobenen Gemeinschaft auf andere Menschen hat. Obwohl das Bewusstsein, das die Persönlichkeit des Ehrw. Nyāṇaponika ausmachte, vermutlich zu einer frischen Wiedergeburt gegangen ist, hat seine Bewusstseinsblume, wie eine Pflanze, die viele lebensfähige Samen freisetzt, solche mit der Fähigkeit zu wachsen und heilsame Früchte hervorzubringen in die Bewusstseinsfelder vieler Menschen gesät. Vor unserem inneren Auge bleibt er eine Verkörperung von Weisheit, Gleichmut und Mitgefühl, ein Muster selbstlosen Dienstes für das *Dhamma* und die gesamte Menschheit. Dieses geistige Bild gibt uns weiterhin Zuversicht und Inspiration.

Aus noch einem anderen Gesichtswinkel kommt die Dialektik von Anwesenheit und Abwesenheit durch die Schriften des

Ehrwürdigen zum Ausdruck. Noch zu seinen Lebzeiten hat sich sein Meisterwerk, *The Heart of Buddhist Meditation*, als der Magnet erwiesen, der tausende von Menschen zur Praxis der buddhistischen Einsichtsmeditation hinzog, einschließlich vieler der heutzutage führenden *Vipassanā*-Lehrer im Westen. Heute, fast vierzig Jahre nach seinem ersten Erscheinen, wird das Buch auch weiterhin gelesen und diskutiert. Obwohl die Buchläden jetzt von vielen anderen Werken über Einsichtsmeditation wimmeln, fällt einem kaum eines ein, dass in seiner Tiefe und seinem umfassenden Verständnis an *The Heart of Buddhist Meditation* heranreicht. Seit seinem Ableben erfahren auch andere Schriften des Ehrw. Nyāṇaponika, die zuvor nur eine begrenzte Leserschaft erreichten, die verdiente weitere Verbreitung. Die Sammlung seiner Essays aus den Reihen *The Wheel* und *Bodhi Leaves* mit dem Titel *The Vision of Dhamma* wurde in einer erweiterten zweiten Auflage aus Anlass des 93. Geburtstages im Jahre 1994, gerade drei Monate vor seinem Tod, von der *Buddhist Publication Society (BPS)* veröffentlicht. Ende letzten Jahres erschien diese Arbeit in einer parallelen amerikanischen Ausgabe beim U.S.-Ableger der *BPS (BPS Pariyatti Editions)*, was helfen wird, sein Denken in Amerika bekannter zu machen. 1996 sammelte ich in einem Band alle *Wheel*-Hefte über das Leben der großen Jünger des Buddha, der die bewegende Studie Nyāṇaponikas über *Sāriputta Thera* einschloss, sowie seine beträchtlichen Beiträge zu den weiteren von Hellmuth Hecker verfassten Lebensstudien. Dieses Buch *(Great Disciples of the Buddha)* wird gemeinsam von *Wisdom Publications* und der *BPS* herausgegeben. Es ist auch in einer deutschen Übersetzung erhältlich.

Im darauf folgenden Jahr erschien dann eine Neuauflage von Nyāṇaponikas wunderbarem Buch *Abhidhamma Studies*, das erstmals im Jahre 1949 veröffentlicht und 1965 in einer erweiterten und bereinigten Ausgabe von der *BPS* neu aufgelegt wurde.

Die Neuauflage von 1997 wird wiederum gemeinsam von *Wisdom Publications* und der *BPS* herausgegeben. Durch dieses Buch wurden die tiefen Einsichten des Ehrwürdigen in die große philosophische Unternehmung namens Abhidhamma im Westen besser bekannt; sie helfen dabei, ein lebhafteres Interesse an diesem alten System philosophischer Psychologie zu stimulieren. Die drei *BPS Wheel*-Hefte *An Anguttara-Nikāya Anthology* des Ehrwürdigen sind nun in einem handlichen Band erschienen, der unter der Schirmherrschaft des *International Sacred Literature Trust* mit dem Titel *Numerical Discourses of the Buddha* veröffentlicht wurde.[2)]

In der deutschsprachigen Welt sind die Arbeiten des Ehrw. Nyāṇaponika bis heute von großem Einfluss. Sie sind weiterhin dank des begeisterten Engagements des Verlages *Beyerlein & Steinschulte* in Druck, der die alte Reihe *Buddhistische Handbibliothek* des *Christiani Verlages* ererbt hat. Ebenfalls ist ermutigend, dass die deutschen Übersetzungen von *Atthasālinī* und *Dhammasaṅgaṇī* durch den Ehrw. Nyāṇaponika, die allzu lange kaum zugänglich waren, nun bald das Licht der Welt erblicken werden.[3)] Was zur Schließung dieses Kreises fehlt, ist eine deutsche Übersetzung seiner *Abhidhamma Studies.*[4)]

Aufgrund seiner Veröffentlichungen ist der große Mahāthera vom Tod nicht zum Schweigen bestimmt, sondern er fährt darüber hinaus fort, das *Dhamma* zu lehren, das er so sehr liebte und so tief verstand. Obwohl seine körperliche Form nicht mehr unter uns ist, breiten sich seine Gelehrsamkeit und seine Einsichten, sein wohlwollender Rat und seine mitfühlende Fürsorge in wachsenden Ringen aus und begründen weiter sein Format als einer der größten buddhistischen Denker unserer Zeit. Erich Fromm nannte sein Werk einen "Führer der Verirrten" im letzten Viertel des 20. Jahrhunderts. Zweifellos werden seine Schriften ihre Aufgabe auch noch zu Beginn des 21. Jahrhunderts erfüllen.

Meine beiden Essays, die in diesem Gedenkband enthalten sind, wurden nach dem Tod des Ehrw. Nyāṇaponika geschrieben. *Ein edler Freund der Welt* erschien ursprünglich im *BPS*-Gedenkbüchlein *Nyāṇaponika – A Farewell Tribute.* Der Beitrag basiert auf einem Vortrag, den ich in der *BPS*-Zentrale zwei Wochen nach dem Ableben des Ehrwürdigen hielt. Der Essay *Zwei deutsche Abgesandte des Dhamma in Sri Lanka* wurde für ein Symposium des Goethe-Instituts geschrieben, das im Juli 1995 in Colombo stattfand.[5] Das Thema dieses Symposiums war der deutsche Beitrag zur Forschung über Sri Lanka. Obgleich Schwerpunkt des Symposiums das Werk des Indologen Wilhelm Geiger war, hatten die Veranstalter ein weises Gespür dafür, dass eine Darstellung von Leben und Werk der beiden großen deutschen Mönchsgelehrten Nyāṇatiloka und Nyāṇaponika auch vonnöten war, und ich wurde gebeten, eine Abhandlung zu diesem Thema vorzubereiten. Interessanterweise, und ohne direkte Planung irgendeiner Seite, fand die Präsentation der Abhandlung am 21. Juli statt, dem 94. Geburtstag des Ehrw. Nyāṇaponika. So war er, obwohl er bei diesem Anlass unvermeidbar abwesend war, einmal mehr in dieser Darstellung seines Lebens und Wirkens lebhaft anwesend.

Anmerkungen des Herausgebers

1) Es handelt sich um das aus dem Jahre 1967 stammende Foto auf dem Schutzumschlag dieser Gedenkschrift;

2) Bhikkhu Bodhi hat für diese bemerkenswerte Neuausgabe die *BPS*-Ausgaben nebst Anmerkungsteil überarbeitet, sie um 60 Lehrreden erweitert, sowie zwei systematische Einführungen, zwei Übersichten und ein Glossar nebst ausführlichem Index beigefügt, die diese Auswahl von 208 Lehrreden des Buddha aus der Angereihten Sammlung zu einem hervorragenden und an praktischen Gesichtspunk-

ten orientierten Studienbuch von grundlegenden Lehren der Theravāda-Schule machen. Die amerikanische Originalausgabe ist erschienen bei: AltaMira Press (Rowman & Littlefield Publishers) 4720 Boston Way, Lanham, Maryland 20706, USA (1999);

3) Die *Atthasālinī* erscheint auf Deutsch bei der *Pāli Text Society (PTS)*;

4) In dieser Gedenkschrift erscheint erstmals, mit freundlicher Genehmigung der Verlage *Wisdom Publications (Boston)* und *BPS (Kandy)*, eine deutsche Übersetzung des ersten Kapitels von *Abhidhamma Studies*: "*The Abhidhamma Philosophy*".

5) Bhikkhu Bodhi gab seinem Beitrag für einen Nachruf auf den Ehrw. Nyāṇaponika den Titel "Der Ehrwürdige Nyāṇaponika: Ein deutscher Abgesandter des Dhamma in Sri Lanka". Diese Fassung, die sich im Nachlass der Ehrw. Ayyā Khemā fand, ist Grundlage des hier wiedergegebenen Beitrages.

* * *

Vesākha-Hymnus

Francis Story / Nyāṇaponika

Inmitten der Tumulte dieser Welt
suchen wir Deinen Frieden –
Frieden vom Lärm der vielen Stimmen
und vom Zusammenprall der Konflikte.
Du allein bist das Schweigen,
wo alle Dinge zur Stille, zum Frieden kommen,
wo Leiden keinen Zulass findet
und der Schmerz des Daseins keine Nahrung.
Hier, im dunklen Ozean der Zeit
tragen uns seltsame Strömungen und lassen uns
verwundert, verstört und einsichtslos.
Nur durch Dich wissen wir vom Anderen Ufer,
der wandellosen Stätte.

Lange haben wir sie gekannt,
diese kargen Gnaden von Tag und Nacht.
Wir brennen in von uns selbst entzündetem Feuer,
in der rastlosen Sehnsucht des schwankenden Herzens.
Das Spiel der Jahreszeiten
hat mit seinem kurzen Windeswehen
unser Fieber gekühlt.
Flüchtige Freude ruft uns zu irrenden Schritten
und hält uns umsponnen

mit den Blumenfesseln der Leidenschaft,
macht uns zum Spielzeug des Schmerzes –
gar bis zur letzten Träne
sind wir hilflos in Banden.

An diesem Tag der Feier wollen wir Deiner gedenken,
uns erinnern an das immer noch währende Gnadengeschenk
Deiner Lehre, das Du uns zurückließest.
Du, der Du gekommen, um mit mitleidsvollem Auge
das Sklaventum der Menschheit zu betrachten!
Du, dessen Blick über den stolzen Glanz
Deines irdischen Jugendlebens hinausreichte!
Kein Fremdling bist Du für uns;
sondern einer, der alles mit uns geteilt hat;
ein Gefährte warst Du unserer Lebenswanderung,
die uns durch Liebe und Hass hindurchführt.
Darin warst Du wie wir.
Keine Furcht des Menschenherzens blieb Dir fremd,
kein Kummer blieb Dir erspart –
in all den Geburten, in denen Du der Erleuchtung zureiftest.

An diesem Tag der Feier wollen wir Deiner Geburt gedenken:
Als aus den Himmeln Sphärenmusik ertönte
und die Götter in ehrfürchtigem Schweigen verharrten.
In Wunder erbebte der weite Weltraum
in seinem ganzen Umkreis;
denn ein Prinz war gekommen,
ein Weltenherrscher, Lehrer der Götter und Menschen,
ein kundiger Wagenlenker ungezählter Gespanne der Völker,
ein Seher, dessen Blick die Grenze menschlichen Auges
weit übertrifft.

Gedenken wollen wir Deiner Erleuchtung,
die, dem scharfen Schwert Deines Kriegerstammes gleichend,
die Fesseln durchschnitt, in die uns Māra,
die Macht des Üblen, geschlagen.
Deines erbarmenden Herzens gedenken wir,
das den Menschen aus seiner Erniedrigung emporhebt.
Du warst es, der allein und einsam
gegen die Heerscharen Māras,
dem Urbild des Bösen, standhielt.
Du siegtest über die Phantome des Inneren,
die drohende Gestalt annahmen;
und so bahnte Dein Sieg einen Weg für schwächere Menschen.
Die Dämonen der Lust und der Leidenschaft –
so schrecklich, so schön –
sie zerschmolzen im Strahlenkreis Deiner Heiligkeit.

An diesem Tag der Feier gedenken wir Deines Hinscheidens:
Getilgt waren die letzten Spuren von Geist und Körper,
um nie wieder sich zu erneuern;
entschwunden warst Du den unzähligen Welten,
die der Kosmos birgt:
Du tatest den Sprung vom Vergänglichen zum Ewigen.
Nie mehr für Dich der Reigentanz der Gestirne.
Nie mehr für Dich des Begehrens sinnloser Kreislauf.
Nie mehr für Dich die beredte Zunge, die spricht.
Nie mehr das weinende Auge:
Nur noch der Friede jenseits von Wort und Gedanke,
nur Deine Satzung noch für unser Heil!

Inmitten der Tumulte dieser Welt
suchen wir Deinen Weg.
Die Welt ist müde, doch immer noch trunken
im Wahnsinn der Besitzgier, krank
durch den wirbelnden Taumel der Dinge,
die nie verbleiben können.
Doch in all dieser Dunkelheit
scheint uns noch immer Dein Licht,
und wie ein Träumer, der erwachend
abwirft die Verstrickung traumhafter Furcht,
so, wahrlich, erblickt der Mensch seine rettende Zuflucht;
ermisst die noch bleibenden Stunden der Nacht,
und im Dämmer des Morgens fühlt er:
Die Freiheit ist nahe.

(aus dem Englischen übertragen von Nyāṇaponika Mahāthera)

* * *

Wenn man in unmittelbarer Anschauung aus dem Wiederholungszwang der gewohnten Perspektiven heraustritt, gibt man den Dingen gleichsam die Möglichkeit, sich voll auszusprechen, und man bekommt dadurch vieles zu hören, was bisher von der monotonen Melodie des rein assoziierenden Denkens und Fühlens übertönt wurde.

Von der Klärung des Charakters

Mahāsī Sayādaw

Während andere verkehrte Freunde haben,
lasst uns edle Freunde haben:
So kann der Geist von Befleckungen geklärt werden.

Sallekha Sutta (Majjhima-Nikāya, 8. Lehrrede)

Pāpamitta bedeutet verkehrter oder falscher Freund. Unter "Freund" muss hier jemand verstanden werden, den man als einen Lehrer betrachtet. Verkehrte Freundschaft bezeichnet also die Beziehung zu einem schlechten Lehrer. Es ist ein Mensch, der kein Vertrauen in Buddha, Dhamma und Sangha besitzt, nicht an das Karma-Gesetz glaubt, sittlich nicht gefestigt ist, die Unterweisungen des Buddha kaum kennt und keine wirkliche Erfahrung in der Entfaltung von Geistesruhe und Weisheit hat. Hütet euch vor denjenigen, die selbst wenig wegweisendes Wissen haben, euch aber sagen, ihr sollt anderen Lehrern nicht folgen, denn ein verkehrter Freund steckt voller Neid und Ehrgeiz. Er hat Angst davor, dass seine Schüler zu anderen Lehrern gehen könnten. Er besitzt kein höheres Wissen, wie den Klarblick für das Entstehen und Vergehen aller Phänomene.

Wir mögen den Rat eines solchen Menschen in geschäftlichen und anderen weltlichen Angelegenheiten suchen, doch als Lehrer sollten wir einen weiten Bogen um ihn machen. Ein neidischer und ehrgeiziger Lehrer hindert seine Schüler daran, an anderen Orten Gaben zu spenden. Er lässt sie die wahre Lehre weder hören noch üben. Ein Lehrer, dem es selbst an Klarblickswissen mangelt, kann seinen Schülern nicht helfen, es zu entwickeln. Er wird vielmehr die Wahrheit entstellen und Verwirrung stiften.

Ein Mensch, der sein Vertrauen in einen solchen Lehrer setzt, wird niemals den rechten Weg erreichen und selbst dazu neigen, schlecht über jene zu sprechen, die ihn weisen.

Kalyāṇamitta bedeutet guter oder edler Freund. Es ist jemand, auf den man sich als Lehrer verlassen kann, und so hat man einen edlen Freund, wenn man einen guten Lehrer hat. Er besitzt Vertrauen, moralische Integrität, wegweisendes Wissen, ein großzügiges Herz und Weisheit. Der beste Lehrer und edle Freund in der Welt ist der Buddha. Sich auf den Buddha zu verlassen, bedeutet, sich auf den besten Lehrer zu stützen. Obwohl der Buddha in das *Parinibbāna* eingegangen ist, können diejenigen, die heute seine Lehre hören und sein Andenken bewahren, sich weiterhin auf den besten Lehrer stützen.

Es ist heutzutage nicht leicht, einen fortgeschrittenen Lehrer zu finden. Nur wirkliche und gut informierte Edle *(Noble Ones)* können den geistigen Verwirklichungsgrad anderer zutreffend beurteilen. Wenn ein gewöhnlicher Übender einen guten Lehrer finden möchte, muss er deshalb den oben genannten Maßstab anlegen: Vertrauen, Sittlichkeit, wegweisendes Wissen, ein großzügiges Herz und Weisheit. Es ist leicht ein großzügiges Herz zu erkennen. Ein großzügiger Lehrer gibt, was er nicht selbst benötigt, anderen. Weisheit *(paññā)* stellt sich bei einem Lehrer durch Lernen, Reflektieren und Meditieren ein. Ein solcher Mensch besitzt Klarblickswissen in das Entstehen und Vergehen aller Phänomene *(udayabbayañāṇa)*. Form und Inhalt seiner Rede zeigen deutlich, ob er es besitzt oder nicht. Ein guter Lehrer ist in der Lage, gerechtfertigte Kritik anzunehmen und sein Tun entsprechend zu korrigieren. Er ermutigt seine Schüler nicht dazu, etwas Verkehrtes zu tun. Ein *kalyāṇamitta* weiß auch, wie man andere systematisch unterweist und wann man Übende ermahnen sollte.

* * *

ANHANG

Über die Autoren

I. Ordinierte

Bhikkhu Bodhi
geboren 1944 in New York City. Nachdem er in den Vereinigten Staaten in Philosophie promoviert hatte, kam er nach Ceylon, um in die Sangha einzutreten. 1972 erhielt er die Novizen- und 1973 die Bhikkhu-Ordination. Er ist Autor verschiedener Werke über den Theravāda Buddhismus, einschließlich bedeutender Übersetzungen von *Aṅguttara-Nikāya*, *Majjhima-Nikāya* und *Saṁyutta-Nikāya*, sowie weiterer wichtiger Lehrreden des Pāli-Kanons nebst ihren alten Kommentierungen. Von 1984-2001 übte er die Funktion des Herausgebers für die *Buddhist Publication Society (BPS)* aus, seit 1988 ist er ihr Vorsitzender. Seit 20 Jahren lebt er in der *Forest Hermitage*. Er war Nyāṇaponikas Lebensgefährte und pflegte ihn während der letzten zehn Jahre seines Lebens.

Bhikkhu Kusalānanda
geboren 1943 in Prag. Nach einem intensiven Meditationstraining bei Acharya Anagārika Munindra in Bodh-Gaya, Indien, wurde er Lehrer der *Satipaṭṭhāna-Vipassanā* Meditation. Nach dem Prager Frühling wirkte er in der Schweiz als Psychotherapeut, Universitätsdozent und Dhammalehrer, wo er unter anderem die *Dhamma Gruppe Bern* und die *Schweizerische Buddhistische Gesellschaft*

gründete. 1983 siedelte er nach Sri Lanka über, wo er zunächst als Anagārika, ab 1987 als Familienvater lebte. Nach dem Fall des eisernen Vorhangs lehrte er Dhamma in Tschechien und unterrichtete an den Universitäten von Prag, Olmütz und Brünn. Dort und in der Slowakei gründete er eine Reihe buddhistischer Gruppen, die er bis heute begleitet. 1997 kehrte er nach Sri Lanka zurück und erhielt dort die Bhikkhu-Ordination. Er vermittelt die Lehre des Buddha, insbesondere die *Satipaṭṭhāna-Vipassanā* Meditation nebst ihren abhidhammischen Grundlagen, als eine praktische Methode der Lebensmeisterung *(Āyukusala).*

Ayyā Nyāṇasiri
ist eine amerikanische buddhistische Nonne und lebt seit 1978 in Sri Lanka. Von 1980 bis 1991 arbeitete sie als Assistentin des Herausgebers für die *BPS.* 1987 wurde sie vom Ehrw. Nyāṇaponika zur buddhistischen Nonne ordiniert. Sie lebt zurückgezogen in der Nähe von Kandy.

Bhikkhu Sobhana (Mahāsī Sayādaw)
1904 -14.08.1982, burmesischer Mönch, bedeutender Meditationsmeister und Mönchsgelehrter. 1916 Novizenordination, 1923 Ordination zum Bhikkhu. Intensives Meditationstraining in Burma auf Grundlage der *Mahāsatipaṭṭhāna Sutta* unter dem Ehrw. Mingun Jetavan Sayādaw. 1947 Gründung der *Buddha Sāsana Nuggaha Association* und des *Sāsana Yeiktha* Meditationszentrums in Rangoon, Burma. Sein in der Folge mehr als 40-jähriges Wirken als Meditationslehrer, sowie Missionsreisen nach Sri Lanka, Indien, Indonesien, Nepal, Europa und Nordamerika, verhalfen der Einsichtsmeditation auf Grundlage der *Satipaṭṭhāna*-Methode *(Vipassanā)* zu weltweiter Wiederbelebung und Wertschätzung. Übertragung bedeutender Funktionen beim Sechsten Buddhistischen Konzil in Burma (1954-1956). Nyāṇaponika, ein Meditations-

schüler Mahāsī Sayādaws, veröffentlichte eine Auswahl seiner Schriften über die *Satipaṭṭhāna*-Methode bei der *BPS*.

Bhikkhu Sumedha
wurde 1932 in Basel (Schweiz) geboren. Nach der *Ecole des Beaux Arts* in Genf Aufenthalt in Paris, Rückkehr nach Zürich 1952 und fortan Betrieb eines eigenen Ateliers dort, später in London. 1970 erstmals auf Ceylon, trat er 1975 in den buddhistischen Orden ein. Er lebt seitdem als Einsiedler im Hochland von Kandy.

II. Laien

Irmtraut Anders-Debes
zur Zeit Herausgeberin der buddhistischen Zweimonatszeitschrift "Wissen und Wandel", Ehefrau von Paul Debes.

Raimund Beyerlein
geboren 1953, lebt mit seiner Familie in der Nähe von Bayreuth. Er ist Herausgeber und Verleger von buddhistischen Grundlagenwerken und Werken über die Mystik. Zur Buddha-Lehre kam er über die christliche Mystik (Meister Eckehart) und Laotse.

Paul Debes
geboren 1906, begegnet mit 21 Jahren der Lehre des Buddha und widmet sich intensiv dem Studium der Lehrreden aus dem Pāli-Kanon. 1931 erster Besuch auf Ceylon, später auch Burmas. Wenige Jahre nach dem Zweiten Weltkrieg gibt Debes seinen Beruf auf, um sich ganz dem Dhamma zu widmen. Lehrtätigkeit seit 1948. Gründung des "Buddhistischen Seminars" und der Zeitschrift "Wissen und Wandel" (1955). Im selben Jahr wirkt Debes an der Gründung der "Deutschen Buddhistischen Union" (DBU) mit, und schon 1954 war er dabei, als die "Buddhistische Gesell-

schaft Hamburg" aus der Taufe gehoben wurde. Sein wichtigstes Buch: "Meisterung der Existenz" (1982). Heute lebt er zurückgezogen in der Nähe von Bayreuth.

Mirko Frýba
siehe Eintrag unter *Bhikkhu Kusalānanda.*

Erich Fromm
geboren 1900 in Frankfurt/Main, neben Marcuse, Loewenthal, Benjamin und Pollock gehörte Fromm zu dem Kreis junger Gelehrter um Max Horkheimer, der sog. Frankfurter Schule. 1933 ging Fromm an das Psychoanalytische Institut in Chicago, 1934 nach New York an die Columbia University. 1946 gründete er mit anderen das *William Alonson White Institute* und hielt Vorlesungen u.a. in *Yale* und an der *New York University.* 1949 nahm er eine Professur an der Nationaluniversität in Mexiko an und war dort seit 1950 Ordinarius für Psychoanalyse. Bis zu seinem Tod am 18. März 1980 lebte er in der Schweiz.

Hellmuth Hecker
geboren 1923, ist seit 1951 Mitarbeiter am völkerrechtlichen Institut der Universität Hamburg. Buddhist seit 1948 als Schüler von Paul Debes, in steter enger Zusammenarbeit mit dem "Buddhistischen Seminar" und Mitarbeiter an der Zeitschrift "Wissen und Wandel". Bücher über die ursprüngliche Lehre bei verschiedenen Verlagen, insbesondere beim Verlag *Beyerlein & Steinschulte.*

Lawrence Khantipalo Mills
geboren 1932. Nach der Schulzeit Gartenbau-Studium in Essex. Seinen zweijährigen Wehrdienst in der britischen Armee verbrachte er zum größten Teil am Suez-Kanal. Der Anblick der dortigen Armut und Krankheit brachte ihn dazu, religiöse Annahmen zu

hinterfragen. Drei Jahre später wurde er in London zum Novizen ordiniert, wo er ein Jahr blieb. Während der drei folgenden Jahre in Indien studierte er bei tibetischen Lamas und beim Ehrw. Sangharakshita. Nach elf Jahren, die er als buddhistischer Mönch in Thailand verbrachte, und einem Jahr in Sri Lanka, kam er nach Australien, wo er 14 Jahre lang im Kloster *Wat Buddha Dhamma* lehrte. In Australien begegnete er Ilse Ledermann (später Ehrw. Ayyā Khemā). 1991 legte er die Robe ab. Nach einer Zeit des Umherziehens traf und heiratete er Dhammika Pereira, mit der er in Cairns (Australien) das *Bodhi-Citta Buddhist Centre*, einen überkonfessionellen buddhistischen Zufluchtsort, aufbaute.

Götz Nitzsche
geboren 1945 in Stuttgart, studierte an der Universität Freiburg im Breisgau Rechtswissenschaft. Angezogen von Philosophie und Religion des Buddha kam er 1985 erstmals nach Sri Lanka zusammen mit seiner Frau Ingeborg. 1992 ließen sich beide dort nieder, um Theravāda-Buddhismus, buddhistische Meditation sowie Pāli am Ort einer der Quellen zu studieren.

Ingeborg Nitzsche
geboren 1937 in Schwäbisch Hall, Buchhändlerlehre und Jurastudium in Freiburg im Breisgau, arbeitete als Buchhändlerin und Juristin, zuletzt (bis 1992) am Max-Planck-Institut für ausländisches und internationales Strafrecht und Kriminologie in Freiburg.

Kurt Onken
geboren 1914 in Zürich, dank des Vaters Buddhist von Jugend auf, Verlagstätigkeit als Leiter eines Lehrinstituts in Kreuzlingen (Schweiz), Gründer der "Buddhistischen Gemeinschaft" und der Stiftung "Haus der Besinnung" in Dicken bei St. Gallen. Heraus-

geber der dort erscheinenden *Bodhi-Blätter*, mehrerer Festschriften zu Ehren des ehrwürdigen Nyāṇaponika sowie seiner Textsammlungen *Die Wurzeln von Gut und Böse* und *Im Lichte des Dhamma*.

Martin Onken

geboren 1945 in Kreuzlingen, Dipl.Ing. ETH, Sohn des Kurt Onken sowie dessen Nachfolger im Lehrinstitut Onken. Als Amateurphotograph Aufnahmen des Ehrw. Nyāṇaponika anlässlich eines Wochenendseminares (Vesākha 1976) im "Haus der Besinnung".

Matthias Nyāṇacitta Scharlipp

geboren 1961 in Marburg, 1980-95 Studium und Rechtsanwaltstätigkeit. Dank Detlef Kantowsky Bekanntschaft mit dem Werk des Ehrw. Nyāṇaponika sowie erste Kontakte zur Buddhistischen Gemeinschaft im "Haus der Besinnung". Seit 1994 *Satipaṭṭhāna-Vipassanā* Meditation in Asien und Europa, 1996-2000 Mitglied der Gemeinschaft im *Buddha-Haus* um die Ehrw. Ayyā Khemā (gest. 1997), davon drei Jahre als Novizenmönch. In dieser Zeit Aufbau des buddhistischen Waldklosters *Mettā Vihāra* unter Leitung des Ehrw. Nyāṇabodhi und Mitarbeit im Jhana Verlag. Anfang 2000 Übersiedlung nach Südostasien, lebt mit seiner Ehefrau Mattea Khemā beim Meditationszentrum *Wat Kow Tahm* in Süd-Thailand. Seit 1998, auf Wunsch der Ehrw. Ayyā Khemā, Begleitung von Meditierenden.

Amadeo Solé-Leris

war Dozent an der Universität London und Beamter bei den Vereinten Nationen. Seine Kenntnisse des frühbuddhistischen Schrifttums und der Pāli-Sprache sind umfassend und spiegeln sich in Veröffentlichungen und einer weltweiten Vortragstätigkeit wider. Zudem hat er eine intensive Schulung in *Vipassanā*-Meditation über viele Jahre erhalten. Er ist Vorstandsmitglied der *Maitreya-Stiftung für Buddhistische Kultur* in Rom und arbeitet freiberuflich als internationaler Konferenzdolmetscher.

Francis Story
(Anagārika Sugatānanda) wurde 1910 in England geboren und kam schon früh mit der Lehre des Buddha in Berührung. 25 Jahre lang lebte er in asiatischen Ländern, wo er die buddhistische Lebensphilosophie studierte. Vor diesem Hintergrund und ausgestattet mit einem scharfen analytischen Geist, verfasste er zahlreiche Schriften, die von der *BPS* veröffentlicht wurden. 1971 starb er nach schwerer Erkrankung in einem Londoner Krankenhaus.

Alfred Weil
Jahrgang 1951, studierte Erziehungswissenschaft, Politik und Psychologie. Nach der Promotion als politischer Referent tätig. Ab 1973 Reisen vor allem nach Südostasien und erste Begegnung mit dem Buddhismus; systematische Auseinandersetzung ab 1979, besonders mit dem Theravāda. Vorsitzender der *Deutschen Buddhistischen Union (DBU)* von 1993-2001; Mitglied der Redaktion *Lotusblätter* seit 1990; zahlreiche Veröffentlichungen in Zeitschriften; Autor und Herausgeber mehrerer Bücher.

Werkverzeichnis

– Schriften des Ehrwürdigen Nyāṇaponika –

I. Deutsch

1. Einzelschriften

Satipaṭṭhāna. Der Heilsweg buddhistischer Geistesschulung. Verlag Christiani, Konstanz 1950.

Dhammasaṅgaṇī. Kompendium der Dingwelt (Übersetzung des ersten Buches des Abhidhamma-Piṭaka, mit Einleitung). Als Manuskript vervielfältigt. Hamburg 1950.

Atthasālinī. Bisher unveröffentlichte Übersetzung von Acariya Buddhaghosas Kommentar zum Dhammasaṅgaṇī. Zur Veröffentlichung bei der Pāli Text Society vorgesehen für das Jahr 2002.

Sutta-Nipāta. Frühbuddhistische Lehrdichtungen aus dem Pāli-Kanon. Übersetzt, eingeleitet und erläutert. Verlag Christiani, Konstanz 1955, 1977; Verlag Beyerlein und Steinschulte, Stammbach 3. Aufl. 1996.

Der einzige Weg. Buddhistische Texte zur Geistesschulung in rechter Achtsamkeit. Verlag Christiani, Konstanz 1956, 1980; Verlag Beyerlein und Steinschulte, Stammbach 3. Aufl. 1997.

Berichtigungen zu K.E. Neumanns Übersetzung der 1. Lehrrede der Mittleren Sammlung: "Urart" (Mulāpariyāya-Sutta). Verlag Christiani, Konstanz 1957.

Die Lehrreden aus der Systematischen Sammlung des Pāli-Kanons (Saṁyutta-Nikāya 17-34). Übersetzung. Einleitung von Dr. Hellmuth Hecker. (Horae Subsicivae Philosophiae, Band 4) Hamburg 1967; Wolfenbüttel 1990; *Die Reden des Buddha – Gruppierte Sammlung* von W. Geiger/Nyāṇaponika Mahāthera/Hellmuth Hecker, Verlag Beyerlein und Steinschulte, Stammbach 1997.

Geistestraining durch Achtsamkeit. Verlag Christiani, Konstanz 1970, 1994; Verlag Beyerlein und Steinschulte, Stammbach 1998.

Kommentar zur Lehrrede von den Grundlagen der Achtsamkeit. Verlag Christiani, Konstanz 1973; Verlag Beyerlein und Steinschulte, Stammbach 2. Aufl. 1999.

Die Wurzeln von Gut und Böse. Buddhistische Texte. Aus dem Pāli übersetzt, kommentiert und eingeleitet. Verlag Christiani, Konstanz 1981; Verlag Beyerlein & Steinschulte, Stammbach 1999.

Im Lichte des Dhamma. Buddhistische Texte. Herausgegeben von Kurt Onken. Verlag Christiani, Konstanz 1989.

Die Jünger Buddhas. Deutsche Ausgabe von *Diciples of the Buddha* (Wisdom Publications). Nyāṇaponika/Hellmuth Hecker, O.W. Barth Verlag, 2000.

2. Aufsätze in Zeitschriften

Kommentar zur 74. Lehrrede der Mittleren Sammlung. "Briefe über die Buddha-Lehre" (hrsg. v. Martin Steinke), Jahrg. 1929/30.

Die vier erhabenen Weilungen (Brahma-Vihāra). "Die Einsicht" I, 1 (1948); "Wissen und Wandel" IX (1963); "Mitteilungsblatt der BGH (Buddhistische Gesellschaft Hamburg)" Nr. 5 (1959); "Bodhi-

Blätter" (Schriftenreihe der Stiftung Haus zur Besinnung, Dicken/ Schweiz) Nr. 11 (1979). Das Kapitel 'Gleichmut' in "Buddhistische Monatsblätter", Hamburg, Nr. 5 (1980).

Die drei Wurzeln des Guten (kusala-mūla). Aus Atthasālinī, dem Kommentar zu Dhammasaṅgaṇī. Übersetzt in "Die Einsicht" III, 1 (1950).

Die Authentizität des Anupāda-Sutta. Aus dem Englischen *(Abhidamma Studies)* übersetzt von Max Ladner. "Die Einsicht" III, 2 (1950).

Die fünf geistigen Hemmungen und ihre Überwindung durch buddhistische Geistesschulung. "Die Einsicht" III, 3 (1950).

Zur Lehrrede "Die Reihe" (Mittlere Sammlung 111). "Die Einsicht" III, 4 (1950).

Nochmals zu H. von Glasenapps "Weisheit des Buddha". "Die Einsicht" III, 4 (1950).

Satipaṭṭhāna als ein Weg der Charakter-Harmonisierung. "Die Einsicht" IV, 2 (1951).

Anmerkungen zu den Sutta-Nipāta Versen 1-12 "Die Schlange". "Die Einsicht" IV, 3 (1951).

Der buddhistische Nibbāna-Begriff unter dem Gesichtspunkt der Mittleren Lehre. "Die Einsicht" IV, 4 (195 1).

Die Schwierigkeiten buddhistischen Mönchslebens. "Studia Pāli-Buddhistica", Nr. 7 (1952).

Buddhismus im heutigen Burma und seine dreifache Botschaft. "Indische Welt" (Buddhistische Monatshefte) IV, 6, 7 (1952); "Mitteilungsblatt der BGH" Nr. 6/7 (1959).

Mönchsgestalten aus Burma: Ein Lehrer der Güte und Weisheit: Der Ehrwürdige Mohnyin Sayādaw. "Indische Welt" (Buddhistische Monatshefte) IV, 9 (1952).

Mönchsgestalten aus Burma 2: Ein Bauern-Arahat in Burma. "Indische Welt" (Buddhistische Monatshefte) IV, 11 (1952).

Das reine Beobachten und die Hauptquellen seiner Wirkungskraft in der Satipaṭṭhāna-Übung. "Studia Pāli-Buddhistica" Nr. 10, 11, 12 (1952); Nr. 2 (1953).

Bemerkungen zur Übersetzung von Mittlere Sammlung 117. "Studia Pāli-Buddhistica" Nr. 3 (1953).

Die Befreiung vom Leiden. "Studia Pāli-Buddhistica" Nr. 1 (1954).

Im Bewusstsein liegt das All. "Die Einsicht" VII, 6 (1954).

Bedacht auf seine Freiheit. Betrachtungen zum Sutta-Nipāta. "Die Einsicht" IX, 7/8 (1956). "Buddhistische Monatsblätter", Hamburg, Nr. 4 (1974).

Mahāyāna und Hīnayāna. "Die Einsicht" IX, 11/12 (1956).

Betrachtungen zum Sutta-Nipāta. "Die Einsicht" X, 3/4 (1957).

Geistesruhe und Klarblick. "Die Einsicht" X, 5/6 (1957).

Nyāṇatiloka Mahāthera. "Die Einsicht" X, 7/8 (1957).

Warum sollen wir das Leiden beenden? "Mitteilungsblatt der BGH" Nr. 12 (1958).

Vergegenwärtigung der Achtsamkeit. "Mitteilungsblatt der BGH" Nr. 9/10 (1959).

Die Hingabe im Buddhismus. "Mitteilungsblatt der BGH" Nr. 12 (1960), aus "The Wheel" Nr. 18.

Das Leben des Sāriputta. (Übersetzung von Rose M. Ebert aus "The Wheel" Nr. 90.) "Wissen und Wandel" XIV, 7 (1968).

Schutz durch rechte Achtsamkeit. (Übersetzung von Eleonore Köhn aus "Bodhi Leaf" Nr. 34.) "Buddhistische Monatsblätter", Hamburg, Nr. 7/8 (1969).

Die dreifache Zuflucht. "Bodhi-Blätter" Dicken/Schweiz, Nr. 1 (1975). "Buddhistische Monatsblätter", Hamburg, Nr. 1 (1976).

Die Stadt des Geistes. Eine Parabel. Aus dem Englischen übersetzt von Matthias Steurich. "Der Kreis" Nr. 121 (1976); "Bodhi-Blätter", Dicken/Schweiz, Nr. 4 (1977).

Die abgetragene Haut. Besinnungen über ein buddhistisches Gedicht: "Das Gleichnis von der Schlange." Aus dem Englischen übersetzt von Fritz Schäfer. "Wissen und Wandel" XXIII, 11/12 (1977).

Biographisches Nachwort zu Nyāṇamolis "A Thinker's Note Book". Übersetzung Hermann Schiewe. "Buddhistische Monatsblätter", Hamburg, Nr. 6 (1980).

Buddhismus – Weg zur Leid-Freiheit. Ein Grundriss der Buddha-Lehre. BPS, Kandy 1981.

Die vier Nahrungen des Lebens. Eine Anthologie buddhistischer Texte mit Kommentaren. Aus dem Englischen von Hermann Schiewe. "Buddhistische Monatsblätter", Hamburg, Nr. 1/2/3 (1983).

Einführung in die Meditation der Allgüte. "Bodhi-Blätter", Dicken/Schweiz, Nr. 16 (1983).

Buddhismus und Gottesidee. Einleitung zu "The Wheel" Nr. 47. Übersetzung Hermann Schiewe. "Buddhistische Monatsblätter", Hamburg, Nr. 7/8 (1985).

Vesākha-Hymnus. "Bodhi-Blätter", Dicken/Schweiz, Nr. 3, 1976.

Antworten aus einer Waldeinsiedelei. "Bodhi-Blätter", Dicken/Schweiz, Nr. 29,1994.

Mitfreude. "Bodhi-Blätter", Dicken/Schweiz, Nr. 33,1998.

3. Gedenkschriften

Des Geistes Gleichmaß. Gedenkschrift zum 75. Geburtstag des ehrwürdigen Nyāṇaponika Mahāthera. Herausgegeben von Kurt Onken. Verlag Christiani, Konstanz 1976.

Zur Erkenntnis geneigt. Gedenkschrift zum 85. Geburtstag des ehrwürdigen Nyāṇaponika Mahāthera. Herausgegeben von Kurt Onken. Verlag Christiani, Konstanz 1986.

Nicht derselbe und nicht ein anderer. Beschreibungen und Gespräche, Texte, Bilder und Dokumente zum 90. Geburtstag des Ehrwürdigen Nyāṇaponika Mahāthera. Arbeitsbereich Entwicklungsländer/Interkultureller Vergleich, Forschungsprojekt "Buddhistischer Modernismus", Forschungsbericht 3, Universität Konstanz 1991.

Briefe einer Freundschaft. Briefwechsel Nyāṇaponika Mahāthera/ Lāma Anagārika Govinda. Schrift zum 100. Geburtstag Lāma Anagārika Govindas. Herausgegeben vom Orden Arya Maitreya Mandala (AMM). München: Lāma und Li Gotami Govinda Stiftung, 1997.

Ein edler Freund der Welt: Nyāṇaponika Mahāthera. Gedenkschrift zum 100. Geburtstag des Ehrwürdigen Nyāṇaponika Mahāthera. Herausgegeben von Matthias Nyāṇacitta Scharlipp. Jhana Verlag, Uttenbühl 2002.

II. Englisch

The Four Sublime States. Buddhist Publication Society (BPS) Kandy 1958, 1993 (The Wheel No. 6).

The Five Mental Hindrances and their Conquest. BPS Kandy 1961, 1993 (The Wheel No. 26).

The Threefold Refuge. BPS Kandy 1965, 1983 (The Wheel No. 76).

Abhidhamma Studies. Researches in Buddhist Psychology. Colombo 1949; revised and enlarged edition, BPS Kandy 1965, 1985; Wisdom Publications, Boston 1998 *(Abhidhamma Studies: Buddhist Explorations of Consciousness and Time)*, edited with an introduction by Bhikkhu Bodhi.

The Heart of Buddhist Meditation. Colombo 1954, 1956; revised and enlarged edition, London: Rider 1962; BPS Kandy 1992, 1996 (subtitled: A Handbook of Mental Training based on the Buddha's Way of Mindfulness).

Anattā and Nibbāna: Egolessness and Deliverance. BPS Kandy 1959, 1986 (The Wheel No. 11).

Devotion in Buddhism. BPS Kandy 1960, 1972 (The Wheel No. 18).

Advice to Rāhula. Edited, with introduction. BPS Kandy 1961, 1974 (The Wheel No. 33).

Buddhism and the God Idea. Edited, with introduction. BPS Kandy 1962, 1981 (The Wheel No. 47).

The Discourse on the Snake Simile. Translated, with introduction and notes. BPS Kandy 1962, 1974 (The Wheel No. 48/49).

The Simile of the Cloth; The Discourse on Effacement. BPS Kandy 1964, 1988 (The Wheel No. 61/62).

The Life of Sāriputta. BPS Kandy 1966 (The Wheel No. 90/92).

The Four Nutriments of Life. Selected texts, translated with introduction and notes. BPS Kandy 1967, 1981 (The Wheel No. 105/106).

Protection through Satipaṭṭhāna. BPS Kandy 1967, 1991 (Bodhi Leaves No. 34).

The Power of Mindfulness. BPS Kandy 1968, 1985 (The Wheel No. 121/122).

Aṅguttara Nikāya: An Anthology. Part I, BPS Kandy 1970, Part II, BPS Kandy 1975; Part III, BPS Kandy 1976 (The Wheel No. 155/158; 208/211; 238/240).

The City of the Mind and Other Writings. BPS Kandy 1974, 1986 (The Wheel No. 205).

Kamma and its Fruit. BPS Kandy 1975 (The Wheel No. 221); BPS Kandy 1982 *(The Road to Inner Freedom)*.

The Worn-Out Skin. BPS Kandy 1977, 1990 (The Wheel No. 241/242).

The Roots of Good and Evil. BPS Kandy1977, 1986 (The Wheel No. 251/253).

Contemplation of Feeling. The Discourse-Group on Feelings (Vedanā-Saṁyutta). Translated with introduction. BPS Kandy 1983 (The Wheel No. 303/304).

The Vision of Dhamma. A Collection of Nyāṇaponika Mahāthera's Writings from the Wheel and Bodhi Leaves Series. Edited by

Bhikkhu Bodhi. London: Rider 1985; BPS Kandy 1994; U.S.-edition (BPS Pariyatti Editions) 2000.

Nyāṇaponika – A Farewell Tribute. Edited by Bhikkhu Bodhi. BPS Kandy 1995.

Great Disciples of the Buddha. Nyāṇaponika Thera/Hellmuth Hecker. BPS/Wisdom Publications, Boston 1997.

Numerical Discourses of the Buddha. An Anthology of Suttas from the Aṅguttara Nikāya. Selected, translated and edited by Nyāṇaponika Thera & Bhikkhu Bodhi. With introductions by Bhikkhu Bodhi, tables, notes, glossary, and index by the authors. International Sacred Literature Trust. Originally published by AltaMira Press (Rowman & Littlefield Publishers), Boston 1999; Asian edition by Vistaar Publications (Sage Publications India), New Delhi 2000.

Das Werkverzeichnis wurde zusammengestellt aus den Gedenkschriften: "Zur Erkenntnis geneigt", herausgegeben von Kurt Onken, Verlag Christiani, Konstanz 1986; "Nicht derselbe und nicht ein anderer", herausgegeben von Detlef Kantowsky, Universität Konstanz 1991; "Nyāṇaponika – A Farewell Tribute", edited by Bhikkhu Bodhi, BPS Kandy 1995. Aktualisierungen vom Herausgeber.

Fotonachweise

Foto Schutzumschlag
Fotograf: *Rohana Wijetunge*, Colombo (Sri Lanka); Ausschnitt und starke Vergrößerung eines Fotos aus dem Jahr 1967.

Foto, Seite 141
Fotograf: *Kurt Onken*, Andachtsraum "Haus der Besinnung" 1995.

Fotos, Seiten 14, 44, 70, 116, 148, 182, 254, 297, 338
Fotograf: *Martin Onken*, Kreuzlingen (Schweiz); die schwarz/weiß Aufnahmen entstanden beim Vesākh-Treffen der Buddhistischen Gemeinschaft im *Haus der Besinnung* (Dicken, Schweiz) im Mai 1976. Die Handschriften und Fotos des Ehrw. Nyāṇaponika wurden anlässlich seines 90. Geburtstages von Kurt Onken für eine private Erinnerungs-Kassette in kleiner Auflage zusammengestellt.

Foto, Seite 78
Fotograf: *Detlef Kantowsky*, Bodman-Ludwigshafen (Bodensee); das Bild aus dem Jahr 1991 zeigt den Ehrw. Nyāṇaponika und den Ehrw. Bodhi in der *Forest Hermitage*.

Foto, Seite 94
Fotografin: *Anila Li Gotami Govinda*; das Bild entstand 1972 bei einem Treffen Nyāṇaponikas und Lāma Anagārika Govindas in Meersburg (Bodensee) im Hause Dr. Gottmanns.

Foto, Seite 130
Fotograf: *Klaus Daheim*, Forest Hermitage 1991.

Quellenverzeichnis

Erster Teil – Wirkungen einer Begegnung

Bhikkhu Bodhi

Der Ehrwürdige Nyāṇaponika Mahāthera: Ein deutscher Abgesandter des Dhamma in Sri Lanka; Übersetzung aus dem Englischen von Elke Hess und Matthias Nyāṇacitta Scharlipp; Erstveröffentlichung in deutscher Sprache.

Ayyā Nyāṇasiri

Der vielseitige Lehrer; Übersetzung aus dem Englischen von Mattea Khemā Scharlipp und Matthias Nyāṇacitta Scharlipp; aus *Nyāṇaponika – A Farewell Tribute.* Edited by Bhikkhu Bodhi. *BPS* Kandy 1995, S. 28 ff.

Bhikkhu Kusalānanda

Begegnungen mit dem Ehrwürdigen Nyāṇaponika; auszugsweise Übersetzung des Autors aus dem Tschechischen; Erstveröffentlichung in deutscher Sprache.

Lawrence Khantipalo Mills

Erinnerungen an den Ehrwürdigen Nyāṇaponika 1975-1976; Übersetzung aus dem Englischen von Ursula Foligné und Matthias Nyāṇacitta Scharlipp; Erstveröffentlichung in deutscher Sprache.

Zweiter Teil – Im Lichte der Freundschaft

Bhikkhu Bodhi

Ein edler Freund der Welt; leicht gekürzte Übersetzung aus dem Englischen von Ehrw. Nyāṇabodhi und Matthias Nyāṇacitta Scharlipp; aus *Nyāṇaponika – A Farewell Tribute*. Edited by Bhikkhu Bodhi. BPS Kany 1995, S. 41 ff.

Irmtraut Anders-Debes / Paul Debes

Zum Gedenken / Über die Freundschaft; aus *Wissen und Wandel* (1965, S. 66 ff.; 1969 S. 296 f.). Zitiert nach *Die Furt zum anderen Ufer* von Hellmuth Hecker. Verlag Beyerlein und Steinschulte, Stammberg 1998.

Nyāṇaponika

Über den Kehrreim im Gleichnis von der abgetragenen Haut; aus "Die abgetragene Haut", veröffentlicht in *Im Lichte des Dhamma. Buddhistische Texte*. Herausgegeben von Kurt Onken, Verlag Christiani, Konstanz 1989.

Nyāṇaponika / Lāma Anagārika Govinda

Briefe einer Freundschaft; Auszüge aus der gleichnamigen Gedenkschrift für Lāma Anagārika Govinda. Herausgegeben vom Orden Arya Maitreya Mandala (AMM). München: Lāma und Li Gotami Govinda Stiftung, 1997.

Nyāṇaponika / Götz Nitzsche

Ein Gespräch; Erstveröffentlichung der vom Ehrw. Nyāṇaponika autorisierten Gesprächsniederschrift. Aufgeschrieben und bearbeitet von Götz Nitzsche. Das Gespräch wurde am 4.12.1991 in der *Forest Hermitage* geführt.

Nyāṇaponika

Die Schwierigkeiten Buddhistischen Mönchslebens; aus *Nicht derselbe und nicht ein anderer.* Beschreibungen und Gespräche, Texte, Bilder und Dokumente zum 90. Geburtstag des Ehrw. Nyāṇaponika Mahāthera. Herausgegeben von Detlef Kantowsky. Forschungsbericht 3, Universtiät Konstanz 1991, S.76 ff. Anmerkungen nach "Chronik des Buddhismus in Deutschland", Schriftenreihe der Deutschen Buddhistischen Union 1985. Aktualisierung vom Herausgeber.

Nyāṇaponika

Über den Gleichmut; Auszug aus "Die vier erhabenen Weilungen", in *Im Lichte des Dhamma. Buddhistische Texte.* Herausgegeben von Kurt Onken, Verlag Christiani, Konstanz 1989.

Matthias Nyāṇacitta Scharlipp

Worte des Buddha; Sammlung und teilweise Bearbeitung von Texten aus dem Pāli-Kanon unter Zuhilfenahme vorhandener deutscher Übersetzungen von K. E. Neumann, Nyāṇatiloka und Nyāṇaponika (Verlage Aurum, Christiani, Beyerlein und Steinschulte). Erstveröffentlichung dieser Anthologie.

Dritter Teil – Wirkungen einer Begegnung II

Erich Fromm

Die Bedeutung des Ehrwürdigen Nyāṇaponika Mahāthera für die westliche Welt; aus *Des Geistes Gleichmaß*; Gedenkschrift zum 75. Geburtstag des Ehrw. Nyāṇaponika Mahāthera. Herausgegeben von Kurt Onken. Verlag Christiani, Konstanz 1976.

Kurt Onken

Der ehrwürdige Nyāṇaponika in der Schweiz; Erstveröffentlichung.

Alfred Weil

Forest Hermitage – Ein letzter Besuch bei Nyāṇaponika Mahāthera; Erstveröffentlichung.

Ingeborg Nitzsche

Nachwirkung einer Begegnung; Vorabdruck in *Lotusblätter* (Zeitschrift der Deutschen Buddhistischen Union), Heft 3, 2001, S.53 ff.

Raimund Beyerlein

Ein Vorbild und Lehrer; Erstveröffentlichung.

Amadeo Solé-Leris

Die Verkörperung des Dhamma; Übersetzung und Neubearbeitung des Autors auf Grundlage seines Beitrags in *Nyāṇaponika – A Farewell Tribute*. Edited by Bhikkhu Bodhi. *BPS* Kandy 1995, S.30 ff.

Hellmuth Hecker

Der Buddha und die Krankheit; um einige einleitende Gedenkworte erweiterter Beitrag aus dem Anhang der Sutten-Konkordanz des Autors, Band IV, S.262 ff.

Vierter Teil – Die Kultur des Geistes

Nyāṇaponika

Antworten aus einer Waldeinsiedelei; Erstveröffentlichung als

Bodhi-Blätter Nr. 29, 1994. Schriftenreihe der Stiftung Haus zur Besinnung, Dicken/Schweiz. Herausgegeben von Kurt Onken.

Nyāṇaponika / Mirko Frýba

Über die rechte Achtsamkeit und das weise Erwägen; gekürzter Beitrag aus *Zur Erkenntnis geneigt.* Gedenkschrift zum 85. Geburtstag des Ehrw. Nyāṇaponika Mahāthera. Herausgegeben von Kurt Onken. Verlag Christiani, Konstanz 1986.

Nyāṇaponika

Aus dem Tagebuch; Erstveröffentlichung dieses Auszugs. Original im Besitz von Kurt Onken, Schweiz.

Nyāṇaponika

Rundbrief über meinen Aufenthalt in Burma im Frühjahr 1952; aus *Nicht derselbe und nicht ein anderer.* Beschreibungen und Gespräche, Texte, Bilder und Dokumente zum 90. Geburtstag des Ehrw. Nyāṇaponika Mahāthera. Herausgegeben von Detlef Kantowsky (a.a.O.).

Nyāṇaponika

Übungsanweisungen für die Satipaṭṭhāna-Meditation; aus *Nicht derselbe und nicht ein anderer.* Beschreibungen und Gespräche, Texte, Bilder und Dokumente zum 90. Geburtstag des Ehrw. Nyāṇaponika Mahāthera. Herausgegeben von Detlef Kantowsky (a.a.O.).

Nyāṇaponika

Besinnungen zu zwei Versen des Sutta-Nipāta; aus *Nicht derselbe und nicht ein anderer.* Beschreibungen und Gespräche, Texte, Bilder und Dokumente zum 90. Geburtstag des Ehrw. Nyāṇaponika Mahāthera. Herausgegeben von Detlef Kantowsky (a.a.O.).

Nyāṇaponika

Die fünf Hemmungen; Übersetzung und Bearbeitung von Matthias Nyāṇacitta Scharlipp.
Die Übersetzung folgt im Wesentlichen der jüngsten englischen Ausgabe (*"The Five Mental Hindrances And Their Conquest"*, third *BPS* edition 1993). Lehrreden und Kommentarstellen wurden unter Zuhilfenahme bereits vorhandender deutscher und englischer Übersetzungen teilweise sprachlich neu gefasst. Die Übersetzung der *Einführung* des Ehrwürdigen *Nyāṇaponika* und seiner Erläuterungen im Text wurde nach Wortwahl und Inhalt mit seinen Werken *"Geistestraining durch Achtsamkeit"*, *"Kommentar zur Lehrrede von den Grundlagen der Achtsamkeit"*, seiner deutschen Erstarbeit über die fünf Hemmungen aus dem Jahre 1950, sowie mit dem Inhalt seines englischen Werkes *"The Heart of Buddhist Meditation"* (*BPS*, Kandy 1996) abgeglichen. Ergänzend wurde eine *Vorbemerkung* aus anderen Texten des Ehrwürdigen *Nyāṇaponika* zusammengestellt, um die Einordnung der Übungspraxis zur Meisterung der fünf Hemmungen in die Struktur der *Satipaṭṭhāna*-Meditation zu erleichtern.
Das *Eingangszitat* ist dem Werk *"Geistestraining durch Achtsamkeit"* entnommen. Zur leichteren Orientierung wurde die Gliederung des Autors geringfügig überarbeitet. Erstveröffentlichung in deutscher Sprache.

Nyāṇaponika

Die Abhidhamma-Philosophie; Erstübersetzung aus dem Englischen von Elisabeth Bucher und Matthias Nyāṇacitta Scharlipp. Aus *Abhidhamma Studies. Buddhist Explorations of Consciousness and Time.* Edited with an introduction by Bhikkhu Bodhi. Wisdom Publications, Boston 1998, S.1-17.

Fünfter Teil - Ausklang

Bhikkhu Sumedha

Forest Hermitage; Erstveröffentlichung. Das Aquarell befindet sich in der Ausstellung von Werken bei Ingeborg und Götz Nitzsche in Kandy, Sri Lanka. Das von Bhikkhu Sumedha ausgewählte Gedicht stammt aus *Han Shan – 150 Gedichte vom Kalten Berg* (Diederichs Verlag).

Bhikkhu Bodhi

Anwesenheit in der Abwesenheit; Erstveröffentlichung. Übersetzung aus dem Englischen von Matthias Nyāṇacitta Scharlipp.

Francis Story / Nyāṇaponika

Vesākha-Hymnus; Erstveröffentlichung als Bodhi-Blätter Nr. 3, 1976. Schriftenreihe der Stiftung Haus zur Besinnung, Dicken/ Schweiz. Herausgegeben von Kurt Onken.

Mahāsī Sayādaw

Von der Klärung des Charakters, nach *Sallekha Sutta – A Discourse on the Refinement of Charakter*, Buddhadhamma Foundation, Bangkok, 2. Aufl. 1997, S. 211-218; Originalübersetzung von U Aye Maung; auszugsweise Übersetzung aus dem Englischen von Matthias Nyāṇacitta Scharlipp.